僕たちの前途

古市憲寿

講談社

ぜん‐と【前途】

1　行く先。また、そこから目的地までの道のり。「―はほど遠い」「途中下車の―は無効になる乗車券」　2　将来。「会社の―を占う」「―を誤る」「―ある若者」「―有望」

（小学館『大辞泉』）

もし仮に、自分の寿命が永遠で、
ずっと生き続けることができるのなら、
どんなことができるだろう。

どれだけでも時間をかけていいとすれば
きっとできないことはないはずだ。

もしあるとすれば、「やりたくないこと」か、
「本当に不可能なこと」くらいだろう。

僕たちは、この何にでもなれる「将来の自分」こそが、
叶えたい「夢」の姿だと思っている。

だけど、僕たちには寿命というものがあって、
その間にしか夢を追うことができない。

「将来の自分」は大きな人だろうし、すごい人だろうから、
たどり着くためには本気で走り続けないとならない。

でも、せっかくの人生だから、
僕たちはできるだけ「将来の自分」に
近いところまでたどり着くよう
成長したいと思っている。

あなたはこの人生の中で、
どこまでたどり着いてみたいですか。

(引用元：http://www.zent.gr.jp/)

僕たちの前途　目次

はじめに

〔スケッチ0〕

「起業した方がいいと思いますか？」よく相談される。

でも、僕のこたえは「一〇〇%絶対に起業はやめた方がいい」に決まっている。

どんなに成功の要素が詰まっていようと成功する保証なんてないし、成功し続けない限りそれは失敗と同義の起業は確率論でいえばかなり分が悪い。そのことを知りながら、人生を賭ける判断を相談された時に、起業した方がいいなんて無責任なことは言えない。

そもそも、「起業はやめた方がいい」と言われて起業しない人は起業に向いてないいんだ。やめた方がいいと言われたって、その方が分が悪いと思っていたって、自分の心の底からやめることができない気持ちが沸き起こってくるくらいでちょうどいいんだから。だから僕のこたえは、「一〇〇%絶対に起業はやめた方がいい」。

そして、僕のこたえが外れることを願うようにしている。（松島隆太郎、経営者、二九歳）

僕たちの働き方

働き方をどうするか。

今、この国ではそんな議論が盛り上がっている。もう会社には頼れない。日本型雇用は崩壊した。とにかく好きな仕事をすればいい。正直に生きろ。仕事にやりがいを求めるな。スキルアップを目指すのではなく教養を身につけろ。しんどい働き方を変えていこう……。

一九九一年のバブル崩壊、一九九八年のアジア通貨危機、二〇〇八年のリーマンショック、二〇一〇年の欧州債務危機、そして二〇一一年の東日本大震災。社会を揺るがすような大事件が起こるたびに、僕たちは一瞬足を止める。そして、自分たちの生き方を考える。

多くの人にとって「働く」ということは、生きていくことと不可分に結びついている。働き方を考えることは生き方を考えることであって、生き方を変えようと思ったら、働き方を変えざるを得ない。

特に日本は国際的に見て、国家による社会保障が脆弱《ぜいじゃく》な国だ。[1] だから会社に正規のメンバーとして所属しているかどうかで、その人の生き方は大きく変わってしまう。つまり、働き方の問題は、人々の生き方に直接影響を及ぼす。

「働くこと＝生きること」なのだ。

だけど、この国では、仕事に対する満足度がとても低い。NHKが参加する国際意識調査によれば、日本では自分の仕事に満足していると答える人の割合が三二ヵ国中で二八位だった。[2]

また同僚との人間関係が良いと答える人や会社に誇りを持つ人の割合も少ない。それなのに、仕事にストレスを感じる人は多いし、労働時間も世界的に見て長い。

1　社会保障というのは、人間が人間らしく生きていくためのセーフティネットの総称だ。健康保険や失業保険、介護保険や年金はもちろん、職業訓練や再就職支援、住宅手当、保育園の整備なども広義の社会保障に含まれる。と、今回の脚注は比較的真面目にいくことにする。

2　西久美子・荒牧央「仕事満足度が低い日本人　ISSP国際比較調査「職業意識」から」『放送研究と調査』二〇〇九年六月号。仕事に「完全に満足している」人は五・六%、「満足している」人は二四・九%だった。「まあ満足している」を加えると七三%になるが、それがスイスでは九三%、アメリカでも八四%と、欧米諸国に惨敗している。

　徐々に減少傾向にあるとはいえ、日本人の平均実労働時間は男性が週四五・五時間、女性が週三四・五時間。これは中国、インドネシアやフィリピンといった東南アジア諸国と比べれば若干《じゃっかん》短いが、イギリスやフランスといったヨーロッパ諸国よりも長い。[3]

　この国の人は、会社のことがあまり好きではないし、仕事の満足度も低いし、さらにはストレスまで感じているのに、長時間労働をしているのだ。しかも終身雇用や年功序列が素朴に信じられた昭和時代と違い、もはや会社が自分たちの生活の面倒を死ぬまで見てくれるとは思えない中で。そりゃ、「働き方」に関心が高まるのもうなずける。

起業という働き方

　この本の主役は「起業する若者たち」だ。

　よく「日本は若者の起業が少ない」「若者がもっと起業しやすい社会を作ろう」という議論を目にする。

　確かに日本における起業の数、さらには自営業者の数は減少し続けている。日本では働く人のうち約八割が「雇われて働く人」。会社を起こした起業家の割合はわずか二・五%しかいない。[4] 国際調査によれば、日本は世界で最も起業率が低く、起業活動が低調な国だ。[5]

　それなのに起業家に対する期待は高まる一方だ。内閣府のレポートでは「産業構造のダイナミックな進化を生み出し、イノベーションの先導役」を担う起業家が希《き》求《きゅう》され、彼らは日本

3　ＩＬＯ「LABORSTA Internet」のデータ（二〇〇八年）で比較すると、中国が男女平均四四・六時間、インドネシアが四一・〇時間、フィリピンが四四・八時間、イギリスは三九・四時間、フランスが三七・六時間、ノルウェーが三四・四時間だった。ＯＥＣＤデータベースによる年間労働時間（二〇一一年）の比較では、日本は一七二八時間、アメリカは日本と近く一七八七時間、韓国は日本より長い二一九三時間だったが、ヨーロッパ諸国は総じて日本より短い。

4　総務省統計局「就業構造基本調査」二〇〇七年。

5　磯辺剛彦・矢作恒雄『起業と経済成長』慶應義塾大学出版会、二〇一一年。

経済活性化の源泉にもなることが声高《こわだか》に主張される。[6]

また、経済産業省はベンチャー企業一万社起業を目指した助成制度をスタートさせるという。若者らの小規模な起業を促すため、一社あたり数百万円の小口の助成を行う計画だ。従業員が数人から十数人規模の企業を想定し、五年で約一万社の起業を支援するという。[7]

こうした起業支援には反対の声も多い。なぜなら起業してもその後が大変だからだ。せっかく起業しても企業は五年目までに二割が倒産し、一〇年で三割、二〇年目には五割が倒産している。[8] また、経営安定期を迎える企業に至っては一〇〇〇社のうちわずか三社という説もある。[9]

起業家に期待してもいいし、起業支援にどのような意見を持ってもいい。だけど、その前にまず「起業の現実」をきっちりと見つめることが大切なのではないだろうか。「起業」のことは、たびたび話題になるにもかかわらず、起業する若者たちの「現実」があまりにも世の中には伝わっていないと思う。

そこでこの本は、起業する若者たちのリアルに迫ってみたいと思う。

僕（一九八五年、東京都、O型）は大学院の博士課程に在籍しながら、友人たちと会社を経営している。そんな中で、様々《さまざま》な「起業家」たちに出会ってきた。この本では僕が一緒に働く松島隆太郎（一九八三年、千葉県、AB型）をはじめ、何人かの起業家にスポットライトを当てながら、現代における若手起業家の肖像をスケッチしていきたいと思う。

6　内閣府『経済財政白書　平成23年度版』。

7　「一万社起業へ助成制度　経産省、数百万円を補助」『日本経済新聞』二〇一二年八月二九日朝刊。

8　中小企業庁『中小企業白書』二〇一一年。帝国データバンクのデータベースを元にした試算のため、企業情報が登録される前に退出した企業数を考えると、実際の生存率はより下がるだろう。

9　佐竹隆幸『中小企業存立論　経営の課題と政策の行方』ミネルヴァ書房、二〇〇八年。

起業家の話というと、どうしても「画期的なビジネスモデル」や「成功の法則」といった話題になりがちだ。だけど、僕が実際に若い起業家たちと一緒に活動しながら気付いたのは、洗練されたビジネスモデルなんかよりも、彼らの専門性や、人間らしさ、そして「つながり方」に注目したほうがよっぽど面白いっていうことだ。

僕の周りには、僕と同年代の、本当に興味深い人たちがたくさんいる。

たとえば東京ガールズコレクションのプロデューサー、かつて人気俳優でありながら今は映像会社を経営する青年、タイに本社を移したＩＴ企業の社長、富裕層向け投資商品を扱うアメリカ人、ＮＰＯを運営しながら友人とシステム会社を営む若者……。

こうやって並べてみると、なんだか動物園みたいだ。

下流でもなく、ホリエモンでもなく

この本の第一の目的は、起業家動物園の生態系を描くことだ。先に断っておくと、僕がこれから描くことを「今時の若手起業家はみんなこうなんです」と単純に一般化する気はない。

だけど、この本で描かれるのは、決して特殊なストーリーではない。彼らの起業へ至る道のり、そして企業運営の仕方からは、象徴的に現代の起業家、そして現代の若者の姿を見て取れるはずだ。

キーワードは「下流でもなく、ホリエモンでもなく」。「草食でもなく、肉食でもなく」と言い換えてもいい。

本書は大きく分けて二部で構成されている。

第一部は、若手起業家たちの姿を追ったドキュメンタリーだ。起業に興味がある人にとっては具体例、実践例として参考になる箇所が多いだろうし、そんなことに興味がない人には動物園を覗《のぞ》く感覚で楽しんでもらえると思う。その動物園に片足を突っ込んでいる僕から見ても、それは奇妙で不思議な空間だ。

第一章は、僕が働くゼントという会社についての物語だ。僕たちは今の会社をどうやって作り、どんな理念を持って働いているのか。社長である松島のライフストーリーを描きながら、僕たちの「ゼント」について考えてみた。

第二章では日本最大規模のファッションショー「東京ガールズコレクション」を統括する村上範義《のりよし》（一九八一年、愛知県、A型）、第三章では俳優として活躍し現在は映画監督も務める小橋賢児《こはしけんじ》（一九七九年、東京都、A型）の物語を描いた。エンターテインメント業界や芸能界という、おそらく日本で最もキラキラした業界。その内実に興味がある人にも楽しく読んでもらえると思う。

第四章は、僕たちの周りにいる起業家たちがどのようにつながり、どんな生態系を形成しているのかを描いた。彼らはどのように人間関係を築き、どんな生活を送っているのか、そしてどのように影響を与えあっているのか。キーワードは「仲間」だ。

第二部では、第一部をふまえた上で「起業」や「起業家」というものをもう少し俯瞰《ふかん》で捉えてみた。

第五章では「起業家」という存在が今までどのように語られてきたのかを見ていく。第六章ではデータを用いながら、これまで日本人がどうやって働いてきたのかを確認していく。二つの章を通して明らかになるのは「日本でなぜ、こりもせずに起業家待望論が生まれてしまうのか」という謎に対する答えだ。

第七章では、「非資格型専門職」という概念を使いながら、夢を「あきらめにくい」現代社会の構図を描いてみた。第八章では、二〇二五年、二〇五〇年という近未来を見据えながら、僕たちがどう働いていけばいいのかを考えた。

巻末には日本有数の大企業テコットの社長、島耕作さん（一九四七年、山口県、B型）[10]とジャーナリストの田原総一朗さん（一九三四年、滋賀県、B型）との対談を収録した。『絶望の国の幸福な若者たち』に収録した佐藤健《たける》くん（一九八九年、埼玉県、A型）とのさわやか巻末対談と打って変わって、こってりした二人だ。

島社長は、高度成長期に初芝電産に入社、その後日本の経済成長とともに順調に大企業内での出世を果たしてきた。大企業という組織に属さず働くこの本の登場人物とは対極的な生き方だ。島社長には「大企業で働くこと」を中心に失礼な質問をたくさんぶつけてみた。

田原総一朗さんは、「朝まで生テレビ！」でおなじみの日本で最も有名なジャーナリスト

10　島耕作社長の活躍は弘兼憲史『課長島耕作』（講談社）シリーズにまとめられている。

11　マッチポンプともいう。松島も「第五章からは一気に眠くなる」と言うので、忙しいビジネスマンや起業家予備軍は読

だ。好奇心旺盛な田原さんから、僕たちの世界はどう見えるのだろうか。

この本の読み方

各章は独立しているので、どの章から読んでもらっても構わない。ただ、どの章を読むかで「起業家」のイメージは変わるだろう。暗い話が嫌いな人は、第一章から第四章と、第八章の最後だけを読むのがいいと思う。読後感も悪くないはずだ。

本当は全編にわたって爽《さわ》やかな本を作れば良かったのだけど、それだけでは研究者が書く本としては少しずるい気がした。「起業」や「起業家」というものを一歩引いた目線で見ることが必要だと思って、第五章以降では多少いじわるなことも書いた。[11]

そんなわけで、起業を勧めているんだか、起業を否定しているんだか、よくわからない本ができあがった。登場人物にはわかる範囲で生まれた年、出身地、血液型を書いた。[12] よく言われる血液型イメージと対比させながら読むと面白いかも知れない。[13]

この本は、本来は広大な「起業家」という世界を描く上で、いくつかのサンプルと、ささやかな見取り図を示したに過ぎない。本書をビジネス書のような形でスピンオフさせることもできるだろうし、「起業家の社会学」としてより学術的に発展させることもできるだろう。[14]

それでは、「僕たちの前途」を探しに行こう。[15]

まなくてもいい。

12　はじめは最終学歴を書こうと思ったのだが、最も当たり障りがなさそうな血液型を表記することにした。

13　一般的によく言われる血液型による性格イメージは以下の通りである。A型…真面目で礼儀正しい慎重派。B型…社交的で行動力に優れた楽天家。O型…おおらかで親分肌の努力家。AB型…個性的で二面的な性格を持つ。ちなみにO型の僕に関しては、さっそく外れている。

14　博士論文用に集めていた材料のハイライトという意味で、本書はそろそろ書きたい博論の「下書き」も兼ねている。『グランツーリスモ・プロローグ』のようなものだと思って、生温かく見守って欲しい。

15　前の本でも好評だったので、ページ下段にはこうして脚注欄が設けられている。字が小さく、中高年には優しくない仕様だが、脚注を読まなくても通読できるようになっているので許して欲しい。って、これを脚注で言ってもダメか。

第一章　僕たちのゼント

この章では僕が働くゼントという会社のことを描いていく。主人公は社長である松島隆太郎。高校生の頃《ころ》からビジネスをはじめた彼は、なぜ今のような会社を作ったのか。その上で、「日常の延長としての起業」について考えてみよう。

〔スケッチ1〕
松島さんは会社ができた頃から何もいわずに応援してくれた。とても気持ちいい人だなと思いました。ただ彼のことは説明がしにくい。前例がないことをしているから「こんな人」って喩えられる人もいない。見た目も年齢不詳だし……。（岩瀬大輔、経営者、三六歳）

1　起業家の社会学

二〇〇三年、慶應ＳＦＣ

上場はしない。社員は三人から増やさない。社員全員が同じマンションの別の部屋に住む。

お互いがそれぞれの家の鍵を持ち合っている。誰かが死んだ時点で会社は解散する。

　僕は今、そんな会社で働いている。社長は「会社」というよりも「ファミリー」という言葉を好む。社長と言っても今二七歳である僕の一学年上なので、まだ二九歳である。顔は高校生のような童顔。低めの身長に太めの胴体。名前は松島隆太郎（一九八三年、千葉県、AB型）という。ちなみに僕はふだん「りゅうくん」と呼んでいる。[16]

　僕が松島と初めて会ったのは、慶應義塾大学の入学式前日だった。あの日は小雨が降っていたと思う。AO入試[17]で合格した学生たちの個人研究の発表会の日だった。AO入試は通常の試験よりも合格が早く決まってしまうので、大学側が学生たちに「遊んでばかりいないように」というメッセージを込めて課題を出していたのだ。

　ちょうど松島は僕の隣の席に座っていた。顔は今よりも幼く中学生のようだった。その頃からちょっと太っていた。他の学生の発表をニヤニヤしながら見ていた姿がやけに印象的だった。今から思えば、熱が入りすぎた割に大したことを発表していない他の学生たちを少しバカにしていたのだろう。

　松島自身は、自動車無線とインターネットを組み合わせた何やら難しいことを発表していた。僕はさっぱり内容がわからなかったが、教授たちが褒《ほ》めていたので、きっとすごいことを言っていたのだろう。[18]

16　ただ、僕もいい加減（大人）になってしまったらしいので、本書では襟を正して「松島」や「彼」という表記を使うことにする。

17　AO入試というのは、特別な才能や優れた取り組みをしてきたと大学側が認めた人に対して、通常の試験を課さずに論文や面接のみで入学を認める制度のことだ。日本では、慶應SFCが先駆的に導入した。たとえば僕らの同期にはベストセラー作家の水嶋ヒロ（一九八四年、東京都、AB型）がいる。彼は、高校時代のサッカーでの実績をアピールして入学してきた。ちなみに当時からキャンパス内では髪の毛の色が明るくて、やけに目立っていた。

18　僕はSMAPの「世界に一つだけの花」が当時イラク戦争への「反戦歌」と扱われていたことを題材に、J-POPの歌詞における物語性みたいなことを発表した。

発表会の後、松島と直接話をしてみると、彼がやはりすごい人物であることがわかった。高校生の時から仕事をしていること。僕でも知っている進学校・開成学園の出身であること。[19]噂には聞いていたが、本当に若くしてビジネスをはじめる人がいるのだなと驚いたことを覚えている。

僕が一八歳で、松島が一九歳の時のことである。その時はまだ、僕が彼と一緒に働くことになるとは思っていなかった。そしてまさか、こうして彼のことを本として書く日がくるなんて想像もしていなかった。

起業家を社会学する

僕は今、松島が社長を務める「ゼント」という会社で働き、マーケティングやＩＴ戦略立案等に関《かか》わっている。とはいっても、主な仕事は松島の話し相手である。今日した一番大きな仕事は、お腹《なか》が痛いという松島のために胃腸薬を買いに行ったことだ。[20]

そうやって働くかたわら、僕は大学院の博士課程にも籍を置き、社会学を専攻している。去年の秋に『絶望の国の幸福な若者たち』という本を出してからは、「社会学者」という肩書で呼ばれることも増えた。

「社会学者」には、いやらしい人が多い。社会をナナメから見て、ニヤニヤしている。誰とどんな場所にいたとしても、ついつい観察やインタビューをはじめる。そして、彼らがなぜその

19 開成学園は、東大合格者数が三〇年連続で日本トップの進学校。約半数の卒業生が東大へ進学する。二〇一二年度の中学入試では「農業関係者の団体がＴＰＰ加盟に反対する理由を、説明しなさい」といった社会派の問題から、天体条件から推察した場合、童謡「夕焼小焼」の歌詞は何月何日の情景を歌ったものかという謎解き風問題まで出されていた。

20 胃腸薬を買いに行ったのは、この文章を雑誌掲載用に書いた当時の出来事だ。実際に今日したのは、ラスベガスに行っている松島から頼まれて宅配便を受け取ったこと。

ような行動を取るに至ったのかを、環境や社会と関連づけて考えてしまう。

僕も、松島たちと働きながら、ちゃっかり彼らの行動を観察してきた。修士論文ではピースボートという船をテーマに、現代における若者とコミュニティの関係を書いたのだが[21]、自分にとって身近な存在として、若手起業家のことはいつも頭の片隅にあった。頭の片隅どころか、同じマンションに住んでいるんだけど。

もちろん若手起業家に興味があるのは、自分の周囲に松島のような起業家が多かったから、というだけではない。きっかけは僕が大学院に入った頃、二〇〇七年までさかのぼる[22]。あれはジュンク堂池袋本店の五階だった。

ビジネス書のコーナーには「マザーズに株を上場させる！」「二〇代で社長になる！」など勇ましい言葉が並ぶ若者向けのハウツー本や成功体験の本が溢《あふ》れていた。

だが、そこをほんの二〇メートルほど通り過ぎ若者論のコーナーへ行ってみると、「ネットカフェ難民」「ニート」「ひきこもり」など「下流」を生きる人びとの本が並んでいた。この、たった二〇メートルを挟んだギャップは何なのだろうか、と疑問に思った。

考えてみれば、日本の若者研究はだいぶ領域が偏ってきた。たとえば、「ニート」「フリーター」「ワーキングプア」など、社会的弱者としての若者に関してはセンセーショナルな告発本もたくさんあるし、社会学者や経済学者たちの手による丁寧な実証研究やフィールドワークを盛り込んだ成果の発表もさかんに行われてきた。

21　修士論文に大幅な加筆・修正をしすぎて、訳のわかんないことになっているのが、古市憲寿『希望難民ご一行様　ピースボートと「承認の共同体」幻想』（光文社新書、二〇一〇年）である。ちなみに社会学者による社会学者のための学会・日本社会学会の機関誌『社会学評論』（62-2、二〇一一年）が書評を載せてくれたので、一応「社会学の本」としても認めてもらえたらしい。

22　今書いていて気がついたが大学院に入ったのはもう五年前。学部よりも長い期間を大学院で過ごしてしまったことになる。

一方で、若手起業家に関する実証的な研究は日本では皆無に等しい。きちんとしたルポも少ない。だから、ビジネス書やマスコミなどによって流布した「ヒルズ族」など一部のイメージがさも代表性を持つかのように語られてしまう。

まるで、「格差社会」の中の「勝ち組」とは「ヒルズ族」であり、「ホリエモン」であるかというように。もしくは「シリコンバレー」では「ジョブズ」や「ザッカーバーグ」のような起業家たちが日々生まれていると。

本当は多種多様であるはずの「起業家」のイメージが、あまりにも貧弱なのだ[23]。

『絶望の国の幸福な若者たち』では、できるだけ網羅的に日本の若者一般の姿をスケッチしようとした。だけど「一億総中流」というリアリティが共有されていた時代ならともかく、現代において「若者」という存在を一般的に描くことは難しい。それはどうしても抽象論になりがちだ。

だからこの本では、一冊を通して「若年起業家」という存在にスポットライトを当てていくことにした。

若手起業家というのは、現代社会を考える上での避けては通れない登場人物だと思う。今の若者たちは様々な場面で「人間力」や「生きる力」を求められてきた世代だ。「ただ勉強ができるだけでは、この社会では生きていけません。自分で問題を発見し、解決し、新しい価値を創造していける人間になりましょう」と。

23　それを象徴するのが、二〇一二年七月からフジテレビ系で放映されたドラマ「リッチマン、プアウーマン」だ。小栗旬が演じる「IT企業の社長」日向徹のキャラクター設定は、一般に語られる「ホリエモン」や「ザッカーバーグ」のイメージを超えておらず、初めて見た時は、一九九九年頃に二〇〇五年くらいを想像して作ったドラマの再放送かと勘違いしてしまった。ただし初期の数話は、組織が小規模なこともあり、この本で取り上げられた起業家たちと似ている部分も多かった。

もしも「人間力」や「生きる力」が本当にあるのだとしたならば、それを最も体現しているのが若手起業家ではないだろうか。お金もコネも経験も少ないだろう若いうちにビジネスをはじめ、それを軌道に乗せることができたのだから。

2　ある若手起業家の物語

天才高校生と呼ばれて

一九九六年。「パソコン」や「インターネット」は少なくとも言葉としては話題になり、政財界はＩＴの描く未来に夢を馳《は》せていた。しかし、まだパソコンの世帯普及率は一〇％台、インターネットの世帯利用率は五％にも届いていなかった。[24] そんな本格的なＩＴ時代の前夜、松島は祖父から中学校の入学祝いにパソコンを買い与えられた。

今から振り返れば、それがすべての「きっかけ」だった。もともと機械いじりが好きだった松島は、パソコンを使ったプログラミングに夢中になる。プログラミングの教習本を夢中で読むあまり、山手線を三周してしまったこともあるという。[25] 通学途中のことなので、当然学校には遅刻した。

松島が実際にキャリアをスタートさせたのは、高校一年生になった一六歳の時のことだ。彼は、いくつかのサービスをインターネット上に公開しはじめた。

24　総務省情報通信政策局「通信利用動向調査報告書」。

25　山手線一周の所要時間は約一時間である。つまり、松島は三時間にわたってプログラミングの本を読み続けていたことになる。熱中しすぎでしょ。

たとえば携帯電話の絵文字を変換するサービス。その頃、携帯電話を使ったメールでは、違う携帯電話会社に絵文字を送ることができなかった。それが不便だと感じた松島は、ネット上に無料で絵文字を変換してメールを送ることができるサービスを公開した。当時、かなり話題を呼んだらしく、いくつもの雑誌にも掲載された。

それだけならば彼はただの「コンピューターオタク」で終わっていたのかも知れない。しかし、いくつかの偶然が彼をビジネスの世界に引き込んでいった。

一つはインターネット上のフォーラム（掲示板）での出会いだ。当時、日本人のコミュニティにはスキルのある技術者が集まっていなかったため、松島は海外のプログラマーが集う掲示板でよく意見交換をしていた。

そこで松島は一人の日本人と出会う。

他は外国人ばかりのコミュニティだったので二人は意気投合、お互いほとんど素性も知らないまま、実際に会う約束をした。待ち合わせ場所にいたのは、大手上場企業の部長クラスの人物だった。相手もはじめ困惑した。大人かと思ったら、中学生のような顔の、実年齢も高校生の少年がいたのである。

だが技術的な話になると大人顔負けの知識で、次々に斬新なアイディアを思いつく。結局松島は、その上場企業の技術顧問を依頼されることになった。

「天才高校生プログラマーがいる」という噂は人づてに徐々に広がっていき、いくつかの会社のコンサルティングやシステム設計を請け負うようになった。当時は高校生だったためクレジットカードを作れなかったので、いつも数百万円の現金をリュックに入れて持ち歩いていたという。[26] 嫌な高校生だ。

仕事が忙しいあまり寝不足で、高校に行くために乗った山手線で寝過ごして一六周してしまったこともある。[27] 東海道線を乗り過ごして気づいたら熱海、横須賀線を乗り過ごして横須賀、総武線を乗り過ごして上総一ノ宮ということもあった。終電が終わってしまって、父親が車で迎えに来たこともあった。遠すぎて迎えに行けない時は警察署の柔道場に泊めてもらったこともたびたびあった。

「天才高校生プログラマー」というのは、時代にもマッチしていたのだろう。「失われた一〇年」と呼ばれる時代を終え、ミレニアムを迎えても日本はある種の閉塞感に包まれていた。暗い時代であるほど、人は救世主を求める。新しい可能性に一縷《いちる》の光を見いだそうとする。それが「インターネット」や「IT」であり、「天才高校生」だった。インターネットバブルの終《しゅう》焉《えん》とされる二〇〇一年を過ぎても、松島の仕事は順調だった。

転機となる出会い

仕事を始めてからも、教育熱心な母親（一九六二年、千葉県、B型）によって松島は進学予備校に行かされていた。本郷三丁目に位置する東大合格を目指す予備校だ。しかし母親の期待を

26　急に仕事でお金が必要になったり、みんなで遊びに行くことになった時など「何かあった時のため」と松島は説明する。まあそれでも数百万はいらないと思うが、少なくとも信用力を得るためのわかりやすい目印にはなっていたのだろう。

27　山手線一周の所要時間は約一時間なので、松島は朝八時から終電近い深夜までの一六時間、山手線で寝ていたことになる。

裏切るように、予備校での出会いもまた、松島をビジネスの世界に誘い込むことになった。

予備校の先輩だった青木健太（一九八二年、東京都、A型）の影響である。彼は高校の時からビジネスに興味があり東大の起業家サークル「active program」に参加していた。松島も青木に誘われ、このサークルに顔を出すようになる。東大の本郷キャンパスは予備校から目と鼻の先だったのだ。

青木健太はその後、東大を中退し、このサークルから派生したNPO法人「かものはしプロジェクト」を起業することになる。

その起業家サークルには「オートリカバリーテクノロジー」のメンバーたちもいた。東大在学者や卒業生たちが中心になって立ち上げた会社ということで、一部では話題になっていたようだ。彼らのメイン事業は携帯電話のメモリのバックアップ。メンバーには後にオトバンクを創業する上田渉《わたる》（一九八〇年、神奈川県、A型）もいた。

インターネットバブルがはじけたといっても、IT業界自体はまだ異様な活気に包まれていた。[28] IT関係の企業というだけで投資も集まりやすかったし、[29] 上場益によって一攫千金《いっかくせんきん》を企む大人たちが若手起業家たちの周りに集まっていた。上田に資金を提供していたのもある大物実業家の一人だ。

のちに松島とともにゼントを起業することになる青木健一（一九七一年、兵庫県、O型）も、その起業家サークルで松島に出会った。青木は松島と初めて出会った日のことをよく覚えてい

28　青木健一の証言によると、IT業界では二〇〇三年くらいまではバブルが続いていた印象があるという。その頃になると、多くのネット系ベンチャー企業が倒産しはじめた。

29　たとえば「ウーロン茶をインターネット上で売る」というよくわからないビジネスモデルを掲げるベンチャー企業に、数億円の投資が集まったこともあるという。

る。二〇〇一年の秋。起業家サークルの研究会で上田が必死にプレゼンテーションをしているのを、松島は後ろのほうでニヤニヤしながら眺めていたからだ。

青木に松島を紹介した人物は「うちの会社の顧問」と説明していた。青木は「顧問っていうからじいさんが出てくるのかと思ったら、中学生みたいなちびっ子でビックリした」という。だが話してみると青木はすぐに松島のファンになった。

青木は当時、ウェブサイトやシステムの構築を手がけるプランナーとして活動していた。彼の悩みは「SEやプログラマーが使えない人ばかり」ということだった。せっかく案件を受注してきてもSEたちはすぐに「できません」と言う。そのことを松島に相談すると「簡単ですよ。インターネットの世界は物流以外何でもできるんです」と言い切った。それが気持ちよかったという。

松島も青木の会社に頻繁に顔を出すようになった。といっても何をするわけでもない。夜いきなり遊びに来て大量の弁当を食べるだけ食べて帰ったり、差し入れに「おっぱいボール」という玩具を持ってきて仕事の邪魔をしたり、めちゃくちゃだったらしい。だが、そんな松島に青木は親近感を抱くようになっていた。青木は松島に様々な仕事を依頼するようになった。

高校三年生の冬。松島は開成という進学校にいながら、大学に行くことを選ばなかった。仕事で忙しく、かつ一般の社会人をはるかに超える金額を稼ぐようになってしまったからだ。東大進学のモチベーションを高めるために本郷三丁目に設置されただろう塾が、松島に対してはまるで逆の機能を果たしてしまった。教育熱心な母は悲しみ、大喧嘩になったという。

気がつけばシェアハウス

仕事は順調だった。複数の会社の顧問をしていたから、月末になれば使い切れないくらいのお金が口座に入金される。その時のことを松島は「お金がゴミみたいになっちゃったんだ」と回想する。お金は以前に増して稼げているのに、そこには人生を楽しめていない自分がいた。仕事がお金を稼ぐただの手段になっていたのだ。

一方、開成学園の同級生たちはキャンパスデビューを果たし、楽しそうな大学生活を送っている。お金を持っていないはずなのに楽しそうな彼らと、お金を持っているはずなのにどこか空《むな》しい自分。「その時、お金だけあっても幸せになれるわけじゃないんだってことに気づいた」のだという。[30]

そして松島は「青春を謳歌《おうか》するため」に大学に行くことに決めた。進学先には、日本における「インターネットの父」と言われる村井純（一九五五年、東京都）[31]がいる慶應義塾大学湘南藤沢キャンパス（ＳＦＣ）[32]を選んだ。

慶應ＳＦＣでは当然、ＩＴ系の研究会に所属した。といっても仕事をしながら大学に通っていたため、結局は研究会にもほとんど行かなくなってしまった。

また起業を推奨するカルチャーのある慶應ＳＦＣでは、「アントレプレナー概論」のような

30　ビジネスが軌道に乗り、仕事が自分の手を離れてしまって、お金だけは儲かるけれど自分の存在価値を見失ってしまう状態を松島たちは「もやもや病」と呼んでいる。

31　村井純は、日本におけるインターネットの普及に尽力した人物である。ちょっと太めの、人が良さそうなおじさんにしか見えないが、世界中を駆け回る偉い人である。

32　慶應義塾大学が一九九〇年に開設したキャンパスのことである。色々と先駆的な取り組みで注目を集めてきた。湘南藤沢キャンパスなので、通称ＳＦＣと呼ばれている。ちなみに、スーパーファミコン（ＳＦＣ）の発売よりも慶應ＳＦＣ開設の方が早い。

起業家教育のための授業も行われているが、松島は欠席ばかりで結局単位をもらえなかった。実際の起業家が、起業家になるための授業を落としたのは面白い。

しかし慶應ＳＦＣではいくつかの重要な出会いがあった。教員をしていた重近範行《しげちかのりゆき》（一九七二年）と意気投合、今も仕事上の付き合いが続いている。重近は、村井純の片腕として長野オリンピックや国際シンポジウムなどの情報システムの設計・運用などに関わってきた人物だ。[33]

成瀬大亮《だいすけ》（一九八〇年、東京都、ＡＢ型）も慶應で知り合った友人の一人だ。成瀬は、当時慶應ＳＦＣの大学院に通っていたのだが、いつの間にか松島の部屋に住むようになる。松島いわく「部屋があまっていたし、誰かが家にいたほうが楽しいから」ということらしい。

松島は慶應ＳＦＣの最寄り駅である小田急線湘南台駅の近くに３ＬＤＫの部屋を借りていた。その部屋には様々な人の出入りがあった。何台ものパソコンを置いて開発をするための環境としても整備されていたから、そのまま部屋が作業場にもなる。一定規模の開発案件の最中は、大人数が松島の部屋に集まる。

次第に、松島の部屋には四人くらいが定住するようになっていった。広い部屋を借りているのに、肝心の松島専用の部屋がない。もちろんプログラムの開発環境を整備した専用のパソコンはあるが、プライベートスペースがない。「自分だけの空間がなくて嫌になることはないのか」と聞いたことがあるが、「まったくない」と言われてしまった。

松島は慶應ＳＦＣを七年かかって卒業する。[34] やはり仕事が忙しく、次第に大学どころではな

33　重近は童顔なので、「シゲチー、これどう思う?」「そんなことわかんないよ」みたいな会話を松島としていると、中学校の同級生にしか見えない。

34　卒業間際には、教育熱心な松島の母から僕に「隆太郎は本当に今度こそ卒業できますか」という電話が何度もあった。

くなってしまったからだ。何せ、教員とも仕事をはじめてしまうくらいなのだから。結局、慶應SFCも松島にとってはビジネスチャンスを増やす場所として機能したようだ。

大型案件をいくつもこなし、ビジネスの幅も広がっていった。オークションサイトのシステム設計、金融系システムの設計などIT系の仕事はもちろん、ゴルフ場の売買から海外系ファンドのコンサルティングまで、多種多様な仕事を経験してきた。

松島の強みは、ビジネスの世界とITの世界の「橋渡し」ができることだ。

ITのことがわからない人は、システムやプログラムに過剰な期待を抱く。一方で、多くのプログラマーはビジネスのことに興味がないから、営利性や利便性に注意を払わない。そうして、世の中には無数の「お金はかかったけど、使えないシステム」が生まれていく。

そんな中で松島は、ビジネスの世界のことも、ITの世界のこともわかる数少ない人材として重宝されている。彼の活躍はこれからも続くだろう。

ホリエモンから遠く離れて

と、ここまでは「よくある成功物語」(の序章)かも知れない。インターネット時代が可能にした若手起業家の物語は数え切れないくらい語られてきた。

たとえば株式会社ライブドアの社長として時代の寵児となった堀江貴文(一九七二年、福岡県、A型)、当時としては史上最年少で東証マザーズへの上場を果たした株式会社サイバーエージェント社長の藤田晋《すすむ》（一九七三年、福井県、A型）など、二〇〇〇年代には何人もの「IT起業家」や「ヒルズ族」が生まれた。

しかし松島は彼らのようなモデルを目指そうとは思わなかった。従業員を増やして会社を大きくすることには興味がないし、上場を目指そうともしないし、世間から注目を浴びたいとも思わない。藤田晋のように社会を動かすことにも興味がない。

理由の一つは、上場を目指した会社の経営者たちが、お金が原因で仲違《なかたが》いしていくのを何度も見てきたからだ。上場する前にもかかわらず自社株の配分によって揉《も》める人もたくさん見てきた。「そこまでして上場して何が残るのか」ということを考えた。

そして、上場を考えると自分たちの好きなことだけをするわけにもいかなくなる。松島の友人には上場を目指す社長たちもいたが、「株主がなんて言うかわからないから」と言って常に他者の目を気にしてしまう態度に違和感を覚えた。「儲かるはずのことも、面白いはずのこともできないのはおかしい」と。

たとえ数百億円を手にしたところで、いくら社会的名声を手に入れたところで、そこで手に入るものは意外と空しいものなのではないか。お金だけを持つことの空しさを、松島は大学入学前に嫌と言うほど体感していた。それは自分にとって本当に欲しいものなのか。自分にとって本当に欲しいものは何なのか。

松島の出した答えは「友だちとわいわい楽しんで生きること」だった。死んでしまったらお

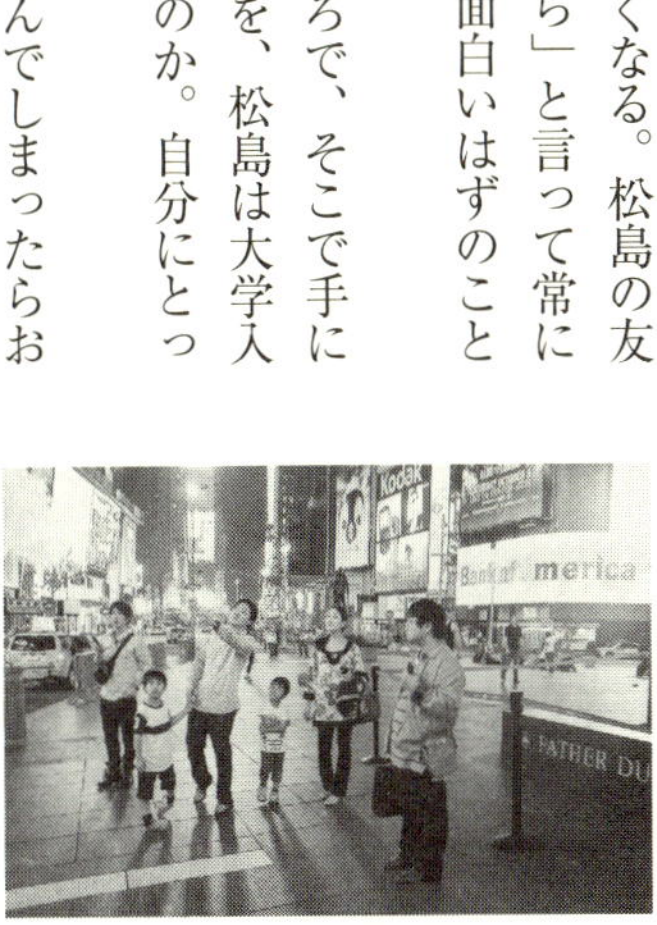

「ファミリー」とニューヨークで

金は使えない。生きているうちに一人でお金を使うとしたら限界がある。お金を稼いで、欲しいものをすべて手に入れた自分を想像してみた。それは、仲のよい友だちと一緒に、ご飯を食べたり、遊んだりしている姿だった。

そうだとしたら、使えないほどのお金を手に入れる必要はない。気の合わない人を社員に加える必要もない。株主の目を気にして仕事をしたくはない。

「だから、ファミリーのような会社を作りたいと思った」と松島は言う。上場を目指さない。人数も増やさない。気の置けない仲間と、好きなことをしていく会社を作ろうと思った。それが僕も働く「ゼント」である。

3　僕たちのための起業

大企業の論理は捨てる

ゼントは、メンバーを三人から増やすつもりがない。

それは松島が会社を立ち上げる時期から決めていたことだという。

松島が関わってきた様々なプロジェクトチームを振り返った時に、五人の少人数チームだろうと、一〇〇人を超える巨大チームであっても、それを動かしていたのはいつも数人だった。

だから会社を立ち上げて、様々なプロジェクトに関与する時も、そのような立ち位置になろう

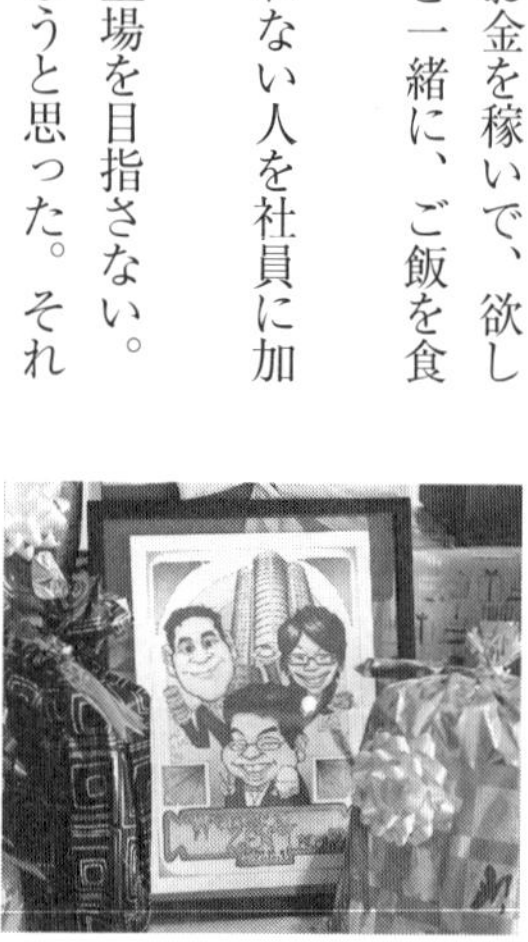

「ゼント」の三人を描いた似顔絵

と考えていた。

三人というのは、社内情報の共有が電話できるくらいの人数だ。わざわざ定期的に会議を開いたり、意見の共有を制度化しなくても、自然とお互いの状況を把握できる。

人が同じ話を、同じ熱意を持って自然に話せるのは二回くらいが限界だろう。それに情報の共有はもちろん大切だけど、温度感を伝えることのほうがもっと大切だ。だから、メールやグループウェアで情報共有、といった方法はとりたくなかった。

会社を大きくしようとすると、様々なルールを作る必要が出てくる。人間関係も複雑になってくる。派閥ができることもあるだろう。意見を集約するのにも時間や労力がかかるし、全員が会社のビジネスの全貌を把握できなくなっていく。利益を上げるのとは別次元の社内政治に翻弄《ほんろう》される時間も増える。大きな組織には、マネジメントコストがかかるのだ。

もちろん、「大きい会社」にはできて、「小さな会社」にはできないこともたくさんある。一番の大きな違いは、数の勝負ができるかどうかだ。たとえば「小さな会社」が薄利多売を目指そうとすると、どうしても大企業に負けてしまう。だから、「小さな会社」でありながらお金を稼ごうと思ったら、高単価のものを売る必要が出てくる。

「小さくても儲かる会社」はＢtoＣではなくてＢtoＢに特化する必要がある[35]。そもそも三人では一般消費者向けにモノを売ろうと思っても、対応できる人員がいないので無理だ。代わりに大企業向けに高単価の仕事をしたほうがずっといい。

35　ＢtoＣというのは消費者（Customer）向けの取引のこと。一方でＢtoＢは企業間取引を指す。僕がこうして本を書いているのは、ゼントでは数少ないＢtoＣの商売だ。この本が一冊売れても僕に入るのは約一八〇円。ね、儲かる気がしないでしょ。でも、そんな本を売る講談社も儲かってないんだから文句は言えない。

松島は高校時代から大企業や官公庁と仕事をしてきた。そうした経験の中で、自分が彼らの欲しがるようなスキルを持っていることに気がついていた。ＩＴ業界でいえば、本当に技術力の高い人は組織に所属せずに、フリーで生きている人も多い。大企業は、そこそこのレベルの技術者は大量に抱えているが、突出した能力を持った人をそこまで雇用できているわけではない。

ゼントのポテンシャルが最も発揮されるのも、大きな組織と組む時だ。すでに組織として体系化されている組織のほうが、新しいルールを入れることによって、一気にビジネスを進めることができる。

大企業と組むことが多いならば、ゼントは何も大企業を目指す必要はない。むしろ人数が少ないほうが、一人あたりで考えれば高単価だったとしても会社全体としてみれば維持コストは安くなる。また、そこに所属するメンバーの働き方も自由になる。

すでに大企業が乱立する日本社会という前提条件を考えると、「小さな会社」であり続けるというのは正しい選択だったと思う。そのほうが結果的に、尖《とが》った組織になれる。

起業家たちの生態系

松島の周りに集まる若手起業家たちも、彼と同様上場や組織の拡大を目指さない人が多い。自社内に様々な機能を持たない代わりに、彼らは互いに連携して仕事をしており、そこには一種の生態系が形成されている。

千代佑《たすく》（一九八三年、埼玉県、B型）はゼントとの仕事も多く、頻繁に松島の家にも出入りしている。[36]彼らの仕事上での関係は、大学時代に松島が住んでいたマンション近くのコンビニで偶然始まった。

松島はちょうど抱える大型案件の人手が足りずに困っていたところだった。[37]息抜きに出かけたコンビニにたまたま千代がいたのだ。二人はそれまで仕事をしたことはなかったが、慶應SFCの研究会を通じての面識があった。

千代も開成学園の出身で、高校生時代からシステムインテグレーション関係の仕事[38]を始めていた。彼のキャリアの始め方も、松島と似ている。高校生の時に、インターネット上のコミュニティで出会った人からの「ちょっとこれ手伝ってよ」という軽い誘いを受けたのがきっかけだ。

初めは仕事を完全な趣味で行っていたが、依頼の規模が大きくなってきたため、大学一年生の夏に法人を立ち上げた。松島同様、当初から上場を考えたことはなかったという。一時期は就職活動をすることも考えたが、結局「自分たちでやっていたほうが楽しめると思って」会社を続けることを選んだ。

千代は「趣味の延長として仕事を続けていきたい」と語る。会社の規模を大きくすることは考えないし、「一発当てたい」という気持ちで会社を経営しているわけでもない。「ぼちぼちや

36　さっきも、千代から「早く先月分のゼントからの請求書を送るように松島に伝えて欲しい」と催促を受けた。ごめんなさい、今松島は熟睡していてなかなか起きないんです。

37　第二章で扱う東京ガールズコレクションに関するプロジェクトだった。

38　情報システムに関して、企画や構築から運営までを行うこと。具体的には、サーバーの選定や保守管理、プログラムの導入から引っ越し屋さんのようなことまで行う。珍しく脚注っぽい脚注の使い方ができた。

れればいい」という千代だが、もう一つの趣味のスポーツカーには結構な金額と情熱をかけているようだ。

千代と一緒に仕事をしているのが小熊浩典《おぐまひろのり》（一九八二年、千葉県、B型）だ。千代とは開成学園以来の友人で、プログラミングやシステム設計など共通の趣味を持っていた。彼らは松島の一年先輩にあたる。

小熊は会社と並行してNPO法人「こぱてぃ」の代表としての活動もしている。小学生から大人までが一緒になって屋外で遊ぶイベントを開催したり、「はちみつ選挙」という本来は投票権のない子ども向けの疑似選挙を行うなど、子どもや若者の地域における社会参加を目的としたNPOだ。

「こぱてぃ」は、小熊が東京大学の三年生だった時に立ち上げた。もともと小熊は、地域で子ども向けのイベントなどを開催していて、その延長でNPO化することになった。地元でボランティア仲間だった一〇人ほどがその初期メンバーだ。それ以来小熊は、千代との仕事と、NPOの仕事を両立させながら暮らしている。

就職活動は考えなかった。それは仕事もNPOも、彼にとっての自己実現の一つであり、「自分のやりたいこと」であるからだ。小熊に将来の夢を聞いたら「続けたいことを、続けていきたい」という答えが返ってきた。「それって今と同じじゃないですか」と問い返すと、「そういうこと」らしい。

もともと「起業して一旗揚げてやる、というガツガツしたモチベーションはなかった」小熊にとって、仕事やNPO活動は「お互いが得意なことを持ち寄って、何かができたらいい」という発想の延長にあるものだ。「NPOも千代との仕事も、何も特別なことではないです」と言う。[39]

お金は仲間のために使うもの

松島の行動は「ほどよく堅実」に見える。たとえば松島の愛車がそれを象徴している。レクサスGS。中高年の富裕層に人気のある車だ。

なぜレクサスに乗るのかと聞くと、ナビの設定やレストランの案内をしてくれるオーナーズデスク・サービスなど、トータルでの「費用対満足度」が高いことがその理由だという。さすがに燃費がいいからという理由で軽自動車に乗ったり、都内での移動が便利だからと自転車を選んだりはしないが、フェラーリに惹《ひ》かれるわけでもない。

松島いわく「仕事でも満足感に対してお金をもらっているのだから、僕らも満足感に対してお金を払う。費用対効果ではなく費用対満足度というものさしが大切」なのだという。

しかし「ほどよく堅実」というのは、お金儲けを忌避するという意味ではない。むしろ彼らはあっけらかんと「お金って大切だよね」と語る。お金のことを積極的に語るのを躊躇《ちゅうちょ》していた高度経済成長期やバブル期の起業家と違い、お《お》金に関してはは素朴にプラスのイメージを抱

39　一時期、松島の部屋に行くと、小熊が作業をしているという光景によく出くわした。夜中徹夜でプログラムを作り、朝方に焼き肉屋などへ行くなんてことも多い。小熊はNPOの活動があるため千葉県松戸市に住んでいるのだが、よく松島の仕事のために東京まで駆けつけてくれる。僕は松島と「小熊さんって本当にいい人」という話を何度したかわからない。

40　第五章で論じるように、日本の起業家たちは社会貢献の価値を繰り返し訴え、「お金儲け」それ自体の話を忌避することが多かった。

いている。

松島は「マネーリッチであることは最低条件。だけどマネーリッチだけでは足りない」と言う。それは「マネーリッチ」であると同時に、「タイムリッチ」「フレンドリッチ」「マインドリッチ」であることを同じくらい大切にするからだ。[41]

お金がないと、生活していく上での選択肢が減る。移動時間の短縮にはタクシーが必要だし、家で映画を快適に見ようと思ったら大きなテレビがあったほうがいい。しかしお金だけを追いかけていると、自分が自由に使える時間も減ってしまう。友だちと遊んでいる暇もなくなる。精神的にもすさんでいく。モノの価値を正しく把握できなくなることもある。

本来、モノの価格は、そのものが生み出す価値と比べて高いのか安いのかで判断すべきだ。だけど手持ちのお金が少ない時、人は自分の所持金と比べて高いか安いかという判断をしてしまう。たとえば、一億円の原資で失敗するなら、追加で一億円を調達して合計二億円かけたとしても、成功するほうがよいのだ。

「お金に縛られない生き方」をストレスなくするためには「お金」が必要だということを松島はよくわかっている。

だから愛車のレクサスGSにしても、車内で一〇〇V電源が取れたり、常時無線LANインターネットに接続できたり、数百キロのスピードが出るように改造してあったりと、自分たちにとって居心地の良い空間作りにはお金をかけるのだ。[42]

41　これらはもともとネットワークビジネスで使用される言葉だが、松島も好んで使っている。ちなみに松島たち自身はネットワークビジネスに関わってはいない。「ネットワークビジネスをしていると、ネットワークビジネスの掲げるような理想の関係が手に入らない」ことが理由だと言う。

42　本人いわく、以上の改造はすべて合法である。三年間で一〇万キロを超える距離を走るので、快適性が何より重要らしい。彼が、交通ルールやマナーを守り、安全運転を心がけていることを言い添えておく。

ところでスポーツカーに乗らない理由は他にもある。「ツーシーターの車には乗りたくない。突然友だちに乗って行きなよと言えないし、みんなで旅行に行く時に不便」だからだ。松島は、他者に富を自己満足的に見せびらかしたいわけではない。大切なのはここでも「友だち」なのだ。実際、彼の車には無線機が搭載されており、複数車両での移動中も、友だちとの会話を楽しめるようになっている。

松島は「友だち」や「仲間」のためなら惜しみなくお金を使う。たとえば青木の妻が「カニが食べたい」とぽろっとこぼした時のことだ。松島は突然羽田空港に行こうと言い出した。

その三時間後、僕たちは北海道の札幌空港にいた。プランは「カニを食べる」こと以外、特にない。ホテルも札幌空港に着いてから手配した。『ドラえもん』でスネ夫一家が札幌ラーメンを食べるためだけに北海道に行くというエピソードがあったが、まさか本当にそれをやってしまう人がいるとは知らなかった。

松島の「やりすぎ」エピソードはいくらでもある。慶應SFC時代の後輩が、文化祭の準備を徹夜でしていた時は、深夜のドン・キホーテでカゴ二〇個分相当もの大量の食料を買って届けた。大学のキャンパスに設置されていた自動販売機の飲み物を全商品、売り切れになるまで買って、差し入れにしたこともある。

青木が「最近映画を観ていないな」と言った時には、いきなりDVDを一〇〇本くらい部屋まで送りつけた。「仲間」のためには、いくらでもお金を使うのである。「やりすぎぐらいでち

文化祭への差し入れ

ょうどいい」は松島の口ぐせだ。

松島は、一時期「ヒルズ族」の象徴だった会員制レストラン・六本木ヒルズクラブの会員だが、別に誰かに自慢するために行くのではない。ただ「ご飯がおいしい」というのと、「サービスが行き届いているのでストレスが少ない」というのが愛用する理由だ。一時期は、ただでさえ量の多いコース料理を、二人分頼んだりしていた。現在、松島と青木は痛風に悩まされ、ユリノーム、アロシトール、リピトール、ゼチーア、エパデールを常用している。

家族以上に家族

ゼントはメンバー全員が同じマンションの別の部屋に住んでいる。そして、仕事上のパートナーも徒歩圏内に住んでいることが多いので、急に打ち合わせが必要になった時にはすぐに会える。

松島の部屋には会議ができる空間も確保してあるので、僕たちは気が向いた時にはぷらっと赴く。そしてくだらない話をしたり、一緒にご飯を食べたりする中で、仕事の話にもなる。青木だけは結婚もして、子どもも四人いるから、よく青木家で夕食を一緒に食べたり、ディズニーランドへ遊びに行ったりする。青木の子どもたちは松島に懐《なつ》いていて、「まっちゃーん、まっちゃーん」とよくじゃれ合っている。

ディズニーランドへは、グループ企業やクライアントの家族と行くことも多い。小さい子ど

「ゼント」のグループ企業やクライアントの家族とディズニーランドに行った時のスナップ

もがいる家族の場合、子どものお守りでアトラクションを十分に楽しめないことがある。それが松島たちも一緒に行けば、順番で子どもの面倒を見ればいいので、両親の負担も減る。彼らは「みんなが楽しめること」を大事にするのだ。

それは家族以上に「家族」であるように見える。車メーカーがCMで「うちにいるより家族だね」というコピーを流したり、ベビーカーのキャッチコピーが「『家族』をもっと楽しむ」であることに象徴されるように、現代において「家族」とはもはや自明な存在ではない。何とか頑張って維持させなくてはならないものなのだ。[43]

逆に言えば、血縁関係でない人びとの集まりが、家族よりも「家族」らしいということも起こりうる。松島の周りに集まった人びとは、新しい「家族」であるように見える。

そもそも「お父さんが会社で働き、お母さんは専業主婦をして、子どもは学校に通う」という近代家族は日本では戦後になって普及したものだ。

明治時代までの家族とは、今でいう会社や学校という役割も兼ねた職住一体の場だった。それは親族でない人とも一緒に住み、一生産組織として農業や林業などのプロジェクトを行う団体だった。新しいはずの起業家集団の生態が、実は明治時代以前の家族と似ているのは面白い。[44]

家族的に働くということはONとOFFの境界線が曖昧だということでもある。だけど近代国家が大量に必要とした工場労働者と違って、現代社会で働く時にONとOFFを厳密に切り

43 ジェラード・ディランティ著、山之内靖・伊藤茂訳『コミュニティ グローバル化と社会理論の変容』NTT出版、二〇〇六年。

44 もちろん相違点も多い。前近代の家族は情緒的つながりが弱かったと言われているが、本書で描く起業家たちをつなぐのはむしろ情緒そのものでもある。また教育制度が整備された現代と、そもそも公教育制度が整っていなかった前近代では状況も違うだろう。

分けるのは、とても難しい。

たとえばOFFの時に観た映画から素晴らしいビジネスモデルを思いつくことがあるかも知れないし、ONの時のほうが休日よりもリラックスできるかも知れない。

だったら、ONとOFFを混ぜてしまったほうが効率的だ。普段と違う環境で打ち合わせがしたいといって、初対面に近いクライアントと後楽園のジェットコースター・サンダードルフィンに乗りながら、大規模プロジェクトの商談を進めたこともある。

松島たちは「仕事」の定義を聞かれると「僕たちにできること全部が仕事」と答える。プログラムを書くこと、システムを設計すること、ビジネスモデルを考えること、映画を観ること、友だちとご飯を食べること、遊園地でジェットコースターに乗ること、どれも厳密に「仕事」かそうでないかを切り分けることができないのだ。

パソコンに向かう時間は少ない

ゼントは一応、事務所も構えているが、それはただの「巨大な郵便ボックス」になり果てている。誰も出社しないからだ。会社には出社義務というものはない。それぞれが勝手に予定を組み、それぞれが勝手に活動する。複数人で行ったほうがいい会議や、協力したほうが効率のいい仕事がある時には電話をする。しかし関係が殺伐とすることはない。それはお互いが会おうと思えば数分で会える距離に住んでいるからだ。

45 「クラウド」とは「雲」を意味する二〇〇九年あたりから流行しているIT系ビジネス用語である。たとえば「クラウド」論者は、インターネットにつながったパソコンやスマートフォンさえあれば、情報収集からドキュメントの作成、クライアントとのやり取りまで「仕事」はすべて完結してしまうと主張する。だから特定のオフィスはいらないし、「仕事」は家であろうがカフェであろうが、どこでしてもいいという発想だ。最近は労働者側に注目して、同様のスタイルを「ノマド」とも呼ぶ。

ＩＴ業界の仕事は、流行の「クラウド」や「ノマド」とも親和性が高い。[45] 確かに、松島たちの仕事はパソコン一台さえあれば、場所に関係なくどこでもできることが多い。極端なことを言えば、仕事をすべてメールなどオンライン上でのやり取りで済ませてしまうこともできるだろう。

だが松島は「人と実際に会うことこそが大事」なのだと言う。彼は、クライアントや仕事仲間と食事をしながら話すことを好む。ビジネスライクに時間を区切って、効率的に仕事をこなすというよりは、一見無駄とも思える話を長時間することも多い。

そこから新しいビジネスのアイディアが浮かぶことも少なくない。クライアントと会議をするのは「意識を合わせるため」だと松島は言う。そしてそれは実際に会っている時にしかできない。

たとえばいくらタスクを書き出してみたところで、根本的な「意識」が合っていなかったら、それがすべて無駄になるかも知れない。だから会っている時はずっと無駄話をして、具体的なタスクに関しては「後からメールで送ります」というのが理想的なミーティングだという。

そんな松島は、ＩＴ業界の人間であるにもかかわらず、普通の社会人よりもパソコンに向かっている時間が少ない。一応ラップトップやスマートフォンを持ち歩くことは多いが、なかなか連絡がつかないことも多い。

「ファミリー」と宮古島で

大手広告代理店・博報堂のある部長は、「松島さんは、いつの間にか海外にいたり、極秘のプロジェクトに参加していたりするので、彼を捕まえることが一つの仕事になっています」と笑う。[46]

事務所自体に価値があるとは考えないが、仕事仲間が集《つど》う「場所」や、そこで生まれる会話を大切にする。彼は「無駄に思えるような話題を含めて、コミュニケーションそのものが大切」だと言う。

ＩＴ業界の起業家というと「新しい人種」を想像してしまいがちだ。しかし、松島たちの仕事の多くは「人と人がご飯を食べながら話す」というプリミティヴな時間の上に成り立っているのである。

大切なのは自分たちが楽しんで生きること

松島がクライアントに対してよく言う言葉がある。

「難しいことはいくらでもやります。ただし、ややこしい人とは仕事をしません」

つまり「本気を出したい」と思っていない人と仕事をするつもりがない、ということだ。無理をしてまで仕事をする必要はない。大切なのは、クライアントも含めた「自分たち」が楽しめることなのだ。

人生のほとんどの時間は、仕事をする時間だ。だから、仕事を楽しむということは、人生を

46　ごめんなさい。

楽しむということでもある。「人生をできるだけ本気で生きている時間で埋めたい。本気になれない人との仕事を引き受けて、それである程度儲かったとしても、もっといい時間の使い方があったんじゃないかとあとで後悔してしまう」と松島は言う。

だけど、ただ「楽しい」ことと、「楽しむ」ことは少し違う。松島たちが楽しい仕事を選んでいるというよりも、選んだ仕事を楽しんでいるといったほうが正確だ。

本来対価をもらう仕事が「楽しい」ことばかりのはずはない。だけど彼らは、一週間で数時間しか寝られないような一般的にはきついと思われる仕事であったとしても、合宿のようにして楽しんでしまう。楽しい仕事を選ぶというよりも、仕事自体を楽しんでしまうのである。

仕事自体を楽しめるかどうかは、単純な金銭的な報酬というよりも、人間関係が大きく影響してくる。イライラしながらする仕事より、その仕事から直接得られる収益が少なかったとしても、気の置けない仲間たちと本気で仕事を楽しむことを選ぶのだ。しかもそのほうが、「チーム」としての持続可能性も高まるから、中長期的に考えれば業績にとってもプラスだ。

また彼らは流行の社会起業家のように、その手で社会を変えたいとは表明しない。むしろ大切なのは友人関係であったり、自由に過ごす時間であったり、自分たちの身の回りの世界のことだ。

社会学者は「今時の若者」を指して「コンサマトリー化」という言葉を使うことがある。[47]「コンサマトリー」というのは「自己充足的」という意味で、何かの目的に向かって頑張るの

47　豊泉周治『若者のための社会学　希望の足場をかける』はるか書房、二〇一〇年。

松島はワーカーズ・ハイになって車で自宅の隣のコンビニに突っ込んだことがある。それ以降、少し無茶は控えるようになったそうだ

ではなく「今、ここ」で仲間と楽しく過ごすことを重視するメンタリティのことだ。それを象徴するのは最近の若者の生活満足度の高さだ。

　内閣府の「国民生活に関する世論調査」を見てみると、二〇代の約七割が現在の生活に満足していると答えている。この数値は、若者よりも相対的に社会的地位も所得も恵まれた状況にあるだろう年配者よりも高い。また、高度成長の最中にあった一九七〇年代の若者と比べても、バブル景気の最中にあった一九八〇年代の若者と比べても、圧倒的に高い満足度を示している。[48]

　これは最近の「若者の貧困問題」や「世代間格差」を考えると不思議な調査結果にも思える。あれ、最近の若者って貧困に苦しんでいて不幸だったんじゃないの？　だが、ＮＨＫが実施している「中学生・高校生の生活と意識調査」や内閣府の「世界青年意識調査」「世界価値観調査」など他の統計を見ても、若者の生活満足度や幸福度は上昇している。

　それこそが「コンサマトリー化」なのである。経済や政治など「大きな」問題に不幸を感じるのではなく、友人関係など身近な世界に「小さな」幸せを見いだす。

　松島たちもまた「コンサマトリー」という点で、「今時の若者」との共通項を見いだすことができる。「やりたいこと」や「好きなこと」を仕事にしたいというのは、非正規雇用の若者もよく口にすることだが、[49]それをたまたま実現してしまったのが松島たちなのである。

48　古市憲寿『絶望の国の幸福な若者たち』講談社、二〇一一年。高い生活満足度の解釈を巡っては大澤真幸「可能なる革命 第六回　若者の態度の二種類のねじれ」『atプラス』（12号、二〇一二年）や斎藤環「「変わらない」ことの「幸福」と「不幸」について」『調査情報』（五〇六号、二〇一二年）などが参考になる。

49　久木元真吾「「やりたいこと」の現在」小谷敏・土井隆義他編『若者の現在　労働』日本図書センター、二〇一〇年。

日常の延長としての「起業」

興味深いのは、松島を含めて、この本で扱っていく起業家たちの中に、「起業をしようと思って起業した」人がいないことだ。

一方、若者の中には、何のビジネスをするかも決めずに「社長になりたい」「ビッグになりたい」と夢を語る人がいる。

僕がピースボートでインタビューをした時も、小山奈々美（一九八四年、兵庫県、A型）のように「何か会社を起こしたい。自分たちで何かしたいんだよね。何をするかはまだ決まっていないけど」とただ「起業したい」という想いだけが先走っている人も多かった[50]。

一方で松島たちは、起業しようと思って起業をしたわけではない。好きではじめたプログラミングや機械いじりが、結果的にビジネスにつながっていっただけだ。「ただビジネスの規模が大きくなって、さすがに個人で引き受けきれなくなった」から、現実的な手段として法人化したに過ぎない。

当たり前の話だが、「起業をしたい」「社長になりたい」という宣言ほど空疎なものはない。法人だけなら登記をすれば誰でも作れるし、税金さえ払い続ければ誰でも社長でいることができる[51]。税収入を増やしたいだけの政府はそれでいいかも知れない。

しかし、起業をして一定以上の成功を収めたいならば、何らかのビジネスモデルなり、他人がお金を出したいと思うような「専門性」が必要だ。

50　彼女はピースボートから下りた後、栄養コンサルタントを名乗るもののほとんど顧客を獲得することもなく、すっかり起業について語らなくなった。その後、大学院で社会学を学ぶようになり、現在では大手コンサルティングファームで激務の日々を送る。

51　利益がない会社は法人企業税として毎年七万円だけを払えばいい。日本における赤字企業割合は年々増え続けていて、二〇一〇年度は七四・八%だった（国税庁「平成22事務年度における法人税の申告事績の概要」）。企業数だけを単純に増やしても税収の増加にはつながらないことがわかる。

もちろん、「起業をしたい」「社長になりたい」と言ってしまう若者の気持ちもわかる。先の見えない社会で、いつまでも働けるかわからない会社で、つまらない仕事に時間を拘束されたくない。

それなら気の合う仲間と起業でもしたい。大きなビジネスをしたい。「起業」は、たとえばバックパッカーやワーキングホリデー、世界一周クルーズと同じく、閉塞感に包まれた日常の「出口」に見えてしまうのだろう。

だけど「日本に若手起業家が少ない」「若者よ、もっと起業しよう」というのは話が逆なのだ。起業しても食べていけるくらいの人脈も「専門性」もない人に、起業を勧めても無意味である。それは結局「希望難民」を増やすに過ぎないだろう[52]。

政策として行えることがあるとしたら、「起業しやすい環境の整備」などという漠然としたものではなく、ましてや起業件数の数値目標を立てることでもない。まずは「起業」を可能にするような「専門性」や「場所」をいかに若者に与えていけるかを考えることから始めるべきだろう。

会社は立ち上げることよりも、続けることのほうがよっぽど難しい。しかも、一度会社を立ち上げてしまったら元のレールに戻ることは難しい。技術者は別として、「起業に失敗した元経営者」を雇いたい会社は限られている。

特に有名大学に通う若者たちならば、大企業に入ったほうが確実に自分のキャリアを積むこ

52 「希望難民」とはやたら「夢を叶えよう」と自己啓発を言い立てられる社会で、「今よりも輝く自分がいる」と現実と希望のギャップに苦しんでしまう人のことである（古市憲寿『希望難民ご一行様』光文社新書、二〇一〇年）。

とができる。起業志向があるなら、そこで経験を積んでからスピンオフしたほうがいい。一か八かのベンチャーを立ち上げるリスクはあまりにも大きい。

だから「リスクを恐れるな」だとか「画期的なビジネスモデルを考えろ」というお題目だけを与えるばかりの「起業家教育」には何の意味もないだろう。

「起業」はあくまでもスタートであって、ゴールではあり得ない。そもそも「画期的なビジネスモデル」で成功している企業がどれだけあるのだろうか。そして本当に優れたビジネスモデルなのであれば、資本力のある大手企業に真似されるのが関の山だ。

「自分らしく生きたい」

もしも松島たちの「成功」の一因を挙げるのだとしたならば、彼らの「好きなこと」がお金になることだった、というのが大きいだろう。実際、ビジネスモデルが特に画期的だったわけではないし、大学での起業家教育が役に立ったとも思えない。

「成功」を下支えする一つが開成学園や慶應義塾大学といういくつものネットワークだったのは間違いない。松島自身は「成功」の理由をこう語る。

「成功の理由というか、そもそも今が成功なのかどうかもわからないけど、少なくとも今は幸せに感じてる。『仲間と楽しく生きる』ってことを真剣に考えて、お金以外の大切なものに気づいた時から、『今』がはじまったんだ。お金だけを儲けようと思ったら、もっと違う会社になっていただろうし、もっと違う生き方をしていたと思うよ。

以前、青木さんの健康診断でガンの腫瘍マーカーが出た時に、後日精密検査で問題がないことがわかったんだけど、自分自身があと半年で死ぬとしたら何をするかって真剣に悩んだ時期があって、何日も考えていたんだけど、出た結論はすごくシンプルだった。

自分が死ぬとわかった半年間であっても、結局のところ残った時間は自分らしく生きるしかないんだなあって。そう考えたら、ちゃんと今も自分らしく生きてるんだったら、あと半年と知らされたからといって、生き方を変える必要なんてないんだってね。むしろ、今自分らしく生きているか心配になっちゃったくらい。結局、僕には僕らしい生き方しかできないし、それを続けたら今になったんだよ」

松島たちが行ったのは「起業」という特別なことというよりは、あくまでも「日常」を続けたこと、それ自体なのである。

第二章　東京ガールズコレクションの正体

女の子たちを熱狂させる現代の祝祭、東京ガールズコレクション。そのプロデューサーを務める村上範義の横顔に迫りながら、この章では巨大な祝祭の仕組み、スピリチュアルブーム、魔術化する社会の様子を描いていこう。

〔**スケッチ2**〕

ノリくんは……不思議な人ですね。なんていうか、ぶっ飛んでる。アドレナリン垂れ流し人間。（佐藤健、俳優、二三歳）

〔**スケッチ3**〕

ノリさんと初めて会ったのはまだ高校生の時。当時、高校生としてはかなりお金を稼いでいたと思うけど、仕事が全然面白くなくなってたんだ。仕事がただの「お金を稼ぐための手段」になっちゃってたから。だから、「今、一番面白そうなことをしている人」を心底探していた。

それで共通の知人を介して紹介されたのが、まだ大学生だったノリさん。学生向けの大規模なイベントを主催したり、学生と出版社をつないだりして、楽しさと仕事を両立させるノリさんは、とても魅力的だった。それからもう一〇年くらい友だちかな。

仕事でも東京ガールズコレクションに関わってるし、プライベートでも色々と遊んでる。今年の初めはノリさんに連れられて、伊勢神宮のかがり火奉仕に行ってきたよ。一〇時間以上、夜通しで火を焚いてた。すごく大変だったけど神秘的な体験だった。(松島隆太郎、東京ガールズコレクションスーパーバイザー、二九歳)

1 走り続けるプロデューサー

日本最大の祝祭

二〇一一年二月一九日ナゴヤドーム。約四万人の歓声。光と音の洪水。熱狂に包まれながら、思わず「これが二一世紀の祝祭なのか」と、つぶやいていた。

僕は、ナゴヤドームで開催された「東京ガールズコレクションin名古屋」というイベントに来ていた。[53]

「東京ガールズコレクション(TGC)」というのは、二〇〇五年に始まった女の子のためのファッションフェスタだ。約二〇のブランドによるリアルクローズ[54]のファッションショー、人

53 本章の内容は二〇一一年一月から三月にかけて村上に取材した内容が元になっている。その後も村上ともよく会うので、部分的に情報をアップデートしている。

54 現実で着られるような実用的な服という意味。そんなの服なのだから当たり前と思うかも知れないが、ファッションショーのような場では、「こんな奇抜なデザイン、いつ着るんだよ、しかも高い」みたいな服が多数披露されるのが常識だった。

気アーティストのライブなどを中央ステージやランウェイ（花道）で繰り広げながら、会場にはフードコートや協賛企業によるブースなどを並べている。

最近では東京や名古屋、沖縄など国内のみならず、北京や上海といったアジアの都市でも開催される国際的なイベントになった。

東京では通算一一回開催されているＴＧＣ[55]。今回は名古屋での開催にもかかわらず、過去最高の三万九八〇〇人の来場者を記録した。観客の中心は二〇歳前後の女の子。ファッションのイベントに来るだけあってオシャレな子が多い[56]。

開演は一五時で、ラストステージが終わったのが二一時。ディズニーランドのパレードが六時間続いたような光景をイメージしてもらうといいかも知れない。新聞の保守的な表現を借りると、「人気モデルが一堂に会し、最新ファッションで次々と登場、詰めかけた若い女性らを魅了した」みたいな感じ[57]。

我慢が足りない「ゆとり世代」だ、「モノを買わない嫌消費世代」だ、などと好き勝手言われることが多い最近の若者だが、少なくともＴＧＣに来ている女の子たちは、六時間も続くステージを飽きもせずに、しかも安くはないチケットを買ってまで観に来ている。

メインステージに一番近いアリーナ席が一般料金一万五〇〇〇円、スタンド指定席で七五〇〇円、スタンド自由席で五五〇〇円[58]。有名アーティストのライブとあまり変わらない価格設定だ。このチケットが開催日前には、ほぼ完売してしまう。会場には一〇〇〇人以上の行列が朝

55　二〇一一年一〇月にさいたまスーパーアリーナで開催されていたＴＧＣがちょうど一五回記念だった。地方都市や海外を合わせると、通算での開催回数は三〇回を超える。

56　初めてＴＧＣに来たという一九歳の女の子にインタビューをしたところ、まだステージが始まる前から「すごくかわいくてオシャレな子が多い」と興奮しながら言っていた。何のことかと思ったら、お客さん自身がオシャレだと言っていたのだ。

57　「八万の瞳キラキラ」『中日新聞』二〇一一年二月二〇日朝刊。

58　「ＴＧＣ in名古屋」での一般販売での価格設定。現在は料金体系がやや変わっている。

からできることも珍しくない。

しかも、ライブはアーティストにとって「発表の場」だが、TGCは多くのブランドにとっての「プロモーションの場」でもある。いろんなモデルが現れてはブランドの紹介はもちろん、映画やテレビのPRまでしていく六時間のショー。

テレビで言えば、コマーシャルタイムに近い。いわばお客さんは、「広告+α」を見るために、お金を払っているということになる。「モノが売れない」「若者はお金を使わない」と嘆いている人には信じられない話じゃないだろうか。TGCは推計七〇〇〇億円ともされる「ガールズ市場」の牽引役《けんいん》としてよく例に出される。[59]

もちろん、その成功はTGCに様々な秘密が隠されているからこそ可能になったことだ。「TGCなんて聞いたこともない」という人も、ちょっとはTGCの秘密を知りたくなってきただろうか。社会をナナメから見がちな僕のような人間から見ても、TGCはすごーく良くできたエンターテインメントだと思う。

本章ではまず、TGCを陰で動かす若きプロデューサーの素顔に迫る。そして、現代社会における祝祭の意味を考えながら、TGCの「正体」を明らかにしていきたい。

59　山田佳子『東京ガールズコレクションの経済学』中公新書ラクレ、二〇一一年。

携帯電話三台、着信件数二〇〇件

携帯電話は常に三台持ち歩く。一台は電話用、もう一台はメール用、そしてiPhone。一日にかかってくる電話は二〇〇件近くになることもある。アドレス帳は容量限界の二〇〇〇件でも足りないくらい。[60]「中村」さんだけで七人、「橋本」さんだけで六人もいる。予備のバッテリーは五個、持ち歩いている。

一台の携帯で電話しながら「今から資料を送ります」ともう一台の携帯でメールを送る。その間にも、手元にある資料を読んだりしている。そんなことをするのはイメージ上の勝間和代（一九六八年、東京都、Ｂ型）だけだと思っていた。

しかし、今僕の目の前にいる人物は、まさに「そんなこと」をしている。ＴＧＣプロデューサーの村上範義だ。[61]まだ二九歳にして、ＴＧＣのキャスティングを一手に手がける、ＴＧＣの中心人物の一人である。

六時間にもわたるファッションフェスタ。約二〇〇ものブランドが参加し、モデル、アーティスト、タレントなど一〇〇人以上が出演する。関わるスタッフの数は、おそらく一〇〇〇人を超えるだろう。しかも、複数の企業、芸能プロダクション、官公庁までが関わる事業だけあって、バランスの調整にも細心の注意がいる。

どのタレントはどの企業と契約しているから、どの企業の話をさせてはいけない。その複雑に絡まったネットワークの中心に村上がいる。

そりゃ、忙しい。

お風呂でもトイレでも、起きている間は基本的に電話に出るか、すぐにかけ直すようにして

60　「なんで携帯のメモリって一万件くらいないんだろう」って愚痴っていた。それは、凡人には一万人どころか千人も知り合いがいないからである。

61　当時の正確な肩書は「株式会社Ｆ１メディアのキャスティンググループ・プロデューサー」だった。二〇一二年一〇月現在の肩書はイベント全体を統括するチーフプロデューサー。Ｆ１メディアというのは、ＴＧＣをはじめ、イベントや広告などの企画立案を行うキラキラした会社だ。ＴＧＣ以外にも様々なキャスティング業務を行っている。

62　あるパーティーの場では、モデルの女の子に「村上さんっていえばいつもインカムをつけて電話してるイメージ」と揶揄されていた。村上いわく、インカムをつけるのは「携帯の電磁波を避けるため」だ。インカムをつける前は、日々頭痛に悩まされていたという。

いる。[62]それは「僕に電話をかけてくる人は、僕よりも忙しい人ばかりだから」だ。芸能プロダクションの関係者、大企業の重役、村上が交渉する相手は常に時間に追われている。

確かに村上の電話をこっそり聞いていると、大物芸能人の名前や有名企業の名前が次々に出てくる。その場で大きな仕事を決めてしまうこともある。迅速な電話対応をする、というのは村上のビジネスパートナーに対する信念や敬意の表れなのだろう。

寝る暇はあるのかと聞いたら「睡眠は大切にしています」との答え。一日五時間は寝るようにしていると言う。だけど本当に寝ているかは怪しい話で、深夜二時に会社から電話が来たり、早朝からばっちり仕事をしていたりする。[63]

「芸能プロデューサー」から遠く離れて

「芸能関係のイベントのプロデューサー」というと、モデルの女の子を常に近くに侍らせてウハウハする趣味の悪いサングラスを掛けた恰幅の良いおじさん、みたいな図が浮かんでしまうが、[64]村上の姿はそれとは対照的だ。

身長一七六cmで、体重六〇kgのスリムな体型。アンドゥムルメステールとかダミールドーマとか名前からしてもうオシャレな名前のブランドの服を着こなしている。[65]ぎらついた印象もなくて、「好青年」という言葉がよく似合う。

周囲に村上の印象を聞くとまず返ってくるのが「ミントの風が吹いている」「とにかく爽や

63　この村上がいかに多忙かという話は、六本木のフレンチキッチンでランチを食べながら聞いていた。たっぷり一〇時間寝た後に、のこのこやって来た僕と違って、当然村上は朝から仕事をいくつも片付けてきていた。そして、ランチが終わると颯爽と次の仕事場に向かっていった。そんな村上を見て、僕ももう少し頑張らなきゃなと思った。だけど、ランチを終えて外に出たら、その日は二月なのに春みたいにぽかぽかした気持ちいい日で、特に目的もなくぶらぶら散歩して、買い物をしていたら一日が終わってしまった。

64　想像力がおじさんみたいでごめんなさい。

65　アンドゥムルメステール（ANN DEMEULEMEESTER）はベルギーのブランド、ダミールドーマ（DAMIR DOMA）はクロアチア出身のデザイナーのブランド。村上がすごいのは、買った服を一cm単位ではさみを入れたり、詰めたりしていることだ。

か」という声だ。あるファッションモデルの言葉を借りれば「笑顔が素敵で、常にキラキラオーラが出ている人」。

名古屋でのTGCが終わった後の打ち上げ。村上は色々な人に挨拶をしながら会場を回っていた。女の子に鼻の下を伸ばす暇なんてなさそうだ。二次会で行ったカラオケでも、部屋の隅でパフェを食べながら、関係者たちと次の仕事の話をしていた。

よくよく観察していると、部屋の温度を調整したり、今夜のホテルを取り損ねた人のために手配をしてあげたり、少しも「芸能関係のイベントのプロデューサー」っぽくない。なんていうか、お嫁さんにしたいような、すごくいい人。

後にその時のことを聞くと、「あの日は盛り上げ役の人が何人もいてくれたから。その場のバランスを考えますね」という答えが返ってきた。そこにいるメンバーの雰囲気、役割を見渡しながら、一番不足している役割を自分が担うという。

「自分が関係している場で、『つまんなかった』と思って帰る人がいるのは嫌だから」とさらっと言うが、どうやら村上は二次会までプロデュースしていてくれたらしい。

会の終盤、誰かと仲良くじゃれ合っている村上を見つけたが、その相手はモデルの女の子、ではなくて、東海中学・高校時代の先輩である澤田俊介（一九八一年、愛知県、A型）だった。

村上の一年先輩にあたる澤田は、村上のことを「志が高くて、大学時代に俺らが遊んでいる間も、毎日色々な人と会って人脈を広げていた。モンスターみたいな奴」と表現する。「高校

松島の誕生パーティーにて。左端が村上

の時はやんちゃなところもあったけど、大学に入ってからノリ（村上のニックネーム）は、本当に一日一日を大切にしていた」。

大学時代からプロデューサー

愛知県出身の村上は、早稲田大学社会科学部へ進学した。村上の今へつながる直接的なキャリアは、大学時代から始まる。きっかけは一九歳の頃、出版社の仕事を手伝うようになったことだ。主な仕事はモデルの女の子の派遣や、女性誌への企画提案だ。

一〇代から二〇代向けのファッション雑誌は、膨大なモデルなしには成り立たない。特に村上が大学生だった二〇〇〇年頃には「読者モデル」が雑誌にとって必要不可欠な存在になっていた。[66]

村上が得意としたのは、雑誌編集部の希望に応じて、女の子を斡旋《あっせん》することだ。たとえば「明日までに女子大生が五〇人必要」と言われれば、自分のネットワークを駆使して、その通り五〇人の女の子を集めてしまう。村上は「コンサバ系のキャリア志向の女の子」「朝六時に渋谷に来てくれるうちの雑誌に合う子」などの要求に次々と応えた。

出版社の間でも「村上くんっていう面白くて仕事ができる大学生がいるよ」と噂になり、仕事の規模はどんどん広がっていった。出版社側からしたら、村上は非常に使い勝手のいい人材だっただろう。おまけに爽やかだし。

66 雑誌は一九九〇年代から、流行の発信源としての「ストリート」、つまり街にいる若者に注目しはじめる。もちろん八〇年代の雑誌を見ても、プロではない一般の大学生などは誌面に登場していたが、それはあくまでも雑誌の企画趣旨を補強するために用いられていただけだった。「ストリート」の時代を象徴するのが、一九九五年に発刊された『東京ストリートニュース!』だ。「センター街」や「ブクロ」を闊歩する有名高校生たちが主役の雑誌で、スナップ大会には数千人が集まったという。二〇一二年には一号だけの復刊を果たし、当時の高校生たちの「その後」を知ることができる。その頃の熱気を知る女性誌編集者（一九八三年、神奈川県、O型）は、「読んでいて悲しくなった」と言っていた。

はじめは完全に個人として仕事を請け負っていたが、受ける案件の規模や金額が拡大するにつれ、周りからの勧めもあり会社を起こした。

第一章でも触れたように、うまくいっている若手起業家には「社長になりたいから起業しました」という人は少ないと思う。[67] 起業は登記さえすれば誰でもできる。大切なのは、起業することそれ自体ではなく、人がお金を出したいと思うような「専門性」や、ビジネスモデルをいかに持てるかということだ。

村上が大学生の時に気がついた自分の「専門性」とは、「人と人をつなぐ力」だ。自分の持つ様々なネットワークや資源を駆使して、最高の組み合わせを作り出す。「人と人をつなぐ」ためには、その人を知っているだけでは足りない。その人たちが所属する「世界」のことを知らなくてはならないからだ。

その意味で村上の仕事は、翻訳家に近い。彼はルールの違う複数の「世界」をつなぐのがうまかった。それぞれの世界へのケアも忘れない。大学時代は、毎日のように女の子の悩み相談にのっていたという。彼が仕事を始めてから派遣したモデルの数は、のべ五〇〇〇人。クレームを受けたことは皆無に等しかった。いかに村上が、優秀な翻訳家だったかがわかる。

大学生だったにもかかわらず、これだけ仕事が順調だった村上。しかし彼は、就職活動を始める。もちろん、急に将来が不安になったからではない。むしろ、就職活動をすることは大学入学時からずっと決めていたことだ、と言う。

67 もちろん「起業したい」という思いが先にあって、一定の成功を収める場合もあるだろう。ただしその場合でも専門性や社会関係資本（つながり）は必須だ。

村上が目的にしたのは、「大企業」という世界を新たに増やすことだ。「よく会社をやっている人って大企業のことをバカにするけど、まず自分で大企業のことを確かめてみたいと思った」のだという。

その時村上はすでにいくつもの世界を持っていた。自分で会社をやっていたから「起業家」の世界も知っているし、早稲田大学という「いい大学」の世界にも知り合いがたくさんいる。そして「出版業界」、そこから派生した「芸能業界」。そこに「大企業」という世界を付け加えようとしたのだ。策略家だ。ていうか、だいぶ欲張りだ。見た目、こんなに爽やかなのに。

村上が選んだのはリクルートという会社だ。「ゼクシィ」や「ホットペッパー」「リクナビ」で有名な広告・出版の大手企業である。[68]

しかし、村上はリクルートを結局一ヵ月で退社してしまう。社員が何千人もいるため、一人一人にできることは非常に限られてしまう、大学時代に築いたせっかくのネットワークも活かせない、というのが理由だった。

村上は、「ちょっと不遜《ふそん》な言い方になるけど、大企業だと自分で上司を選べない。やはり働く相手は自分で選ぶべきだということがわかった」と語る。大丈夫です、村上さん、何を言っても不遜さを感じないくらい爽やかなんで。

どちらにせよ、村上に「リクルート」という世界が増えたことに違いはない。入社前を含めてリクルートでも人間関係は広がったし、経歴にも「リクルート」という社名が加わる。「し

68 リクルートが運営する就活情報サイト「リクナビ」で同社の会社紹介を見てみると、「情報の受け手であるカスタマーと、情報の送り手であるクライアントを新しい接点で結び、両者の「まだ、ここにない、出会い」の場を創り出していく。これがリクルートの仕事です」と書いてあった。確かに、村上っぽい。

ょせん、ベンチャーしか経験したことないんでしょ」とマイナスに見られることもなくなる。

東京ガールズコレクション始まる

村上がリクルートを辞めた後に選んだのは、株式会社ブランディング（当時は株式会社ゼイヴェル）への入社という「世界」の増やし方だ。

ブランディングは、大浜史《ふみ》太郎《たろう》が代表取締役社長を務める一九九九年設立のベンチャー企業である。日本最大級の女の子向け携帯ファッションサイト「girlswalker.com（ガールズウォーカー）」の運営で知られている。ガールズウォーカーとは、トレンド情報、通販、占いなど、女の子に人気のコンテンツ満載のポータルサイトだ[69]。

実は、そのガールズウォーカーの五周年記念イベントとして構想されたのがＴＧＣなのだ。村上は、大学時代に大浜に出会っている。その大浜たちが始めようとしているＴＧＣというお祭り。そのＴＧＣに立ち上げから関わりたいという思いが、リクルートを辞めた理由でもあった。まさに、自分の持っている様々な「世界」を活かせると思ったのだ。

こうして村上は、「ベンチャー企業の社員」や「ＴＧＣのプロデューサー」という新たな顔を、自身のキャリアに付け加えた。

ベンチャー企業の社員になったといっても、村上の働き方は独特だ。まず気付くのが、「企業」という枠に縛られていないということ。ＴＧＣに関わる人々は、企業としてではなく、村

69　ガールズウォーカーのビジネスモデルに関しては、藤田康人編『漂流する広告・メディア』（日経ＢＰ企画、二〇〇九年）を参照。ガールズウォーカーは画期的だった。「携帯電話を通じて服を売る」なんてことがうまくいくなんて、誰も思っていなかったのである。当時の携帯電話は今よりも画面も小さいし、画質も悪かった。そんなネガティヴな意見をよそに、ガールズウォーカーはビジネス的に大成功を収める。

上個人との信頼関係をベースに参加していることが多い。

名古屋で行われたTGCには、多種多様な業界の人間が「個人」として関わっていた。たとえば、第一章で取り上げた松島隆太郎もなぜかTGCの実行委員に名を連ねている。ファッションにまったく無頓着で、三日間同じような服を着ていても気にしない松島がなぜファッションのイベントの実行委員に、と僕が一番疑問なのだが[70]、村上と松島はもう一〇年近くの友人でもある。

また、松島を介して、海外投資ファンドの日本支社ディレクター、不動産取引やM＆Aを手がける企業の社長、海外向け携帯電話レンタル会社の社長など、一見ファッションとはまったく関係ない業界の人たちが、TGCに関わるようになる。それは「村上がいるから」「松島がいるから」という人のつながりで彼らが仕事をしているからだ。

TGCはこうした属人的なつながりが集積している場所だ。

「就職活動」をして村上と働くようになった人は少ない。たとえばTGCのキャスティングをサポートする西原基熙《もとき》（一九八五年、大阪府、A型）は学生時代から村上を知っていて、「気付いたら魅力にひかれて村上と働くようになっていた」という。また、村上が大学時代に立ち上げた会社は、現在、村上の実弟が経営を任されている。

モデルやコンパニオンの手配に尽力した澤田俊介は、普段は家業である自動車部品関係の老舗企業で働いている。数年前から村上に誘われて、TGC.in名古屋から本格的に関わることに

70　TGC当日は、なぜか清涼飲料水レッドブルのパーカーを着て、会場を忙しそうに走り回っていた。ファッションイベントなのに、なぜ。

なった。澤田は村上の中学からの先輩にあたり、その時以来の親友でもある。

村上は、「友だちと仕事をする醍醐味《だいごみ》」を熱く語る。実は、村上がプライベートで付き合いのある人は、一緒に仕事をしているメンバーであることが多い。「限られた人生の中で、せっかく仕事をするなら、あうんの呼吸までもわかった最高のメンバーで一緒に笑って、一緒に泣きたい」という。仕事もできて、一緒にいて楽しい。そんな仲間とともに村上は働く。だから「働くことにストレスはまったくない」と断言する。爽やかに。

ツイッターもフェイスブックも使わない

村上は今でも「翻訳家」として、人と人を引き合わせるということをよく行う。松島をはじめ、村上を知る人が口を揃えたように言うのが、「村上さんが紹介してくれた人は間違いがない」という台詞だ。

村上は、人と人を会わせるタイミング、事前情報の伝え方、実際に対面する場所の環境などに驚くほどの気を遣っている。だからこそ、村上のまわりのソーシャルネットワークはどんどん広がっていく。

彼が最も重視するのは一対一のコミュニケーションだ。携帯電話は生命線のようなものだが、他のメディアを村上はほとんど使用しない。ツイッターもフェイスブックもｍｉｘｉも、登録して少しはいじってみたものの、最近はずっと放ったらかしたままだ。[71]

71 ただし最近ＬＩＮＥは頻繁に使う。携帯電話のように一対一のコミュニケーションができるからだろう。忙しいのに、よく変なスタンプを送ってくれる。

村上のビジネススタイルというのは、実は「古風」なものだ。企業単位ではなく、人と人をつなぐ。つまり、ブランドや法人格といった「システム」に対する信頼ではなくて、村上個人のパーソナリティという「人格」に対する信頼によって、彼の仕事は成立している。この「人格」に依拠して、ネットワークを広げるという仕事の仕方は、人類史において交易の始まりと同じくらい「古風」である。

「古風」と言えば、村上は今時珍しいくらい「暑苦しい」。見た目や雰囲気の爽やかさはさんざん強調してきた通りだが、彼の周囲は「親しくなればなるほど、村上が暑苦しい人間だということに気付いた」と語る。付き合いの長い人は口々に「熱くて誠実」「今の時代の侍」「常に全身全霊で人生を楽しんでいる」と村上の内面における「暑苦しさ」を語る。

確かに村上の一連の言動はある種の「暑苦しさ」がないとできないことだ。数万人規模のイベントを、その中心で動かすということは、ただの爽やかなだけのお兄ちゃんにはできない[72]。

このあたりが、よく語られる「最近の若者」とは違う。何かの目的のために頑張るわけではなくて、「今、ここ」で仲間と同じ時間を過ごすことを大切にする。そんなコンサマトリーな価値観を持つ若者とは違い、村上は「今、ここ」にとどまることに少しも満足はしない。

インストゥルメンタルな若者

「成功してしまったものは、もう過去のものなんです」と言い切るように、考えるのは常に

72 見た目や雰囲気の「爽やかさ」も村上の計算範囲内なのかも知れない。中身も暑苦しい、雰囲気も暑苦しい人が今の時代、広範な支持を得るのは難しそうだ。

「次の」成功だ。

村上は、一緒に食事をする人、何気ない会話をする友人までを含めて、「無駄な」ものは何一つないように心がけているという。[73]「コンサマトリー」の対義語として、社会学者は「インストゥルメンタル（手段的）」という言葉を使うが、まさに村上の生き方にふさわしい形容詞だと思う。

「気の合う人同士で協力するのは、普通の人でもできること」と言う彼は、あらゆるタイプの人と「適切な」関係をとり続けるようにしている。前述したように、村上が多くの時間を共有するコアメンバーには、プライベートでも付き合いの深い友人が多い。だけど、決して仲間とだけ仕事をするというわけではない。

村上は、初対面で「ちょっと苦手」と思った人とも、関係を断ち切らないようにしているという。なぜなら「どんな人でも、二割は協力できる部分があるかも知れない」と思うからだ。だから村上は、適切な人々と、適切な距離を、適切なタイミングでとり続けるようにする。そのアレンジが絶妙だから、村上は多くの人に好かれてもいるのだろう。

タスクワークも徹底的に合理化されている。たとえば、パソコンや携帯電話では一文字打つだけでほとんどのメールができ上がるようになっている。「い」と一文字打てば「いつもお世話になっております。東京ガールズコレクションの村上です。」、「お」では「お疲れ様です。」や「お手数をお掛けしますが、宜しくお願いいたします。」という文章に変換されるのだ。[74]

73　すみません、あんまり村上さんの人生の役に立っているとは思えない僕とも付き合っていただいて。

74　ちなみにキーボードを打つ時は必ず軍手のような手袋をはめている。おしゃれな村上さんがなぜ軍手、と思ったが天照石というパワーストーンが素材に使われていて「もうあれなしじゃキーボードが打てない」くらい感覚が変わるらしい。実は僕もインタビュー中、半ば無理やりに注文させられたのだが、使わないうちにどこかに行ってしまったため使用感をレポートできないのが残念である。

会食をした後は、着信の数によってその後の行動が決まる。数件の返事をするだけでいいならタクシーに乗るが、一〇件電話を返さないといけないとしたら、次の目的地までは歩いて行く。「ただ電話をするだけでは無駄。歩きながら電話をすれば運動にもなるし、街のパワーや大地のパワーを感じることができるから」だ。

だがいったい、村上がここまで走り続けるのはなぜなのだろうか。村上自身が言うように「こんな働き方は六〇歳になったらできないかも知れない」。では、彼はどこへ向かおうとしているのか。その向かった先には何があるのか。

そのことを、村上の個人的なライフストーリーを一度脇に置いて、もう少しマクロな目線で考えてみたい。その問いを解くためのヒントは、「祝祭」というキーワードに隠されている。ここからは、TGCという現代社会に現れた巨大な祝祭空間の正体に迫っていこう。

2　現代社会の祝祭

女の子のためのパワースポット

村上はTGCのことを「女の子のためのパワースポットなんです」と表現する。「自然の中で力を得られるのと同じように、来てくれた女の子が元気になる場所を作っていきたい」のだという。

僕は村上から何度かこの台詞を聞いたことがあるのだが、最初はよく意味がわからなかった。村上が、平均年齢が五〇歳くらいの異業種交流会にゲストとして呼ばれ、「ＴＧＣはパワースポット」と発言した時も、会場のおじさん、おばさんはポカーンとしていた。だけど、よくよく考えてみると、その表現は言い得て妙だなと思うようになってきた。たとえば、ＴＧＣという六時間のファッションフェスタ、それは古来、「祝祭」や「儀式」「お祭り」と呼ばれてきたものと多くの特徴を共有している。

人類の祝祭の構造というのは、実は古代からあまり変わっていない。基本的に祝祭というのは、一定のリズムで繰り返される言葉（お経や念仏、聖句）、音楽（歌、太鼓など）、光と映像（絵画やろうそく）、香り（線香、香煙）の組み合わせで、人の感覚・運動器官を刺激することで成り立っている。

神経学的に言えば、一定の間隔で繰り返される音楽や光などの感覚的な刺激は、自律神経系の中枢、視床下部の活動を活性化させる。この視床下部の活性化が海馬に伝わり、結果的に頭頂葉の機能を低下させる。この頭頂葉の機能低下こそが、人に不思議な感覚を与えて、一種の恍惚状態をもたらすのだという。[75]

ＴＧＣでも音楽の選曲の仕方、スモークや炎を効果的に利用した照明など、祝祭の基本的な文法をうまく押さえている。それは、カリスマやスターが、歓声と光と音の中で作られることをＴＧＣ側が熟知していると言い換えてもいい。ちなみに、演出家の中には「宇宙的なこと」

75　村本治『神の神経学　脳に宗教の起源を求めて』新生出版、二〇〇四年。

が好きな人がいて、TGCには様々な隠しコンセプトが仕掛けられているらしい。彼には「ステージが波動で見えている」という。

だが、「TGCが女の子のためのパワースポットなんです」という表現に同意したのは、そういった物理的・空間的な理由からだけではない。もっと大きな視点から考えても、やはりTGCには「パワースポット」という言葉がふさわしいのである。

再魔術化する社会

「スピリチュアル」ブームに代表されるように、現代において「パワースポット」は、ますます人々から求められるようになっている。それは社会学者が「再魔術化」と呼ぶ現象とも符合する。[76]

僕たちが生きる近代社会は、ずっと「魔術」から解き放たれた世界だと考えられてきた。『ドラえもん　のび太の魔界大冒険』という作品で、出木杉くんはのび太に次のように説明している。

魔法も昔はきちんとした学問として研究されていた。昔の人々は、神や悪魔や精霊など、世界が人間以上の大きな力で動かされていると信じていた。だから、その大きな力を味方につけたいと考えた。だけど、後から発達した科学がそれまでの迷信の嘘を徹底的に暴いてしまった。さすが出木杉くん、小学生とは思えない賢い説明だ。

76 「再魔術化」と言っても、論者によって微妙に定義や立場が違う。「再魔術化」に関しての議論をまとめたものとして、渡邊拓哉「現代文化における陶酔　再魔術化論からのアプローチ」『多元文化』(9、二〇〇九年)がある。つまんないけど、よくまとまっている。

出木杉くんの話を補足すると、迷信や呪術など神秘的なものが広く信じられていた中世と違って、近代社会というのは、「科学」などの合理性によって支配される時代である。

僕たちは「感情」ではなくて、「論理」でモノを考えるように教わる。「迷信」を信じるのではなくて、「科学的」な発想をすることを求められる。こうして、「魔術」から遠く離れ、合理的で理性的で論理的な「脱魔術化」した世界が誕生した、はずだった。

だけど、世界中で一九七〇年頃から不思議な現象が観察される。ニューエイジと呼ばれる東洋思想の再評価、反科学主義、反近代主義などの運動が盛り上がったのである。あれ？ 世界は「魔術」と決別したはずだったのに。

日本でも一九七〇年代に空前のオカルトブームが起こっている。一九七三年のノストラダムス（一五〇三年、プロヴァンス）ブーム、小松左京（一九三一年、大阪府）の小説『日本沈没』の大ヒット、一九七四年のユリ・ゲラー（一九四六年、テルアビブ）によるスプーン曲げブームなど終末論的なカルチャーが日本を席巻した。

さらに、一九八〇年代もUFO、宇宙人、ネッシー、土偶などがテレビや雑誌など多くのメディアを賑わせた。当時の別冊宝島『精神世界マップ』では、「『理性の時代』から『精神の時代』へと、いま、歴史の流れは大きく転換しようとしている」と宣言されている。[77]

このように、一度は「魔術」から解き放たれたかに見えた世界で、再び「呪術的なもの」や「神秘的なもの」の広がりが「再魔術化」と呼ばれているのだ。

77 『別冊宝島一六 精神世界マップ』宝島社、一九八九年。表紙に描かれた男の子が「スピリチュアル・スーパーマーケット」というロゴの書かれた袋を持っているのが印象的な本だ。同書によれば、産業主義と科学文明が地球を荒廃させ、人々の内部にエコロジーの意識が芽生えはじめている。そして、物質主義的な価値観に縛られた「私たちの魂はひからびて、縮小してしまっている」。だからこそ、「精神世界」がますます求められるようになっているのだという。

統計的に見ても、「宗教的なもの」を信じている人の割合は増加傾向にある。

日本人はよく無宗教で、信仰を持つ人は少ないと言われる。[78] だけど、「キリスト教」や「イスラム教」のような個別具体的な宗教ではなくて、「あの世の存在」「奇跡」「お守り、おふだの力」など「宗教的なもの」を信じる人の数は決して少なくない。そして、その割合は一九七三年から二〇〇八年の間に若年層・中年層では倍増している。[79]

なぜ「再魔術化」が起きたのだろうか。理由はいくつか考えられるが、大きな理由の一つは、先進諸国がもう十分に物質的に豊かになってしまったことだ。「経済成長」というわかりやすい目標がある時代には、人々はただその目標遂行に向けて合理的に、論理的に動く必要があった。

だけど、高度経済成長を達した国に訪れるのは、もはや社会に共通目標がないという状態だ。経済成長を止めたからといって、明日から飢え死にするわけでもない。もう冷蔵庫や洗濯機などの生活必需品は十分に行き渡ってしまった。だから、物質的な豊かさではなくて、精神的な豊かさを求めたいと思う人が増えはじめる。

それは、人々が論理ではなくて感覚で生きることのできる世界でもある。たとえばモノが欠乏している社会では実用性や合理性が大切にされる。だけど、モノが行き渡った社会では、デザインやブランドなど「必ずしも必要のないモノ」が感性によって選び取られるようになっていく。

78　事実、複数の世論調査を見ても、「信仰を持つ」と答える人の割合は三割を切っている（石井研士『データブック　現代日本人の宗教　増補改訂版』新曜社、二〇〇七年）。

79　NHK放送文化研究所編『現代日本人の意識構造［第七版］』NHKブックス、二〇一〇年。たとえば、「奇跡」の存在を信じる若年層は一九七三年には一八％だったのが、二〇〇八年には三八％までになっている。現代日本で流行するのはただの宗教やオカルトではなく、カジュアルでライトなスピリチュアルが主流なのである（有元裕美子『スピリチュアル市場の研究』東洋経済新報社、二〇一一年）。

言い換えれば、国家を挙げての近代化のために無理をして論理的に、科学的になろうとしていた「脱魔術化」自体が一つの魔法で、その魔法が解けはじめたのが一九七〇年代なのである【図1】。

男の子のオカルトから女の子のスピリチュアルへ

ただし一口に「再魔術化」と言っても、一九七〇年代に流行した「魔術」と、二〇一〇年代の「魔術」ではだいぶ毛色が違う。「ノストラダムス」や「宇宙人」というのは、世界の終わりを空想したり、今いる世界とは別の世界を求めたりするという意味で、「ここではないどこか」を求める思想だった。

そういった「男の子のオカルト」に代わって二〇〇〇年代に台頭したのは、「女の子のスピリチュアル」とも呼べる現象だ。「女の子のスピリチュアル」は、「ここではないどこか」を探し求めるというよりは、むしろ日常生活を彩るスパイスのようなものである。

二〇〇一年頃、「スピリチュアル・カウンセラー」を名乗る江原啓之（一九六四年、東京都、A型）が注目を浴び、「スピリチュアル」という言葉は一気にメジャーになった。それはオウム真理教の影を引きずった「精神世界」や「宗教」というイメージを一新させるものだった。「オカルト」と違って、「スピリチュアル」はポップでオシャレなのだ。

女性誌『クレア』も二〇〇六年一月号で、巻頭特集として国内外の「パワーと幸運を授か

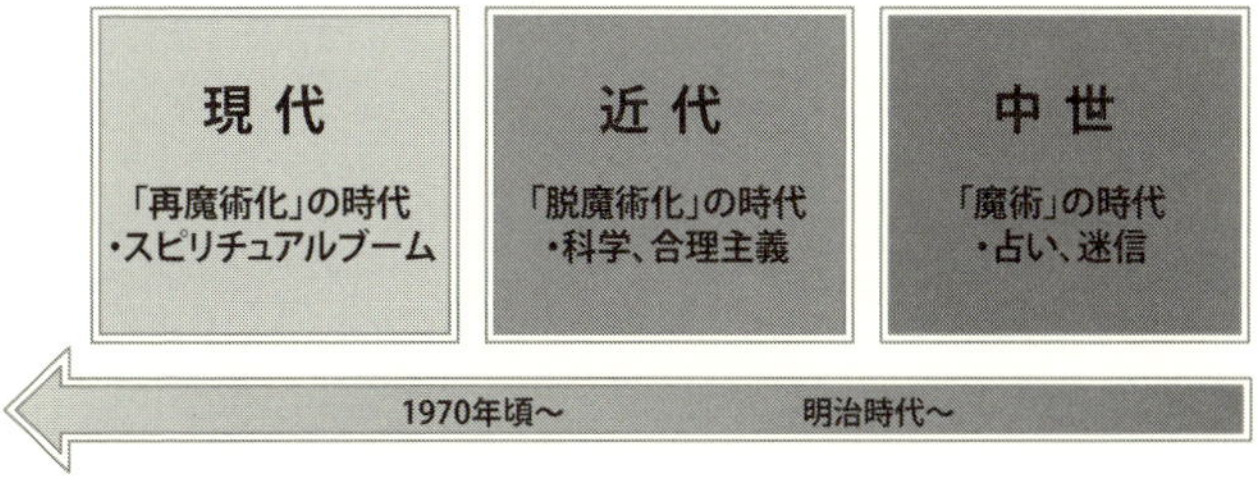

【図1】「宗教的なもの」の時代変遷

る」「スピリチュアルリゾート」五〇ヵ所を掲載。「魂を呼び覚ますパワースポット」として、セドナのリゾートホテル群などが特集されている。[80]

そして二〇〇九年から二〇一〇年にかけて、日本では空前のパワースポットブームが起きていた。連日のようにメディアで特集が組まれ、全国の神社仏閣に多くの女性が訪れた。特に伊勢神宮の二〇一〇年の参拝者は八六〇万人を超え、記録の残る一八九五年以来最多の数を更新したという。[81]

だけど、パワースポットを訪れる人は、誰もが真剣に神秘体験を望んで参拝しているわけではない。僕がインタビューした限りでは、むしろ観光気分、遠足気分で神社に訪れている人のほうが多かった。

たとえば二〇一〇年の五月、群馬県の榛名神社で話を聞いた時のことだ。女子大学生の二人組は神社に来た理由を「パワースポットが理由です」とにこやかに語る。彼女たちの趣味はもともと心霊スポット巡りだったという。

しかし「悪い場所をまわると悪いものがつきすぎるかな」と思

80　その後も『クレア』はパワースポット特集を組んでいる。たとえば二〇一〇年三月号では四七都道府県のパワースポットを網羅した特集号を発売。「婚カツに効く参り方」から「魔界へのいざない」「宿坊で生まれ変わる」まであらゆるニーズに対応したパワースポット特集。泣き出しそうな顔の広末涼子（一九八〇年、高知県、O型）の表紙が目印だ。

81　『中日新聞』二〇一〇年一二月二一日。

い、今回はパワースポットで「力をチャージ」しに来たというのだ。彼女たちが「スピリチュアル」なものをまったく信じていないわけではないが、過剰に信仰しているわけでもないことがわかる。

ということは、パワースポットは何も神社や仏閣である必要はない。

「あの世の存在」や「奇跡」を信じるという態度は、日常生活の中にささやかな非日常を求めることでもある。彼女たちが求めているのは、一見代わり映えのしない日々の中での、ちょっとした非日常なのだ。[82]

そう考えると、TGCが「女の子のためのパワースポット」という村上の発言も、とても納得できるものになる。退屈な日常を抜け出して見る六時間の夢。それは、かつて神社や寺院を舞台に行われた祭礼と非常に似ている。「ケ」という日常から、一瞬だけ「ハレ」という非日常にトリップができる現代の祝祭の一つが、TGCなのだ。[83]

事実、「マクドナルド化」などポップな概念を作ることで有名なアメリカの社会学者ジョージ・リッツア（一九四〇年、ニューヨーク）は、「再魔術化」を消費と関連づけて議論している。[84] リッツア先生によれば、「再魔術化」というのは、まさに消費が生み出すトリップや高揚感のことだ。

消費と祝祭が結びついたところに、TGCの現代的な特徴がある。リアルクローズのショーだから自分に似合った服も選びやすいし、携帯電話を使ってその場で服を買うこともできる。

82　二〇一二年現在パワースポットブームは落ち着いて、代わりに超常現象を「科学的」に解明するメンタリストDAiGO（一九八六年、静岡県、B型）が大人気だ。ただし彼のスタイルは、メンタルマジックや「超魔術」と呼ばれるジャンルに属しており、「日常を超えた世界を見せてくれるショー」として受容される点において「スピリチュアル」とも大きな違いはないだろう。

83　現代における共同性は瞬間的な祝祭によってしか成立しないのかも知れない。しかしそれは結果的に、超越性を志向する意味体系を安定させることになる（岡本亮輔『聖地と祈りの宗教社会学　巡礼ツーリズムが生み出す共同性』春風社、二〇一二年）。

84　ジョージ・リッツア著、山本徹夫・坂田恵美訳『消費社会の魔術的体系　ディズニーワールドからサイバーモールまで』明石書店、二〇〇九年。分厚い本なのだが、基本的には一九四〇年生まれのリッツアおじいちゃんが、ラスベガスやドバ

まさにＴＧＣは「二一世紀型の祝祭」なのである。

日本最大の祝祭の仕組み

ＴＧＣという「パワースポット」は、周到な設計の上に成立している祝祭だ。僕が一番うまいなと思ったのは、ステージ、ランウェイ周りの最前列部分をスタンディングの自由エリアにしていることだ。

つまり、最前列の特等席は、いくらお金を出しても買うことができない。朝から並んだ熱心な子たちが、一番良い場所で見られるという仕組みだ。しかも場所の確保はできないから、一度そこから離れたらまたはじめから並び直しになってしまう。

関係者でもなく、お金のある人でもなく、頑張る子たちがステージの周りに集まるから、当然ステージは盛り上がる。よく一般のライブでは、特等席に招待された関係者が少しも盛り上がらないばかりに、会場から浮いている光景を見かけるが、そんなことも起こらない[85]。

またステージの周りが盛り上がるというのは、ブランド側のプロモーションビデオ作りにも適している。熱狂する女の子たちに囲まれた、キラキラしたランウェイをモデルが歩く映像は、そのままでもプロモーションビデオとして十分に通用する作品になる。

一方で、そこまで本気にはなれない人に対する多様性もＴＧＣは許容する。通常のライブだと開演時間中はずーっと席にいないといけないけど、ＴＧＣはショーを観るのに疲れたらいつ

イの絢爛豪華で巧みな消費施設に驚いているだけの内容だ。

85　このシステムは、既存のファッションショーに対するアンチテーゼの意味合いもあるのだという。通常、ファッションショーではブランド側が招待者をランク付けした上で選別する。だから一般の女の子がランウェイを特等席で見られるなんてことは、まずない。そのような垣根を取り払いたい、という思いがＴＧＣ側にはある。

©TOKYO GIRLS COLLECTION 2011 S/S

でも会場内に設営された様々なブースに遊びに行くことができる。

もちろん、携帯サイトで今モデルが着ていた服をその場で買えたり、ツイッターで感想共有もできる。つまり六時間のショーの間、会場内でも「日常」と「非日常」を行ったり来たりすることができるのだ。

また、ＴＧＣはきちんと流行の「社会的責任」も果たしている。イベント終了後は、環境ボランティア、グリーンバードと協力して、会場周辺の清掃を行う。

乳ガンや子宮頸《けい》ガンの啓発のための「ガールズリボンプロジェクト」、農林水産省の「マジごはん計画」という食育事業にも関わっていた。「社会的影響力を持たせて頂いたのだから、社会的な取り組みをするのはいわば当たり前のこと」と村上は言う。

3　毎日がカーニヴァル

祝祭の設計者

祝祭の設計者たちは、祝祭に共振するとともに、祝祭を冷めた目で見つめている必要がある。「再魔術化」した祝祭を設計するために、村上たちは「脱魔術化」した目線も持っていないとならない。そうでないと、現実世界から離れたただのカルトになってしまうし、そもそも数万人規模のイベントを行うためには冷徹な「脱魔術化」した思考が必要だ。

ここでも村上は、翻訳者としての役割を発揮する。それは「脱魔術化」と「再魔術化」の翻訳でもあるし、「論理」と「感覚」の翻訳でもある。自分自身が祝祭にコミットしながら、同時に祝祭を冷めた目で見続ける。

「翻訳」というのは、客観的にみれば複数の「世界」をつなぐ作業だが、内実は複数の「世界」を同時に生きることでもある。

たとえば、村上の言動は、時にスピリチュアルで、同時に論理的だ。彼には「自分のところで宇宙の流れを止めてはいけない」という信念がある。村上によれば、お金も水も空気も常に循環している。だからこそ、いつでも電話はつながるし、仕事の流れを自分のところで止めない。結果的に、人脈は広がっていくし、村上の評価も上がる。[86]

そして、村上は「日常」と「非日常」を同時に生きる人でもある。

彼の日常は、端から見れば「毎日がお祭り」のようなものだ。三台の携帯電話を片手に、数百件のやり取りをして、膨大な数の案件をこなしていく。目がくらむような、僕だったら数時間でギブアップしそうな毎日だ。

村上は、ＴＧＣの醍醐味を「一筋縄ではいかないのがいい」と説明する。ＴＧＣはイベントベースの「実行委員会」によって組織され、多くのスタッフたちが関わる。ささいな出来事やほころびが、思わぬ大事になったりする。万が一の場合、開催中止になってしまう危険性もある。そのギリギリ感がいいのだという。

だけど「毎日がお祭り」なのだとしたら、逆に村上にとっては「お祭りこそが日常」ということになる。村上が走り続ける理由も、きっとここにある。村上には、立ち止まるというオプションがそもそもないのだ。

覚めない夢が続いている

86　おそらくスピリチュアルな発想方法はビジネスと相性がいいのだろう。現代のスピリチュアルは現世利益的だ。そこで自分の願いが成就した場合、それは「宇宙の法則」や「パワースポット」のおかげとなるが、結果が芳しくなかった場合は自分の祈りが足りなかったといったように、自己責任に帰される。実現可能な最大限の成果を求め、成功した場合は周囲に感謝し、失敗した場合は自分で責任を取るというのは、ビジネスの世界で最も求められる人物類型の一つである。

普通、僕たちはお祭りという「ハレ」と、日常という「ケ」の世界を行き来しながら暮らしている。几帳面な社会学者の鈴木謙介（一九七六年、福岡県、A型）は、かつてIT企業で働いていた経験を「ハイ・テンションな自己啓発」として振り返る。[87]

連日のハードワークにぼーっとする頭。だけどプロジェクトを成功させた後の、高揚感だけが鈴木を駆り立てていた。それだけに、そのような「祭り」が去った後の虚無感は、どうしようもないものだった。この躁《そう》状態と鬱《うつ》状態の循環こそが、多くの現代人をありもしない「何か」に向けて走らせてしまうのではないか、というのが鈴木の考えだ。

だけど、村上は、そのような虚無感に襲われることはないという。仕事も遊びで、遊びも仕事。「やりたいこと」と「実際にやっていること」は一致している。だから疲れない。ストレスもたまらない。過去を後悔することもない。一瞬であっても立ち止まっている時間はない。彼の中で、「ハレ」と「ケ」は渾然一体になっている。

村上が走り続けるトラック。それは遠くからは、過酷なレースに見える。だけど、彼にとってはそもそも「降りる」という選択肢自体がない。躁状態を日常にしてしまったからこそ、夢から覚めて落ち込むこともない。

普通の人では落ち込んでしまうような場面でも、村上はけろっとしている。数年前、FXで貯金の大半を失った時も、連絡を受けた次の瞬間には「一〇年後じゃなくて良かった」と思った。一〇年後は貯金の額も今の何倍にもなっているだろうからだ。

87　鈴木謙介『カーニヴァル化する社会』講談社現代新書、二〇〇五年。

ハワイのビーチでも携帯電話は手離せない

どんなことが起きても、「すべての物事はただ淡々と起きているだけに見える」と言う。

村上が仲間とスキューバダイビングに行った時のことだ。村上は泳げないにもかかわらず「一メートルでも深く地球を知りたい」と思って、海に潜った。海中では溺《おぼ》れそうになり、涙目になっていたのに、陸地に戻った途端に「スキューバっていいですね」と爽やかに言い放った。きっと彼は文字通り、一瞬、一瞬だけを生きているのだろう。

村上に「どこに向かっているのか」と聞くこと自体、愚問なのかも知れない。もちろん、具体的かつ戦略的な目標や野望はいくつもあるだろうが、それは究極的なゴールではない。彼はありもしない「何か」を目指して走るのではなくて、ここにある確かな「何か」とともに、走り続けているのだ。

だから、村上の走っているトラックがどこに向かっているのか、僕にはわからない。きっと村上自身も、言葉にはできないのかも知れない。

名古屋でのTGCからわずか二週間後に開催された東京・代々木体育館での第一二回のTGC。そのアフターパーティーで、他の関係者が泣きながら挨拶をする時も、村上の表情や語調はいつもと何一つ変わらなかった。彼はもうきっと、次の予定を気にしはじめている。

第三章　俳優はなぜ映画を撮ったのか

二〇一二年九月『DON'T STOP!』という一本の映画が公開された。事故で車椅子生活を余儀なくされた男が、旅人の高橋歩《あゆむ》らとともにアメリカを横断するロードムービーだ。監督は小橋賢児。かつて人気俳優だった彼は、一時期芸能界を離れた後に、この映画を撮った。

〔**スケッチ4**〕
ケンちゃんは、一見チャラいけど（笑）……
やるときは、マジでやる男だね。
彼が持つ「いいモノを創ろう！」というまっすぐなパワーが、
俺も胸に響いたので、一緒にやっててすごく気持ちよかったよ。（高橋歩、旅人、四〇歳）

〔**スケッチ5**〕
賢児くんは感性がいい。そしてスピード感がある。まるで子どものような、スポンジみたいな吸収力がある。その感性が広まったら幸せな人が増えると思って『DON'T STOP!』にも協力しました。

まだ立ち上げたばかりの東京ガールズコレクションの現場を裏方として手伝ってくれたこともあります。ＶＩＰの対応をしてくれたり、とても助かった。僕とは体感重視という点が似ていて、旅行もよくします。バルセロナ、イビサ、アムステルダム……。日食のときは一緒に奄美大島にも行ったね。（村上範義、東京ガールズコレクションチーフプロデューサー、三一歳）

1　旅に出た俳優

「やりたいことがわからない」

「やりたいことがわからなくなっていたんです。はじめはやりたくない仕事はやりたくないって抵抗してたけど、忙しいと抵抗するのも面倒臭くなっていく。不感症みたいになってた。このままいたらそれなりに生活も困らずやっていけるけど、もっと心からやりたいものがあるんじゃないかなって思うようになっていた」[88]

もしもこれが、三〇歳前後のサラリーマンの言葉だったならば、多くの人はすんなり納得できるだろう。毎日の仕事はあるし、食べるのに困っているわけではない。だけど、このままで一生を終えたくはない。自分にはもっと何か他の可能性があるのではないか。そのような閉塞

88　本章の内容は、主に二〇一二年春に行ったインタビューに最新情報を加えて構成されている。

感は、現代に生きる多くの若者が共有しているものだからだ。

だけど、これはただのサラリーマンのぼやきではない。俳優・小橋賢児（一九七九年、東京都、A型）の言葉だ。

彼は八歳で芸能界に入り、『海猿』『ちゅらさん』『あずみ』など、数多くの映画やテレビドラマに出演していた。順調だったはずの芸能界生活。しかしある時期から、彼は自発的に日本の芸能界を離れてしまう。

数年の休業期間を経た後で、一本の長編映画を撮っていた。『DON'T STOP!』と名付けられたそのドキュメンタリー映画は、国際映画祭で部門最高賞まで受賞している。いつの間にか彼は映画監督になっていたのだ。

なぜ小橋は芸能界という誰もが憧れるきらびやかな世界に身を置きながら、まるでサラリーマンのような閉塞感や空虚感を抱くようになったのだろうか。そしてなぜ俳優である彼が映画を撮るようになったのか。

その謎を解くには二つの鍵がある。一つは現代の若者なら誰もが抱かざるを得ない閉塞感の問題。もう一つは、芸能界という仕組み自体が直面している閉塞感の問題。

この章では、一人の若者であり、俳優であり、映像製作会社を立ち上げた起業家であり、そして映画監督でもある小橋賢児の人生を追いかけながら、この社会を支配する二つの「閉塞感」のことを考えてみよう。

小橋賢児

ストリートで過ごした青春時代

待ち合わせ場所は西麻布のカフェ。パーティーなどで何度か顔は合わせているけれど、きちんと話を聞くのは今日で二回目。だけど、彼がすごく律儀な好青年だってことはわかる。時間通りに約束の場所に現れて[89]、どんな質問にも真面目に丁寧に答えてくれる。

スマートフォンで予定を確かめながら、もう一台の携帯電話で仕事のやり取りをする。すごくシャイで、大声で自分の武勇伝を語ったりもしない。

何だか、できるビジネスマンみたいだ。

少なくとも僕のような一般人が想像する「芸能人」とはだいぶ違う。一体、こんな「芸能人」はどのようにして生まれたのだろうか。

小橋賢児のキャリアは「勘違いの一枚のハガキ」から始まった。彼には『パオパオチャンネル』（テレビ朝日系）といういつも見ていた子ども向け番組があった。そこで「レギュラー募集」というテロップを偶然見かけたのだ。

当時八歳だった小橋は「レギュラー」という言葉の意味がわからずに、ただの観覧希望かと勘違いしてそれに応募してしまう。すると、あっさりオーディションに合格。さすがに合格した後は「レギュラー」の意味もわかったが、それでも「好きな番組に出られてラッキー」程度の気持ちだったという。

89 むしろこっちが遅刻した。

小さな事務所に所属して、その後も芸能活動を続けていくことになった。オーディションなどがゲーム感覚で楽しかったのだという。一二歳の時には映画『花のズッコケ児童会長』で主演を果たし、一三歳の時には大河ドラマ『信長』にも出演している。

子役としての仕事が順調に進んだ分、学校で同世代と過ごす時間は退屈だった。特に中学校からは、仕事も忙しくなり学校もサボりがちになる。大人の世界を知っている分だけ、学校に対して反抗心を募らせていったのだ。

「人を傷つけるような不良ではなかったけど、その頃は金髪とピアスで見た目はやんちゃでしたね」。教師に「髪を黒く染めないなら帰れ」と言われて「じゃあ帰ります」とそのまま帰ってしまうような毎日だった。

彼が通ったのは原宿だ。古着とスニーカーに没頭していた小橋は、その頃毎日のように原宿に通い詰めていたという。さらに原宿駅前にあったテント村にいきなり押しかけて、シルバーアクセサリーを売るバイトも始めた。[90]

一九九〇年代前半、「渋谷」の次の街としてちょうど「裏原」がユース・カルチャーの中心地として注目を浴びていた頃だ。[91] 当時を「本当に本当に服が何よりも大好きで熱く燃えていた」と振り返る小橋は、あのNIGO®（一九七〇年、群馬県、A型）や高橋盾《じゅん》（一九六九年、群馬県）との出会いも果たしている。[92]

熱気の溢れる原宿のストリートで、小橋は、古着バイヤーを始めたり、ショップ店員をして

90　そのような「ちょい悪」で通っていた時代、実は新聞配達のバイトもしている。「すごく単純な発想で、中二でバイトといえば新聞配達くらいしか思い浮かばなかった」らしいが、毎朝蒲田の家から平和島の配達店まで通い、昭和島地区に新聞を配っていた。自転車で回るにはかなりの距離だ。しかも月給は足下を見られて二万八〇〇〇円。

91　裏原に関しては難波功士『族の系譜学　ユース・サブカルチャーの戦後史』（青弓社、二〇〇七年）を参照。広告代理店出身の難波は、異様としか思えない数の雑誌資料を駆使して歴史を描き出すカルチャー版小熊英二とも言うべき存在だ。

92　NIGO®と高橋盾はともに服飾デザイナー。一九九三年に共同で「ノーウェア」という伝説化されたショップをオープンしている。彼らが立ち上げたブランドとしてNIGO®はエイプ、高橋盾はアンダーカバーが有名。

みたり、芸能活動のかたわら服とともに青春時代を過ごした。Dragon Ashの歌でいうと「悪そうな奴は大体友達」って感じだろうか。[93]

退屈な夢の向こう側

その後も俳優活動は順調だった。

一七歳で、それまでの事務所から大手芸能プロダクションの研音に移籍。芸能活動を本格化させた。[94]『DAYS』や『青の時代』のような若者向けドラマからNHKの『ちゅらさん』にまで出演し、活躍の幅も広かった。同時期に五本のドラマに出ていたこともある。「小橋くん、最近調子いいねー」と周りの大人たちは彼を褒めそやした。

しかし当の小橋本人は「不感症」のようになっていた。どんなに芸能活動が好調でも、このまま芸能活動を続けていいのかと思い悩むようになっていたのだ。「もうダメだ、自分らしく生きていなくちゃ苦しい」と。

人々が憧れ、そして多くにとっては夢のままで終わる芸能界。そんなキラキラした場所で活躍していたのに、小橋は芸能界が嫌になっていたというのだ。芸能人になることを夢見てオーディションに落ち続け、アルバイトで何とか食べてる劇団員が聞いたら憤死しそうな話だ。

だけど、小橋の「不感症」は深刻になる一方だった。

「毎日、仕事ばかりで感度がどんどん鈍くなっていくんです」。俳優という誰かの人生を表現

93 Dragon Ash「Grateful Days」一九九九年。

94 インターネットで「小橋賢児」と調べると、なぜか一五歳の頃ジャニーズ事務所に所属していたことになっているが、そんな事実はないという。当時、ジャニーズ以外の「男性タレント」が珍しかったことが招いた誤解だろう。

するクリエイティヴな仕事をしているはずなのに、現場と家を往復するだけの毎日。キャリアを積んでいくに連れて、仕事もオーディションではなくてプロデューサーと芸能事務所の間で勝手に決まっていく。「自分がただの駒のように感じた」という。

しかも、いくつものドラマに出ているから、一つ一つの役に本気で打ち込む余裕もなくなっていく。「もし自分が誰かに演じられるとしたら、こんな奴に演じられたくないよなって思って」、小橋は「他の可能性」を探しはじめる。

芸能界以外にもネットワークを広げた。音楽家、クリエーター、旅人、会社員、昔の友だち。その頃、第二章で取り上げた村上範義にも会っている。東京ガールズコレクションを、裏方として手伝ったこともある。[95]

だけど、そのような芸能界以外との付き合いは、芸能界を続けるためのガス抜きになるどころか、彼をより外側の世界に向かわせた。[96] 変わらない日常に閉塞感を抱き、本当の自分を探す若者の取った行動、それは「旅」だ。

そして俳優は旅に出た

二六歳の時、小橋はネパールのポカラへ一人旅に出た。ニューヨークなど先進国に行ったことはあっても、東南アジアに、しかも一人で行くのはその時が初めてだった。

たまたま現地で知り合ったガイドの男性が小橋の人生を、動かした。彼もその時の小橋と同

95　普通にインカムつけてゲストの誘導とかしていたらしい。

96　芸能界以外に「これこそが自分の居場所」と思える場所が見つかっていれば、小橋は旅に出ていなかったのかも知れない。

じ二六歳。自分と同じ年齢なのに、すでに彼には家族も子どももいた。子どもの学費を心配する彼に、小橋は「勝てない」と思ったという。

「夕日を撮影するのが好きだって言ったら、山の中腹までバイクで連れてってくれて。くさい話なんですけど、僕よりも体が小さいはずの彼の背中がすごい大きく感じたんです。それで結構号泣してしまって」

たった一〇日間の旅だったが、それが直接的なきっかけとなり、芸能界を徐々にフェードアウトし、海外に行く決心を固める。

二〇〇七年一一月。二八歳の彼は、単身アメリカのボストンに渡った。しかし英語はまったく話せない。ボストンでは、できるだけ日本人のいない語学学校を探し、日本との連絡を一切断ち切った。「日本のネットも見ない、本も読まない、電話ももちろんしない」。

俳優である小橋賢児を誰も知らない環境は、彼にとって「本当の自分」になれる場所だった。一九六一年の『何でも見てやろう』、一九八六年の『深夜特急』、一九九五年の『アジアン・ジャパニーズ』。「本当の自分」を探すための旅は、迷える若者たちの通過儀礼のようなものだ。

なぜ「本当の自分」を探しに若者は旅に出るのか。それは「本当の自分」が、「今、ここ」に見つかるとは思えないからだろう。

本心がまったく見えない評論家の内田樹《たつる》（一九五〇年、東京都）は、若者に流行する「自分探しの旅」に関して、本当に自分が何者であるかを知りたいならば、自分をよく知る両親などにロングインタビューをすればいいと述べている。[97]

しかし「本当の自分」は、果たしてロングインタビューで見つかるものなのか。日本での日常に埋没し、そこで生きる自分が「本当の自分」と思えないのだから、いくら親しい人に自分のことを聞いても、それは到底「本当の自分」とは思えないだろう。

「今、ここ」にいる自分が「本当の自分」と感じられないならば、「今、ここ」以外の場所に行くしかない。それを手っ取り早く実現できるのが旅だ。

僕らが旅に出る理由

旅に出るには、それまでの日常を変えたいというリセット願望に加えて、日本ではなかなか手に入らないリアリティを求める気持ちもある。[98]

かつてピースボートに乗る若者たちを調査した時も、乗船動機を聞くと「それまでの生活を抜け出したかった」という答えがよく返ってきた。

彼らは「ピースボートに乗ったら何かが変わるかも知れない」「このままで人生が終わったらつまらない」「乗ったのは、行き詰まってたから」という風に退屈な日常からの「出口」をピースボートという旅に求めていた。[99]

現代社会のあらゆる空間には、絶対的な正しさも、絶対的な間違いもない。なんとなく日々

97 内田樹『下流志向　学ばない子どもたち、働かない若者たち』講談社文庫、二〇〇九年。

98 熱心な信者を多く持つ社会学者の見田宗介（一九三七年、東京都）は現代を「虚構の時代」や「バーチャルな時代」と呼ぶが、その中でリアリティを求める人々の、一つの出口として「旅」に注目している（見田宗介・大澤真幸『二千年紀の社会と思想』太田出版、二〇一二年）。

99 古市憲寿『希望難民ご一行様』光文社新書、二〇一〇年。

は進んでいく。それなりに楽しいことや、落ち込むことだってあるけれども、それは魂を根底から揺るがすような、絶対的な何かではない。

それは小橋が活躍していた芸能界も同じらしい。中小企業の事務や歯科衛生士、大学生といった「普通の人」がピースボートに乗船した動機と、芸能界にいた小橋が旅に出た理由がとてもよく似ているのは面白い。

普通の人からはひたすらにキラキラして見える「芸能界」という夢の向こう側の世界も、慣れてしまえばただの「日常」になってしまうのだ。そんな日常を繰り返すだけの毎日は、現実味を欠いたどこか退屈なものになっていく。

リアリティの欠如は、一部の若者を「ここではないどこか」という非日常に向かわせる。時には、日帰りで出かけるパワースポットやショッピングモールが閉塞感の出口になることもあるだろう。

だけど、それでも満足できない場合、若者たちはより確かなリアリティを求めて、より確かな「非日常」へと足を向ける。逆説的だが、確かなものがない時代の「リアル」は、「非日常」の中にしか見つからないのだ。

小橋は、アメリカに一年弱滞在した後、チベット、メキシコ、コロンビア、ヨーロッパと世界中を旅し続けた。

だけど、旅人もやがていつかは旅を終える。普通は、旅立つことよりも、旅の終え方のほうが難しい。日本での生活が嫌になって旅に出るところまでは勇気さえあれば誰でもできる。だけど帰国したところで、元の職場に戻るのは難しい[100]。しかも小橋の場合は、抜け出したくて仕方のなかった芸能界。そこに、そのまま戻るという選択肢はなかった。

一人で迎えた三〇歳

小橋はどん底だった。「よくあの時死ななかったなあって思うくらいやばかった」と振り返るほど、帰国後は辛い日々が続いた。「帰国直後は『さあ、やるぞ！』って感じだったけど、一〜二ヵ月で現実に戻されるんですよね。ああ、俺一体何をやればいいんだろうって」。

集団で旅をしていたピースボートの若者たちは、帰国後も「仲間」がいた。その「共同性」が、「まだ見ぬ自分」や「生きる実感」を求める自分探しの旅を終わりに導いた。だけど、日本人を避けて、基本的に一人で旅をしていた小橋は、そのような形で自分探しを終えることができなかった。

はじめはお金で繕《つくろ》えた。お金があれば、表面上は「いい感じ」の自分を演出できるからだ。しかし芸能界で貯めたお金も少しずつ底をついていく。当時付き合っていた女性にも、愚痴ばかりをこぼした。結局彼女も離れて行ってしまった。

一時期は実家に引きこもる毎日だった。食事とトイレの時以外は、一日中横になっていた。誰にも会いたくはなかった。「今から振り返れば、ほぼ鬱みたいな状態だった」という。

100　二〇代後半のワーキングホリデーやＭＢＡ留学などが流行しているが、帰国後にその経験や資格を活かすための仕組みが日本にはほとんど用意されていない。

精神力が落ちると体力も落ちていく。ストレスも重なり肝臓まで壊してしまう。肝機能数値が通常の何倍にも上がり、病人のように体も思うように動かせなくなってしまった。[101]

彼はもうすぐ三〇歳になろうとしていた。「いろんなものを失くして、それで逆に自分が感受性を取り戻せていることに気付いたんです」。このままじゃいけないと思った。本や映画など多くの作品に触れるようにした。

信頼するトレーナーに相談すると、自然の中でトレーニングをすることを薦められ、茅ヶ崎に移り住んだ。陸地ではトレイルランニング、海ではサーフィン、ジムとプールにも通った。三〇歳の誕生日までに体を治して、元気な姿を友人に見せることが目標になった。

だけど結局、誕生日を迎える瞬間は、茅ヶ崎の家に一人でいた。「本当に四畳半の小さな部屋」で、それでも不思議と「豊かさ」というものを感じたという。

「体は治ったけど、急に仕事が増えるわけでもない。自分には今、何にもない。だけどお金もモノもないけど、心が満たされることってあるんだなあって実感できた。これが生きてるってことなんだなって」

精神と体力は確かに回復していた。だからといって、仕事があるわけではない。そのまま芸能界に戻るつもりもなかった。

きっかけは、旅をしながら撮り溜めていた映像だった。はじめは映像をそのままの形で友人に配っていたがそれではつまらないと思って、音楽をつけて五分くらいの作品として編集をす

101　インターネット上ではプロレスラーの小橋建太と混同されてガン情報も流れたが、それは事実誤認ということだ。そんなネット情報に振り回された質問をしても、嫌な顔一つしない賢児くんはすごくいい人だと思う。

るようになった。

そんなことを続けているうちに友人から映像の仕事を頼まれるようになったのだ。ファッションブランドのPVを作って欲しい、会社紹介の映像を作って欲しい、という依頼が徐々に増えていった。映像を仕事にするつもりはまったくなかったが、気付いたら映像関係の仕事が増えていた。

脳みそスパークして映画監督に

小橋は「その頃、はじめて社会というものに触れた」と語る。マネージャーがすべてを仕切ってくれていた芸能界時代と違って、自分で事務連絡もする。ビジネスメールでの決まり文句「お世話になってます」や「お疲れ様です」というのも、この頃覚えた。

株式会社も立ち上げた。仕事が軌道に乗ってからはじめて法人を立ち上げるというのは、松島や村上とも一緒だ。

会社といっても社員は彼一人。依頼によって組む相手を決める。自分以外の社員を雇うと、ふらっと明日から旅に出るということも難しくなる。だから、社員を増やすつもりはないのだという。

会社も軌道に乗りはじめた頃、長編映画を作ることを急に決めた。二〇一〇年の六月、小橋は友人の紹介で高橋歩（一九七二年、東京都、B型）と出会う。高橋歩というのは、一部の若者の間で絶大な人気を誇る「旅人」だ。

破天荒な旅と、それをポジティヴ・シンキングで乗り切る姿が、キャッチーな文体で綴られた彼の一連の著作は、自分探しが止まらない若者にとって一種のバイブルとなっている。[102] もはや沢木耕太郎は古すぎるのだ。

小橋と高橋はすぐに意気投合した。そして高橋から「今度車椅子の不良オヤジとルート66行くんだよね」と聞いた時、瞬間的に「それ、映画撮らせて下さい」と申し込んでしまう。[103]「脳みそがスパークした」のだという。

映画監督はもちろん、長編の映像作品を作るのも初めて。根拠のない自信だけで、何もかもを決めてしまった。確かにこんな社長がいる会社の社員にはなりたくない。

映画のタイトルは『DON'T STOP!』。主人公のCAPは「イージー・ライダー」に憧れ、アメリカのルート66をハーレーで疾走することを夢見ていた。しかし二六歳の時、交通事故に遭い、彼は下半身と左腕の自由とともに夢も失ってしまう。そんなCAPが高橋との出会いをきっかけに、アメリカのルート66であきらめていた夢を実現する、というのが旅の趣旨だ。

テーマの一つは「色々なことを理由にして夢をあきらめてしまうこと」。CAPの旅を追いながら、そこには昔の小橋自身の姿も重ねていた。常識を理由に、毎日の仕事を理由に、お金を理由に、芸能界を飛び出すことを躊躇していた時のことだ。

編集作業は難航した。途中でどうしようもなく煮詰まって、長野で寺籠もりをしたこともあ

102 大型書店の「若者向け自己啓発書」の棚に彼の著作が多く並ぶ。またピースボートに乗船する若者たちの間で一番人気なのも高橋歩だった。

103 はじめ高橋側は映画製作に難色を示した。障害者を売り物にした映画に思われるのではないか、という懸念からだ。小橋はすぐに車椅子の不良オヤジ、通称CAPの了解を取りに北海道まで飛んだ。「オレが映画に出る? ヒーローみたいでいい」と快諾を受けて、撮影隊同行での旅が決まった。高橋目線でその旅を描いた本はPLAY EARTH監修『DON'T STOP!』(A-Works、二〇一一年)として出版されている。

る。携帯電話の電源を切り、外部との接触を一切遮断して、一週間、一日一五時間座禅を組んだ。途中で三日間は断食もしたという。

当初三ヵ月で終わるはずだった編集には半年間かかった。芸能界をしばらく離れた後の、復帰第一作目だ。「もう後がない」という緊張感の中「この編集、絶対もうできない」と何度もあきらめそうになったという。

「だけど最後は、この映画を撮ろうと決めた直感を信じようと思った」

その甲斐もあって、完成した『DON'T STOP!』は好評だった。二〇一一年に開催された第八回「SKIPシティ国際Dシネマ映画祭」という国際映画祭では、国際コンペティション部門の最高賞を獲得している。

現在の小橋は映像やイベントの仕事に忙しい。最近ではキヤノンやレッドブルなど企業イベントの総合プロデュースまでしている。映画『DON'T STOP!』の公開のためには企業との折衝を繰り返した。また、江口洋介（一九六七年、東京都、O型）とともにキリンラガービールのCMに出演したり、俳優としての活動も再開しはじめている。

気付けば、「本当の自分じゃない」という悩みも消えていた。

2 「芸能」界の隘路

非日常としての「芸能」

芸能の歴史は、おそらく人類史と同じくらい古い。古代から現代のような「芸能界」という仕組みがあったわけではないが、世界に非日常を垣間見せてくれる「芸能」は常に僕たちの隣にあった。

それは村落共同体には「ハレ」という非日常がセットだったように、僕たちが日常という「ケ」の世界だけで生きていくことができないからだ[104]。実際、『日本書紀』や『風土記』『古事記』には歌舞伎や能よりもさらに古い、日本における芸能の原風景を見つけることができる。

「まれびと」という概念を使って「芸能」を理解しようとしたのが、民俗学者の折口信夫《しのぶ》（一八八七年、大阪府）だ[105]。折口によれば、「常世」という異界こそが世界を成立させている。その異界は「まれびと」を通じて姿を現す。「まれびと」というのは、異界からやってくる霊的な存在のことだ。芸能人のルーツと言ってもいい。

中世前期まで「芸能人」と言えば、鋳物師や猿楽、山伏のような手工業者や宗教者までを含む言葉だった[106]。一ヵ所に定住する「ふつうの人々」とは違う原理でこの世界を生きる「異人」のことである。

たとえば歌舞伎の創始者とされる出雲阿国《いずものおくに》（一五七二年?-、出雲国?-）は、もともとは全国を巡り歩くアルキ巫女《みこ》だったと言われている[107]。アルキ（歩き）巫女という名前が表すように、江戸初期まで多くの芸能人たちは非定住民であり、「まれびと」として全国に非日常を魅せて回

104 赤坂憲雄『境界の発生』講談社学術文庫、二〇〇二年。
105 中沢新一『古代から来た未来人　折口信夫』ちくまプリマー新書、二〇〇八年。
106 網野善彦『〔増補〕無縁・公界・楽　日本中世の自由と平和』平凡社ライブラリー、一九九六年。
107 沖浦和光『日本民衆文化の原郷』文春文庫、二〇〇六年。

っていた。

当然、そこには呪術的、宗教的要素があっただろう。村落共同体で暮らす「ふつうの人々」にとって、文字通り異界からやってくる芸能人たちは、非日常的な存在であったはずだ。

しかし芸能は、やがて制度化され、徐々に荒々しさをなくしていく。たとえば能、狂言、人形浄瑠璃、歌舞伎などは「座」という同業者集団を形成し、安定性を確保した。[108]さらに時の権力者からも保護されることによって、新規参入の難しい既得権益団体になっていく。

ただし、芸能に対する保護というのは、差別と紙一重だった。江戸時代の劇場街は、東京の浅草、大阪の道頓堀、千日前、福岡の中洲など「盛り場」に集中して配置され、遊郭や処刑場、スラムとひとまとめにされ悪所と呼ばれた。[109]

つまり芸能は権力者による社会統合の鍵だったのだ。堂々と正面から社会に組み込むわけではないが、魅惑の「非日常」を提供するという役割は無視できないからだ。そこで芸能は社会の周縁に留め置かれ続けた。

まれびとは資本主義の駒になった

明治時代になると、芸能は政治と市場、その両方に取り込まれていく。[110]明治政府は一八七二年に「三条の教憲」という方針を打ち出し、全国の芸能関係者を制度の中に囲い込もうとした。[111]風紀を乱す芸能はもってのほか、「専ら勧善懲悪を主とすべし」という指令を出した。明

108 ただしそれが生まれた時点では革新的なものであったはずだ。能が元寇、鎌倉幕府の崩壊、南北朝の内乱の最中、社会の動乱期に生まれたことが象徴的である（宮本久雄・金泰昌編『公共哲学一五 文化と芸能から考える公共性』東京大学出版会、二〇〇四年）。

109 朝倉喬司「そもそも芸能とはなにか」『芸能界暗黒史一九六〇－二〇一〇 完全保存版』ミリオン出版、二〇一〇年。

110 倉田喜弘『明治大正の民衆娯楽』岩波新書、一九八〇年。

111 なんだかんだいって、明治初期までは公式の制度に取り込まれない芸能者たちが全国にいた。たとえば、放下者と呼ばれる人々は江戸中期に香具師（テキヤ）のプロデュース下に入り、異形見世物として全国を巡った。それが明治以降、サーカスという近代組織に生まれ変わるのである。それでもかつての異形のイメージが残ったからこそ、「サーカスは人さらいだ」という都市伝説が生まれたのだろう。

治後期までは地域によっては盆踊りまでが規制されていた。
さらに一八八六年には井上馨《かおる》（一八三六年、長州藩）や渋沢栄一（一八四〇年、武蔵国）らが発起人となり演劇改良会が設立された。不平等条約の改正を図って諸外国と交渉をはじめた政府が、「外国人に見せても恥ずかしくない演劇」を作り上げようとしたのだ。
明治版クール・ジャパンである。[112] 民衆のものであった芸能を、何とか「国家」という制度の中に取り込んでいこうとしたのだ。
その後、日本では映画（活動写真）やレコード、ラジオといった新しいメディアが次々と普及していった。何よりも影響力を持ったのは映画だ。日活、帝国キネマ、松竹キネマなどの映画会社が次々に設立され、芸能がついに大規模産業になっていく。[113]
一九二七年の段階で日本全国の映画館は一〇五〇を数える。東京だけでも二一一の映画館があり、現在の二倍以上のシアターがあったことになる。[114] 新宿で映画スターのサイン会が開かれれば三万人が集まってしまう時代、映画産業にはとにかく活気があった。
演劇や歌舞伎と違って、全国に同一のコンテンツを配信する映画というメディアは、勃興しつつある大衆消費社会とも相性が良かった。一九二〇年代にはタイアップ広告が本格化、資生堂が映画女優と専属契約を結んだり、映画スターの名前や写真入りのハンカチやバッグなどのオリジナル商品の販売もはじまっている。[115]
さらに『映画時代』や『週刊朝日』『主婦之友』などの雑誌を使った映画スターのブランデ

112 そして日清戦争が起こると、演劇、講談、落語などあらゆる芸能が戦争連動キャンペーンをはじめる。戦争祝賀公演を各地で開き、義援金を募って、戦争を支援したのだ。

113 一九二〇年頃まで多くの映画スターは歌舞伎と新派劇の出身者だった。

114 二〇一一年一二月段階で東京都内の映画館の数は八九。スクリーン数で数えると三五三（一般社団法人日本映画製作者連盟調べ）。

115 藤木秀朗『増殖するペルソナ　映画スターダムの成立と日本近代』名古屋大学出版会、二〇〇七年。

イングも積極的に行われるようになった。菊池寛（一八八八年、香川県）や谷崎潤一郎（一八八六年、東京府）など一流作家と芸能人を対談させ、芸能人の格を上げたというわけである。[116]

そして松竹、大活、国活といった新しい映画会社はアメリカのハリウッドを参考にした映画産業を構築していく。俳優は製作会社と長期契約を結び、人気や経歴に従って序列化されるようになった。「まれびと」として非日常そのものだった芸能人は、ついに資本主義市場における駒の一つになったのである。

ラジオとテレビの時代

一九二五年には東京でラジオの仮放送がはじまる。日本初のラジオドラマは築地小劇場のメンバーによって演じられた。当時のラジオ出演者は舞台俳優ばかりだった。「東京市全市に伝えなければならない」という使命感から、思わず声を張り上げてしまったというかわいらしいエピソードも残されている。[117]

ラジオは太平洋戦争の進展とともに爆発的に普及したが、映画とは共存関係にあった。漫画『デラシネマ』に描かれているように、戦争の傷跡が残る一九五〇年代、映画というのは国民的な一大娯楽産業だった。[118]

戦争を挟み一九五八年、日本映画の興行は頂点に達した。観客動員数が史上最高の一一億二七〇〇〇万人を記録したのだ。だけど同じ年、結果的に日本の芸能を牛耳ることになる不穏な建

116 当時は作家の社会的地位が俳優や女優と比べて著しく高かった。一方で現代は、社会学者が有名俳優と対談してもらって、権威付けを試みる時代。職業と地位の一貫性が低下し、地位はあくまでも個人に従属するものになった。

117 山本安英『女優という仕事』岩波新書、一九九二年。

118 星野泰視『デラシネマ』講談社。ちょうど盛り上がったところで連載が終わってしまった。残念。

物が完成する。テレビ塔・東京タワーだ。

一九五三年から本放送がはじまったテレビは、当初は業界人たちからバカにされていた。画面も不鮮明、録画技術も未確立で放送はぶっつけ本番。普及台数が少なく、満足にスポンサーもつかないから予算も少ない。

「ラジオになら出るけれど、テレビには出ない」という芸能人も多くいた。[119] だからこそ、テレビは若い才能が自由に実験を行える場だった。今のＵＳＴＲＥＡＭやニコ生など、インターネットの世界に似ている。たとえばまだ早稲田大学の学生だった永六輔（一九三三年、東京都、ＡＢ型）に放送作家を任せてみたりと、当時のテレビがかなり自由なメディアだったことがわかる。

一九五九年の皇太子ご成婚パレード、一九六四年の東京オリンピックなどいくつかの国民的イベントを挟みながら、テレビは爆発的に普及していく。もはや誰もテレビの圧倒的な力を無視できなくなっていった。

そんな中で芸能界にも異変が起こりつつあった。映画界の凋落《ちょうらく》である。かつては「五社協定」というものがあって、映画スターがテレビ出演をすることはあり得なかった。

しかし一九六三年からはじまったＮＨＫ大河ドラマに松竹の佐田啓二（一九二六年、京都府）が出演、そのタブーが破られてしまった。[120] さらに『羅生門』を製作した大映など映画会社の経営破綻も相次ぐ。

119　永六輔『さよなら芸能界』朝日文庫、二〇〇一年。

120　「五社協定」といいながら、多くの場合、映画会社と映画スターは法的な契約を結んでいるわけではなかった。そんな脇の甘い業界が衰退していくのは仕方がない。

テレビは、映画だけではなく明治以降も残っていたあらゆる芸能メディアを駆逐していった。たとえば一九五〇年代には三〇以上あったサーカスは、現在は数団体を残すのみになっている。[121] 演劇、コンサート、歌舞伎など、並列して存在していた多くの「芸能」は、テレビの下部に位置づけられるものになってしまった。[122]

テレビはすっかりメディアの王様になっていた。時代は「一億総中流」。一九七五年には広告費がついに新聞を抜き、名実ともにテレビは「国民的なメディア」になった。

テレビと芸能が手を結んだ戦後という時代は、日本芸能史のクライマックスと言っていい。

「芸能」界の終わり、あるいは始まり

現代の芸能界を語る上で欠かせないのが芸能プロダクションという存在だ。なぜ、ただの付き人集団であるはずの芸能プロダクションが、ここまでパワーを持つようになったのだろうか。それは当初、映画業界より格下に見られていたテレビ業界が、芸能プロダクションと組んだ独自のスター育成制度を発達させてきたからである。[123]

予算も少なかったテレビ業界にとって、タレント管理、新人の売り込み、それに関わる雑用を自分たちだけで行うことはできなかった。それらを一気に引き受けてくれるのが芸能事務所だったのだ。さらに、格安のギャラで、時には制作費を負担してまでテレビ局に協力するプロダクションまであった。

121　一九八〇年代の日本のサーカスに関しては久田恵『サーカス村裏通り』（七つ森書館、二〇一一年）が詳しい。いくら「芸」に磨きをかけたところで、シルク・ドゥ・ソレイユなどの大資本をバックにしたサーカスに負けてしまう現実が、悲しいほどによくわかる。

122　より正確にいえば、テレビというメディアが他の芸能を駆逐したというよりも、戦後に本格的に進行した消費社会化や情報社会化と、テレビというメディアが適合的だったのだろう。

123　田原総一朗『メディア・ウォーズ　テレビ仕掛人たちの興亡』講談社文庫、一九九三年。

なぜ芸能プロダクションは赤字覚悟でテレビ局に協力したのか。それは、テレビがギャラで稼ぐものではなく、むしろ宣伝媒体としてこそ効果的であることを彼らが見抜いていたからだ。テレビにタレントを多く出演させ、圧倒的な知名度を得る。そしてレコードやコンサート、ホテルやクラブの営業でごっそり稼ぐという手法だ。

当然、芸能人は芸能プロダクションに「管理」される存在になる。新人タレントを自宅内に住まわせ、言葉遣いから礼儀までを徹底的に教育する全人格的な洗脳を、様々なプロダクションがこぞって始めた。すごい時代だ。

番組プロデューサーの仕事は人気タレントを押さえることになり、芸能プロダクションの仕事は一人でも多くのタレントを番組に押し込むことになった。キャスティング至上主義時代の到来である。

さらに、バブル崩壊以降はコスト削減のため一社提供番組がどんどん減っていった。一社提供番組ならば、たとえ視聴率が悪くてもスポンサーが納得する内容のコンテンツを作れば良かった。しかし複数スポンサーの前では、視聴率だけが番組の成功か失敗かを測る唯一共通の指標になってしまう。キャスティング至上主義に加えて、視聴率至上主義が徹底されたのだ。[124]

もはや大学生に放送作家を任せるような気風はテレビ業界には残っていない。開設から年月を経るにつれて、テレビは立派なオールド・メディアになっていった。[125]

さらに現在は、視聴率至上主義の時代も終わり、テレビ局は一大コングロマリットに成長し

124　金田信一郎『テレビはなぜ、つまらなくなったのか　スターで綴るメディア興亡史』日経BP社、二〇〇六年。

125　とはいえ、二〇年ほど前まで、テレビは意外と自由だった。たとえば一九九〇年代初頭に放送されていた『EXテレビ』（日本テレビ系）では「低俗の限界」というどうしようもないコーナーがあった。島田紳助と上岡龍太郎がソファーに腰掛けてマジメなトークをする後ろで、全裸の女性モデルが何人も侍っている。ちょうど島田と上岡の顔が女性たちの局部を隠すという画面だ。今のテレビでは絶対にあり得ない。ていうか、ニコ生でもUSTREAMでもあり得ないんじゃないか。その意味で何でもありなはずのメディア、インターネットは元気なさすぎだ。

た。一九九〇年代以降、テレビ局はただの放送免許事業者という枠を超えて、自社ビルによる不動産業、局自体のショッピングモール化、映画産業への積極的な参加、ＤＶＤ販売などのコンテンツビジネスなどに積極的に参加してきた[126]。

「芸能」界という名前こそは残っているが、そこには「まれびと」が担っていたような、もしくは江戸時代の悪所が担っていたような、非日常の源泉たる輝きはほとんどない。もちろんだからこそ、テレビは次々に新しいスターを定期的に輩出し続けるのだが、それもついに限界に近づきつつあるのかも知れない。

3　二つの「閉塞感」の、その先へ

「芸能」界の先に行くために

このように、「芸能」の歴史を振り返ってみると、小橋賢児が芸能界に感じていた閉塞感が、すごく正当なものであることがわかる。

もともと「まれびと」や「異人」として、定住せずに全国を漂流するものだった芸能者たちは近世以降、様々な制度の中に取り込まれていった。特に明治時代以降は、映画やラジオなど資本主義経済、大衆消費社会の一アクターとして「芸能」は再編成されていく。

しかし、歌舞伎、演劇、映画、テレビなど媒体を変えながらも、「芸能」がそもそも持って

126　速水健朗『都市と消費とディズニーの夢　ショッピングモーライゼーションの時代』角川ｏｎｅテーマ21、二〇一二年。速水はディズニーを書名に入れたのに期待したほど売れなかったと嘆いていた。

いたとされる非日常性は、何とかして受け継がれてきたように思う。それは古いメディアが新しいメディアによって取って代わられ、新しいメディアが常に「新しい」というリアリティとともに迎えられてきたからだろう。

だけど、テレビと手を組んだ「芸能」の世界は、今や岐路に立たされている。社会のど真ん中に鎮座してしまったテレビの世界には、かつて「芸能」の魅力であったはずの呪術的で、周縁的な要素はほとんどなくなってしまったからだ。

しかも現在の「芸能界」と言えば、主にテレビ業界と映画業界、音楽業界にまたがる形で存在する巨大産業グループだ。そんな中、芸能プロダクションの「ふつうの会社」化が進んだ。視聴率や会社全体の売り上げで業績が判断される以上、マネージャーも数字を追わざるを得なくなるからだ。

長期的な経営判断のもと、きちんとタレントを育成しようとする芸能プロダクションも多くあるが、「本当の自分」を探して、「芸能界」を飛び出した小橋の選択はすごく真っ当なものだったと思う。もはや「芸能界」に「芸能」はないからだ。[127]

二つの「閉塞感」の出口

時々、芸能界での派手な交友関係が報じられる小橋だが、本人はあまり気にはしていないようだ。[128] 時には芸能界のフィクサーだなんて報道されたりもする。「実際は芸能界の人だけじゃ

127　実際、小栗旬（一九八二年、東京都、O型）などの有名俳優たちは映画監督を務めてみたり、あえて不思議な映画の脇役として出演してみたり、芸能界の周縁を模索しているように見える。また、正統派B級アイドルの嵐こそが人気という事実が、現在のエンターテインメント業界を象徴的に表していると思う。

128　しかもガンジーを敬愛する小橋は、芸能記者を恨むこともない。「彼らは彼らの仕事として、そういうことをしているだけ。仕事としてはリスペクトしている」というのだ。「闘いに闘いを挑んでも仕方ない、相手の土俵で無理に闘う必要はないから」。なんていい人なんだ。

なくて、いろんなジャンルの人とつるんでいるだけなんです。でもそこにたまたま芸能人が一人、二人いると、その名前だけが大きく報道されてしまう」ということらしい[129]。

　小橋自身も一時期はサングラスをして、帽子を深く被って、現場と自宅を往復するような日々を送っていた。遊びに行くとしても、芸能事務所お墨付きの個室カラオケや個室和食屋ばかり。「そんなルーチンで暮らしていると、どんどん不健康になっていく」。確かにあんまり楽しそうじゃない。

　小橋だけではない。キラキラして見える芸能界やエンターテインメント業界の内実は、実際そんなに派手な世界でもない。

　友人同士で東京近郊にバーベキューに行ったり、ａｐ　ｂａｎｋで盛り上がったり、水平思考推理ゲームにはまったり、芸能人たちの生活は確かに「リア充」かも知れないが、そこまで浮世離れしているわけではない。仕事を聞かれて「会社からお給料をもらっているわけだから」と「会社員」と答える俳優までいる[130]。

　現代社会において「芸能」をしようと思ったら、複数の領域を越境することによって、それは辛うじて可能になるのだろう。一ヵ所に定住せずに、複数のコミュニティと関わり、それぞれの場所でコンテンツを提供する。それは、「芸能」の原点だ。

　その意味で、小橋賢児は連日のようにテレビドラマに出ていた当時よりも、現在のほうが、より「芸能人」であると言える。時には映画監督をして、時には堅い企業のイベント・プロデ

129　ちなみに本当に交際していた女性とのスキャンダルが報じられたことは一度もないらしい。「隠さなくていい友だちなら警戒もしないから一緒にいることを週刊誌に撮られる」ということだ。

130　佐藤健・大友啓史「ただ、そこにいるだけでいい」『ＳＷＩＴＣＨ』、二〇一二年九月号。

ユースや映像制作を会社として請け負い、そして時には俳優業をすることもある。現代版「まれびと」だ。

そんな小橋の生き方は、この社会を支配する二つの「閉塞感」の出口を示しているように思う。

一つは「本当の自分」がどこかにあるはずだと考え、現在の生活にリアリティを感じられないという問題。

その閉塞感を克服しようと思ったら、いくつかのコミュニティを越境してみるのがいい。その過程で時に既存の社会とぶつかりながら立ち現れるのが、社会的に意味を持つ「本当の自分」だからだ。「本当の自分」は、ネパールの奥地やアメリカ西海岸には落ちていない。「自分」というのは、他者との関わり合いの中で、その都度《つど》生まれるものなのだ。

そして、芸能界が抱えている「閉塞感」もつまるところ、同じ問題にたどり着く。非日常性こそが本来的な意味だった芸能という世界は制度化され、「中の人」でいる限りそんなに面白いこともできない。制度化された「芸能界」に閉じこもっている限り、「芸能」にはたどり着けない。「芸能界」の外側に出たほうができる「芸能」も多い。

その意味で小橋賢児という生き方は、最先端でありながら最後尾の芸能スタイルなのかも知れない。

第四章　つながる起業家たち

三人の起業家たちにスポットライトを当てて、若年起業家たちの集団を描いてきた。この章では、視点をもう少し広げて彼らの生態系を描いていこう。彼らはどのようにつながっているのか。そして、なぜ彼らは大企業を目指さないのか。

〔スケッチ6〕

『俺が』なんだよ。『俺が』チームを勝たせるんだよ。他人なんかアテにしちゃダメなのさ。自分しかいねーんだよ。チームを勝たせられるのは。他人が失敗したってカンケーねーよ。自分のパワーひとつでチームは勝利するんだから。『俺がやる』……って、もしメンバー全員がそう思ったら、もの凄いパワーになると思わねーか。それが真のチームワークじゃねーのかな。（菅平源三、プロ野球選手、三五歳）[131]

131　甲斐谷忍『ONE OUTS』一五巻、集英社、二〇〇五年。引用に際して句読点を足した。

1　つながりの力

人脈は非課税だ

大企業に所属しないで働く人にとって決定的に大切なのは、「つながり」の力だ。「つながり」というのは、税金のかからない資産の一つだ。会社が利益を上げれば当然、課税対象になるが、人と人の「つながり」をいくら増やしても、それに課税されることはない。

しかし、人と人の「つながり」をビジネスにすることはできる。つまり人脈というのは非課税でありながら、とても強力な資産なのである。[132]

組織に所属せずに自由に働いている人たちは、何らかの徒党《クリーク》を組んでいることが多い。ミュージシャンを対象にした有名な研究でも、職業的な成功における人間関係の重要性を強調している。

あるアメリカのミュージシャンは、「成功」のためには「大勢の友人をもつこと」が大切だと答えている。「いい演奏をやらなくちゃいけないが、いろんなバンドに友だちをつくっておかなければいけない」というのだ。[133]

「友だち」というのはただ相談に乗ってくれるような存在ではない。ある時は新しい仕事を紹介してくれ、ある時は「彼の演奏は確かだよ」と保証人になってくれる。組織に属することのな

132　もちろん税金を払わないほうがいいと言っているわけではない。非課税だからこそ、それを有効に活用したほうがいいという話だ。と、真面目にフォローしておく。

133　ハワード・S・ベッカー著、村上直之訳『新装アウトサイダーズ　ラベリング理論とはなにか』新泉社、一九九三年。ダンスミュージシャンが本業で、社会学は趣味だと思っていたベッカーが、多くのマリファナ常用者やミュージシャンに果敢にインタビューしていく社会学の古典。

いフリーミュージシャンたちは、人間関係の数と質によって職業を安定させているのだ。

ここでいう「友だち」というのは、何も本当に親しい友人である必要はない。むしろ、仕事を得るためには「弱いつながり」こそが大切だという研究もある。

社会学者のグラノヴェター（一九四三年、ニュージャージー州）は、ボストンのホワイトカラーの転職活動を調べる中で、親しい友人や親族よりも、疎遠な人との「弱いつながり」のほうが、転職にとって有利な資源になることを発見した[134]。

グラノヴェターに触発されたその後のキャリア研究でも、転職だけではなくて、昇進やスキルアップなど、「働くこと」には、人との「弱いつながり」を持つことが大切だということが確認されている[135]。

なぜ「弱いつながり」が大切なのか。強い絆《きずな》で結ばれた親しい友人同士は同じような業界で、似たような仕事をしていることが多い。一方で、「弱いつながり」の相手は自分とは異なる世界で暮らしている可能性が高い。

だからこそ、「強い絆」の世界では決して見つからないような、新しいチャンスを提示してくれるのだ。第三章で取り上げた小橋賢児の人生は、まさにそれを体現していると言えるだろう。芸能界の内部で形成された「強い絆」の中で生きるのではなくて、その外側にいる人たちとの「弱いつながり」を結ぶことで、彼は徐々に活躍の世界を広げていった。

「つながり」のことを社会学では「社会関係資本」と呼ぶ。この社会関係資本は「ブリッジ

134 マーク・グラノヴェター著、大岡栄美訳「弱い紐帯の強さ」野沢慎司編・監訳『リーディングス ネットワーク論―家族・コミュニティ・社会関係資本』勁草書房、二〇〇六年。グラノヴェターの研究によれば、知人を通じて仕事を見つけた人のうち、仕事探しの時期に知人と頻繁に会っていた人の割合は一六・七％に過ぎなかったという。サンプル数五四という仮説的な研究だったが、その後多くの研究者に参照や追試をされることになった。

135 若林直樹『ネットワーク組織 社会ネットワーク論からの新たな組織像』有斐閣、二〇〇九年。

型」と「ボンド型」の二種類に分けることができる。ブリッジ型というのは、架け橋のように異質な者同士の関係を指す。一方で、ボンド型というのは同質的で親しい者同士のつながりのことだ。

大人たちと手を組んでみる

起業家にとって、ブリッジとボンドという、二つの「つながり」を持つことはとても大切だ。

変わらないメンバーで毎日、同じような話をしていても、仕事は生まれない。大切なのは、どのように外の世界とつながりを持つかということだ。若手起業家たちは、何も若者だけで固まっているわけではない。むしろ、積極的に大人たちの世界とつながろうとしている。

たとえば松島にとって、高校時代に大企業の部長に会えたこと、起業家サークルに入って様々な企業人に会えたことは、後にキャリアに大きな影響を与えた。

また松島がゼントを始めたばかりの頃は、青木健一の役割が大きかった。青木のスキルや人脈はもちろん、一世代上の「大人」が関わっているということはゼントという会社の信頼感を高めるのに一役買った。

しかも青木は一方的に「大人の論理」を押しつけなかった。「大人の論理」とはかけ離れて仕事をしていた松島に対して、一般的なビジネススタイルを強制するのではなくて、優れているところだけをエッセンスとして取り入れるようにアドバイスした。駆け出しのベンチャーから上場企業まで、様々な新規事業立ち上げに関わってきた青木だから、そのような柔軟性を持てたのだろう。

一部で「ブラックおぼっちゃま君」[136]と呼ばれるエンジェル投資家・瀧本哲史《てつふみ》（年齢非公表、出身地非公表、血液型非公表）によれば、若い起業家の成功の裏側には中高年のバックアップがあることが多いという[137]。

特にシリコンバレーにおいては、若きリーダーをシニアであるベテランがサポートする仕組みが整っている。

たとえばアップルといえば創業者のスティーブ・ジョブズ（一九五五年、カリフォルニア州）ばかりが有名だが、実際にアップルを大企業にしたのはジョブズより一三歳年上のマイク・マークラ（一九四二年、カリフォルニア州）の手腕が大きかったと言われている。すでにインテルの株式上場によって一財産を築いていた彼は、アップルという新興企業に資本を投入すると同時に、彼らが信用を得られるように尽力した。

Googleや、Facebookなど「若者たちの起業」として取り上げられる会社にしても、その裏側ではエリック・シュミット（一九五五年、ワシントンDC）やピーター・シール（一九六七年、フランクフルト）といった「大人」の投資家の果たした役割が大きい。

136 速水健朗。

137 瀧本哲史『武器としての交渉思考』星海社新書、二〇一二年。何とか個人情報を聞きだそうとしたが、「年齢などによってその人の属性を判断するのは、処理能力の低い人がすること」という理由で断られた。

日本の会社でも同じことが言える。田中良和（一九七七年、東京都、A型）が二七歳の時に起業したグリーが急成長したきっかけはＫＤＤＩとの提携だったし、ＤｅＮＡもリクルートやソネットといった大企業の出資によって事業の基盤を作ってきた。若者たちの成功の裏側には「大人」たちの存在があったのだ。

居心地のいい世界

異なる世界との「ブリッジ型」のつながりと同じくらい、大企業に所属していない起業家たちには、ホームベースとなるような場所が必要だ。気心の通じた仲間たちと過ごす空間は居心地がいい。

二〇一二年四月二〇日、夜。青山のレストランには村上範義の誕生日を祝う人たちが集まっていた。一目でモデルとわかる人から、僕でも知っている芸能人、さらには起業家や財界人まで、文字通りそこには老若男女がいた。

昨日までアジアを旅してきたという小橋賢児が、撮ってきた映像をさっそく仲間たちに見せたり、西原基熙が奇妙な一発芸を披露したり、楽しげなパーティーは続く。

この本で取り上げてきた若手起業家たちは、みんな仲がいい。もちろん、それぞれが自分の会社や仕事を持っているから、四六時中一緒にいるわけではない。

だけど、「忙しいのによくそんなに頻繁に会うなあ」ってくらい彼らは密なコミュニケーションを取りあっている。もっとも、会うといってもビジネスミーティングではなくて一緒にご飯を食べたり、パーティーをしたり、沖縄に行ったり、伊勢神宮にお参りに行ったり、仕事なんだか遊びなんだかわからない集まりが多い。

緩やかな外延はあって、きちんと人のセレクションはされているが、メンバーは固定されてはいない。その場に集った人々を観察していると、互いの人生観や仕事観などといった話題が多く、ビジネスに直結した話はあまりしていない。

経営学者の金井壽宏《としひろ》[138]（一九五四年、兵庫県）の用語を使えば「ダイアローグ型」の集まりということになるだろう。ただの仲良しクラブでもなく、人脈を広げるフォーラムでもない。そこに集う人々は、集まりそのものに価値を感じており、互いの「今、ここ」を掘り下げていく。コンサマトリーな居場所だ。

この「ダイアローグ型」の集まりでは、偶発的に仕事が生まれる。たとえば小橋の場合ならば、村上と松島経由で知り合ったアメリカの会社の映像制作を請け負ったりした。また村上経由で、大人版ガールズコレクション「ＴＧＣ　ＮＩＧＨＴ」の運営にも関わっている[139]。価値観やテンションがダイアローグによってあらかじめ共有されているから、仕事もしやすいのだ。

小橋自身も「テレビの世界にいた頃は、全然仲間と仕事している気がしなかった。監督さんともすごい遠い感じで。逆に今は、本当に仲間と仕事してるって感じですね」と述べている。

138　金井壽宏『企業者ネットワーキングの世界　ＭＩＴとボストン近郊の企業者コミュニティの探求』白桃書房、一九九四年。分厚い本だが、起業家個人に注目してその才能を並べるだけに終始しがちな日本の起業家研究の中では、非常によくできた一冊。って偉そうだな。

139　僕も「ＴＧＣ　ＮＩＧＨＴ」に行ってみたが、すっかりポピュラーなイベントになった本家ＴＧＣと比べて、だいぶ尖った空間だった。場所も東京湾岸のクラブ。オシャレすぎて、すぐに帰ってきてしまった。

文化を共有する

居心地のいい仲間同士で集まっていても、仕事は生まれるものなのだろうか。重要なのは、松島や村上たちが業種や専門分野ではなくて「文化」を共有しているという点だ。

彼らのネットワークには、様々な業界で働く、様々な分野の専門家たちがいる。IT業界、エンターテインメント業界、芸能界はもちろん、航空業界、銀行業界、通信業界など、そのジャンルは幅広い。

仕事内容がまるで違うのに、なぜ彼らが仲良くなれるかと言えば、同じような文化や価値観を共有することができているからだ。

つまり、彼らは価値観の上では同質性が高い集団でありながら、それぞれのバックグラウンドがまるで違うため、仲良くなることもできるし、互いの強みを活かして仕事でコラボレーションすることもできるのだ。だからこそ、仕事が生まれる機会は無数にある。

人が持つ価値観というのは、育ってきた環境に大きく影響される。社会学では、育ってきた環境によって培《つちか》われたものを「文化資本」と呼ぶ。それには言葉遣い、趣味、立ち振る舞い、感性なども含まれる。

様々な研究では、どのような文化を消費するかには階層差があること、家庭の文化階層が高い人のほうが教育達成や地位達成に有利なことが明らかになっている。[140]

たとえば、親の学歴が高い人ほど、子どもの頃に家族が本を読んでくれた経験が多く、美術

140　宮島喬・石井洋二郎編『文化の権力　反射するブルデュー』藤原書店、二〇〇三年。この上品で意味不明な本の題名からして編者たちの文化資本の高さが窺える。

館や博物館に行ったことがある。そうすると子どもの頃から本を読む習慣がつき、文化に慣れ親しむようになるから、受験勉強にも有利になる。[141]

このような「文化資本」は大人になってからも大切だ。何もクラシックに親しみ、古今東西の文化に精通している必要はない。だけど挨拶ができる、相手に感謝の気持ちを伝えられる、文章を読んだり書いたりすることが苦痛ではない、論理的に自分の意見を主張できる、そういった広い意味での「育ちのよさ」が評価される機会は多い。

出社時間と出社日が決まっている企業では、何の約束をしなくても職場の同僚とまた明日会うことができる。だけど、この本で紹介した多くの人たちは、そんな働き方をしていない。だからこそ、余計に「文化」の共有が大切になってくるのだ。

この社会を支配する三つの資本

フランスの社会学者ピエール・ブルデュー（一九三〇年、ドンガン）によれば、人間の財産には大きく分けて三つの種類があるという。[142] 一つは、お金（「経済資本」）。もう一つは信頼や人脈（「社会関係資本」）。そして、教養や洗練された習慣（「文化資本」）だ。

このようないくつもの「資本」は、起業家の成功を考える上でも非常に大切である。

よく起業家を語る時に、「学歴も名声も必要ない、必要なのはチャレンジ精神だ」といった物言いがされることがある。[143] だがこの本で描いてきた若者たちは松島をはじめ、チャレンジ精

141　実際、文化環境が恵まれている人ほど、偏差値の高い高校に所属していることが実証されている。また経済的に恵まれた家庭で育った人は就職に際しても有利であるという（八木匡「教育と格差社会」宇沢弘文他編『格差社会を越えて』東京大学出版会、二〇一二年）。

142　現在の社会学で、「文化資本」といった用語はブルデュー自身の定義とはややずれて使われることが多い。よく使われる使用法を解説したものとしては現代位相研究所編『本当にわかる社会学』（日本実業出版社、二〇一〇年）、通俗的なブルデュー理解に対する批判としては片岡栄美「階層研究における「文化」の位置　階層再生産と文化的再生産のジェンダー構造」（『年報社会学論集』一五、二〇〇二年）などがある。

143　たとえば、黒崎誠『起業家の条件　ベンチャー企業二三の成功物語』平凡社新書、二〇〇六年。黒崎自身は東京工業大学出身で、現在は帝京大学教授を務める。

神だけでその地位を築いてきたわけではない。

本書の登場人物たちを支えているのはいくつもの「資本」だ。それは、トランポリンのように、彼らの成功を下支えしている。

松島たちにはもちろん社会的に評価される「能力」や「専門性」がある。ビジネスモデルまでを考えたシステムの構築、ただのコンピューターオタクには思いつかないアイディアなど、彼らの成功要因を彼ら自身の「能力」や「才能」に求めることもできるだろう。

だけど同時に、彼らの成功は、いくつもの偶然が重なった上に成立している。そしてその偶然の多くは人為的なものである。

たとえば松島の親が教育熱心であり、彼が開成学園に行くことができたということは、彼の人生に決定的な影響を与えた。小学校から中学受験に向けた塾に通わせ、中学校から都心の私立学校に通わせることには、一定水準以上の経済資本を必要とする[144]。

開成学園のような名門中高一貫校に入ると、そこでは新たに社会関係資本と文化資本が作られる。開成出身者は名門大学や名門企業に就職していくことが多いから、同窓生とのつながりはそのまま強力な資本になるのだ。

開成ＯＢでかつ企業の取締役以上でないと参加できない起業家グループもある。せっかちで早足なライフネット生命の副社長・岩瀬大輔（一九七六年、埼玉県、Ｂ型）はじめ様々なエグゼクティヴに「同窓生」としてコンタクトを取ることができる。

144　日本は教育に対する公的支出がＯＥＣＤ平均を大きく下回る。特に大学授業料は高額で、ヨーロッパは国公立大学は原則無料、私立でも数十万円という国が珍しくないのに、日本では初年度に必要な費用は国立で平均八二万円、私立で平均一三一万円（文部科学省「教育指標国際比較」二〇一一年）。つまり、家庭の経済状況によってどのような教育を受けられるかが左右される可能性が高いのだ。

その「つながり」を支えるのは、開成学園出身者特有の愛校心だ。たとえば開成出身の人が集まるとよく運動会の話をはじめる。[145] 開成の「文化」を共有していない僕のような人間から見れば理解不能なほど、彼らは生徒主体で行う運動会に異常な思い入れがある。だから、たとえ同時期に在学していなくても運動会をネタに盛り上がることができる。

開成に限らず、名門中高一貫校の卒業生たちは、大なり小なり愛校心を持ち、その学校特有の「文化」を保有している。名古屋の東海学園出身の村上も「大学に入ってからは表面上は何百人も友だちができた。だけど、男子校で、みんなの結束が固かった東海時代のほうがはるかに人間関係が濃密だった」と振り返る。

互いに東海出身ということがわかれば、在学中に面識がなかった先輩、後輩であっても、距離感が一気になくなるという。年に一度開かれる同窓会には六〇代、七〇代の人まで参加するといい、そこには大企業のトップ、政治家、医者など社会のオーソリティたちが集まる。

このような、名門中高一貫校のネットワークの絆は、慶應義塾や早稲田といった大学ネットワークよりもはるかに強い。[146]

学部が多く、累計卒業者数が数十万人を超える巨大大学の卒業生たちは、世間で言われるほど愛校心を持っているわけではない。同じ大学出身ということがわかっても、それで話が盛り上がるということは、ほぼない。[147]

物理的な均質性も「文化」の共有を助けている。この本の登場人物の多くは東京都港区周辺

145 開成学園では「体育祭」と言わずに「運動会」と言うらしい。「体育祭」と言ったらすかさず訂正された。

146 社会学者の宮台真司（一九五九年、宮城県、ゼミ生がB型と言っていた）はことあるごとに、自分の出身校である麻布学園の話を誇らしげにする。彼いわく「僕の知る限り、麻布OBほど、自己形成にとって母校が持つ意味を強調する人たちはいない」という（http://www.miyadai.com/index.php?itemid=958）。

147 たとえば霞が関では、その数が多すぎて「東大卒」という看板はあまり役に立たない。政治家や他省との調整力が求められる国家公務員の世界では「名門高校」で培われた人脈が効果を発揮するという。豊かな家庭出身で、勉強もできる子どもたちは中央では開成や麻布といった名門私立に集まり、地方では名門公立に集まる（横田由美子『政治家・官僚の名門高校人脈』光文社新書、二〇一一年）。

に住んでいる。お互いが数十分で会いに行ける距離に住んでいれば、気軽に連絡も取りやすい。街角で偶然出会うこともある。

こんな風に、いくつもの「資本」がまるでトランポリンのように、若手起業家たちを支えているのだ。

一緒に旅に行ける仲間がいること

「ポールさんとシッシーと旅行行ってくるから」

松島がいきなり七月末、シンガポールとフランスへ旅行に行ってしまった。

ポールと松島とは四年来の友人だ。松島は、ポールの会社のシステム開発やマーケティングのコンサルティングをすると同時に、ホームパーティーで朝まで一緒に騒いだり、葉巻を楽しむような仲間でもある。

シッシーというのは一部上場企業で働く宍戸一彌（一九八五年、神奈川県、B型）のことで、松島と同じく開成学園出身だ。松島とは開成ＯＢである共通の知人を介して出会った。大企業に所属しているが、営業という立場上、松島たちのネットワークにもよく顔を出す。

学生時代に劇団四季でアクターを志していたこともあって、ひょうきんで親しみやすい性格だ。頭の回転も速い。そんな彼らが休みを合わせて約一〇日間の旅行に行ってきたのだ。

一緒に旅に行ける仲間がいる人は、幸せだ。

まず、長時間一緒に行動するわけだから、同じような価値観を共有している必要がある。そして、お金に対する考え方がかけ離れていても難しい。今回の旅行は、松島やポールの人脈を使い、特別な料金で旅行をすることができた。一方の宍戸は、上智大学の仏語科出身ということもあり、フランス語の通訳として活躍した。

仲間という、ある程度対等な関係性を築くのには、お互いに差し出せるものが必要だ。

RPGにおけるパーティ(グループ)というのは、現実世界のよくできたカリカチュアになっていると思う。もし手っ取り早く経験値を稼ぎたいなら、レベルの高いパーティーに入れてもらうのがいい。だけど、レベルの低い人間はなかなかそんなグループには入れてもらえない。レベルの高い人は、すでにレベルの高い人同士でパーティを組んでしまっているからだ。

普通は自分とレベルの近い人が一番仲間になりやすい。しかしレベルの低い者同士のグループでは、戦闘に勝利して得られる経験値はたかが知れている[148]。そこで地道にレベルを上げていくのもいいが、もしも一気にレベルを上げたいなら、何とかレベルの高い人々に自分の価値を認めてもらう必要がある。

そこで役に立つのが特殊技能や専門性だ。外国語を話せることでもいいし、場を盛り上げる力でもいい。レベルの高い人から見て、「こいつと一緒に組みたい」「彼と一緒に動いてみたい」と思わせることができれば、彼らの仲間に入れてもらうことができる。

一言に「仲間と旅をする」といっても、レベルが低い仲間同士で固まっているのと、レベル

148 「ドラゴンクエストX」のように、レベルの違うプレーヤー同士が組んだ場合、レベルが高い人ほど多めに経験値を得られる、という補正がかかる場合もある。

が高い仲間と行動できるのとでは、見えてくる景色も、経験できる出来事も、行動できる範囲もまるで変わってくる。

「つながり」には、レベルが高い「つながり」と、レベルの低い「つながり」があるのだ。

2　いつの間にか仲間は増えている

仲間とならどんな夢も叶《かな》えられる？

『ONE PIECE』評論家で社会学者の安田雪《ゆき》（一九六三年、東京都）によれば、仲間とは、「一人では到底かなえられないような夢を共有する人たち」のことだという[149]。『ONE PIECE』は、『ドラゴンボール』と違って、主人公が強くなるのではなく、仲間を増やすことによって冒険を続けていくマンガだ。

　麦わらの一味に加入したゾロ（二一年前、シモツキ村、XF型）やナミ（二〇年前、ココヤシ村、X型）は、ルフィ（一九年前、フーシャ村、F型）の夢に共感して、彼とともに旅をすることを決意する。彼らには「世界一の剣豪になる」「世界中の海図を描く」といったそれぞれの夢があるが、それはルフィの「世界一の海賊王」になるという夢とも重なる。

　彼らは自己利益の追求よりも、仲間たちへの献身を何よりも優先する。真に倒すべき敵のいない世界で、彼らは固有名を持った一人一人の「仲間」とともに、終わりのない仲間探しの旅

149　安田雪『ルフィの仲間力『ONE　PIECE』流、周りの人を味方に変える法』アスコム、二〇一一年。安田は「社会ネットワーク研究所」の代表を務める経営者でもある。ブログ名は「I LOVE NETWORKS」。ネットワークを愛している。

を続けている。[150]

それは主人公がひたすら修行を繰り返して強くなる『ドラゴンボール』とは対照的な世界だ。数値化された「戦闘力」がすべてを決するのではなく、『ONE PIECE』では仲間を増やすことによって、彼らの影響力が大きくなっていく。

そしてルフィたちは、「自分の使い方」を学ぶことで、戦い方を増やしていく。ゴム人間であるという特性は変わらないが、どうやって身体をコントロールするかで「技」の種類は増えていく。

『ONE PIECE』が多くの人に好意的に読まれるのはよくわかる。

ルフィたちの共同体は、こんな時代にはとても理想的なものに見える。「地域」や「家族」、「会社」といった、かつて日本人が所属していた組織が次々と崩壊していくように見える現代社会で、信頼し合える「仲間」というのは、何よりも憧れの対象に見えるからだ。

かつて上野千鶴子（一九四八年、富山県、AB型）も会員だった京大短歌会で歌を詠《よ》んでいた社会学者の柴田悠《はるか》（一九七八年、東京都、O型）による二一ヵ国の国際社会調査データの分析によれば、経済発展が進んだ国では「近所に友人がいる人」や「親友に頻繁に会う人」の幸福度が高いことが明らかになっている。[151]

特に若者たちの間で「仲間」に対する価値は高まっている。[152] たとえば内閣府が行った『国民生活選好度調査』では「幸福度を判断する際、重視する項目」を聞いた時に、「友人関係」と

150　内田樹「街場のONE PIECE論」尾田栄一郎『ONE PIECE STRONG WORDS』（上下巻）集英社新書、二〇一一年。

151　柴田悠「近代化と友人関係　国際社会調査データを用いた親密性のマルチレベル分析」『社会学評論』61-2、二〇一〇年。

152　古市憲寿『絶望の国の幸福な若者たち』講談社、二〇一一年。

答える若年層の割合が、他の世代と比べて突出して高かった[153]。

また『世界青年意識調査』を見ても、充実感や生きがいを感じる時に「友人や仲間といるとき」と答える若者が増加し続けている。一九七〇年に「友人や仲間といるとき」に充実感を抱く人は三八・八%だったが、一九九八年以降は約七四%前後で安定している[154]。

だが同時に「悩みや心配ごと」に「友人や仲間のこと」を挙げる若者も一九九八年以降上昇している。「仲間」が「生きがい」であり、同時に「悩み」の対象にもなっていることがわかる。良くも悪くも「仲間」の重要度が上がっているのだ。

安田はこうも言う。「仲間と一緒なら、どんなに大きな夢もかなえらえる」。「本当の仲間」を見つけることができたならば、想像もできなかったような大きな夢を叶えることができるというのだ。

確かに二〇一二年のロンドンオリンピックでは、日本人選手たちの団体戦での成果が目立った。個人では成績がふるわなかった選手も、団体であれば力を発揮する。そして彼らは「仲間がいるから強くなれた」「自分のためだけではなく、仲間のために頑張らなくちゃいけないと思った」と口にする。夜中に選手村でトランプに興じるくらい仲がいい選手たちもいる[155]。

オリンピックまでもが『ONE　PIECE』化しはじめている。

153　一五歳から二九歳の若者の実に六〇・二%が「友人関係」と答えている。それが三〇代では「家族関係」や「家計」、四〇代以上では「健康」となる。ちなみに、一九六八年に社会学者によって行われた意識調査では、一五歳から二九歳でも六割以上の人が「健康」が「いちばん大切なもの」と答えていた(見田宗介『現代の青年像』講談社現代新書、一九六八年)。

154　内閣府「第八回世界青年意識調査」二〇〇九年。

155　NHK「NEWS WEB24」二〇一二年八月一四日放送。#nhk24

僕たちの世界に、冒険なんてそんなにない

確かに『ONE PIECE』のように、仲間とともに大きな夢を追えたら楽しい気がする。だけど、誰もがルフィのようなゴム人間になれはしないし、誰もがナミのような仲間を手にできるわけでもない[156]。

多くの人たちの目の前に広がっているのは、冒険とは無縁の何てことのない日常だ。敵はせいぜい嫌味を言う上司か、ツイッター上でからんでくる人くらい。楽しみは毎週見ているドラマか週末に行くアウトレット。現実は、『ONE PIECE』の世界とはほど遠い。

しかも「仲間」の存在というのは、時に僕たちの未来への希望をあきらめさせる役割を果たす。人類学者のオスカー・ルイス（一九一四年、ニューヨーク）はかつてスラム街を調査する中で、「貧困の文化」という概念を提示したことがある[157]。

彼によれば「貧困の文化」というのは、「貧しい人」が生きていくための防衛機構のようなものだという。ここでいう「貧困」というのは、必ずしも経済的な貧しさのことではない。最近の日本語に翻訳すれば「まったりカルチャー」「下流文化」って感じの、現状に対するあきらめや適応のことだ[158]。

「貧困の文化」を持つ人たちは、希望を持たず、未来のためではなく現在のために生きる。彼らは国際的な視野を持たず、宿命論を受け入れている。未来をあきらめてしまっているのだ。

しかし、この「まったりカルチャー」を成立させるにも「仲間」の存在が必要らしい。九州

156　ソマリア沖などで海賊王を目指すことはできるだろうが、国際的に海賊に対する圧力は厳しくなっている。

157　オスカー・ルイス著、行方昭夫・上島健吉訳『ラ・ビーダ３　プエルト・リコの一家族の物語』みすず書房、一九七一年。

158　ルイスによれば、アメリカのように人々の上昇意欲の高い国では、「貧困の文化」が存在しないという。

からあまり出たがらない社会学者の益田仁《じん》（一九八二年、熊本県、B型）は、フリーターに対するインタビュー調査の中で、彼らが困難な状況に置かれながらも、それでも何かに「希望」を見いだしてしまう様子を描いている。[159]

彼らの周囲では「きちんとした職業に就いて一人前」という「文化」が支配的であり、「貧困の文化」は醸成されていない。そのため不安に突き動かされるように「何か」を求め、たとえ「希望」が潰《つい》えたとしても、希望と現実の間を彷徨《さまよ》うしかないというのだ。[160]

その様子は、僕が「希望難民」と呼んだ人々と似ている。[161] 彼らは、希望を持ちながら、それが容易《たやす》くは叶《かな》わない現実の中で、終わりなき自分探しを続ける。そんな「希望難民」にとって、僕は希望の冷却回路の確保が必要だと皮肉混じりに考えたことがある。

ピースボート乗船者に対する調査を通して見えてきたのは、「共同性」によって「目的性」が冷却されてしまう過程だ。夢や希望を持って船に乗り込んだはずの若者たちも、ピースボートというコミュニティが居場所化していく中で、次第に当初の熱気を忘れていく。そして結果的に、彼らには仲間という「共同性」だけが残された。

つまりある種の「共同性」は「目的性」を冷却させてしまうのである。若者たちの生活満足度の高さが一部で話題になっているが、それは日本版「貧困の文化」という「共同性」の広がりが一つの理由なのかも知れない。

159 益田仁「若年非正規雇用労働者と希望」『社会学評論』63-1、二〇一二年。益田は大学院時代、毎日のように福岡県箱崎地区の定食屋「ふなこし」に通い、失恋の相談などをしていた。というどうでもいい情報をネットで見つける。

160 仲間の存在が、若者たちを犯罪の世界に巻き込む場合もある。強盗や振り込め詐欺など集団で行われる犯罪は多いが、そこでは「地元」や「少年院」などで形成された「仲間」が重要な役割を果たす。犯罪をする若者には、「帰属する場所を探して旅をしている」人が多いという（鈴木大介『家のない少年たち　親に望まれなかった少年の容赦なきサバイバル』太田出版、二〇一〇年）。

161 古市憲寿『希望難民ご一行様』光文社新書、二〇一〇年。

あきらめない集団の秘密

なぜピースボート乗船者にとって「共同性」はあきらめの役割を果たしたのに、起業家集団や『ONE PIECE』の麦わら一味、オリンピック選手たちの間では、そうならなかったのだろうか。彼らにとって「仲間」の存在は、むしろ自分たちを互いにエンパワーメントするものでさえある。

一つはまず、集団の規模に秘密がある。すごく単純な話だけど、集団の人数が増えると、一部の「代表者」や「指導者」が必要になってくる。さらに、集団に所属する人を支配するためのルールが作られるようになる。すると、集団内にはただ命令に従うだけのフォロワーが誕生してしまう。一方で、少人数の組織だと絶対的な指導者もルールも必要がないから、ただそれに従属する人が生まれようがない[162]。

二つ目は、集団の規模とも関連しているけれど、一人一人が独立して行動できる個人かどうかも大切だ。

この本で取り上げてきた松島や村上といった若手起業家たちは、「仲間」とのつながりを、ただの居場所とは考えない。もともとソロ・プレーヤーとしても活動できる彼らは、居場所でさえも仕事の場所にしてしまう。

というか、それは自然と仕事の場所になってしまう。普段の活動を報告し合うだけでも、そこにいくつものビジネスチャンスが生まれるからだ。

162 組織論では似たようなことが「寡頭制の鉄則」として知られている。渡辺深『組織社会学』（ミネルヴァ書房、二〇〇七年）が組織論を手際よくまとめている。

野球漫画に見せかけた自己啓発書『ONE OUTS』では、「チームワーク」が通常とは違った形で定義されている。同書によれば「メンバー一人一人の力をあわせて、より強い力を出す」というのは「真のチームワーク」ではない。他人をアテにするのではなくて、自分がチームを勝たせてやるというくらいの気概を一人一人持つことが必要だというのだ。[163]

『ONE PIECE』やオリンピックで、「仲間」の存在がお互いを高め合えるのも、もともと彼らのポテンシャルが非常に高いからだろう。成績を残せない選手たちが集まったところで、「仲間」の価値なんてたかが知れている。冷徹なようだが、力のない人をいくら集めてみても、「大きな夢」を実現できるわけなんてないのだ。

もう一つ、起業家集団において重要なのは、彼らの「目的性」が、この社会を支配するルールと相似の関係にあるということだ。

この社会を支配する、万人に公約された最も大きなルールの一つは、「お金を稼ぐ」ということだ。資本主義社会では、どのような形であれ、お金がないと生きてはいけない。

企業体というのは「継続的に利益を上げること」という「目的性」がアプリオリに設定された集団である。つまり、企業を立ち上げてビジネスをするということは、それだけで社会に適合的な行動を取っていることになる。

社会というゲーム盤のルールと、起業家集団というプレーヤーの目的が一致しているのだ。

目的が共有されている集団は、ただの「愛情」や「友情」だけでつながっている人間関係よ

163　甲斐谷忍『ONE OUTS』一五巻、集英社、二〇〇五年。

りも、長続きしやすい。しかも「お金を稼ぐ」というこの社会の普遍的なルールが共有されているならば尚更《なおさら》だ。

「お金目当て」の強さ

これは、社会的企業がこれほど注目されている理由とも関係している。社会的企業というのは、ボランティアやNPOなどと違って「社会にいいこと」をビジネスにした集団のことだ。ただ「社会にいいこと」をするのではなくて、それをビジネスにすると社会運動の抱える一つのジレンマを解消することができる。

「社会をよくしたい」という良心で始まったはずの社会運動は、これまでに数え切れないほど頓挫《とんざ》してきた。

なぜ運動は頓挫してしまうのか。理由の一つは、途中でみんなの目的がずれてしまうからだろう。運動に参加する人たちが抱く「よい社会」像というのは、少しずつずれている。大きな目的に集う初期段階では気付かなかったような細かな違いは、運動が進むにつれて深刻になっていく。

だけど、ビジネスとして「社会にいいこと」を行う社会的企業では、その問題が回避される可能性が高まる。なぜならそれがビジネスである以上、「継続的に利益を上げること」が組織にとって大前提の目的として共有されるからだ。

社会的企業の成功例として語られるマザーハウスで働く若者たちを取材したことがあるが、彼らはそろって「仕事として継続しなきゃという責任感がある」「ただの仲良しサークルじゃない」「継続してビジネスをしないといけない」と口にしていた。

ただの社会貢献ではなくて、ビジネスとしてマザーハウスという会社を大きくしたい。自分たちの待遇を良くするためにも、自分たちの手で会社を大きくしていきたい。そんな起業家のようなことを二〇代前半の新入社員までもが言っていた。[164]

「継続的に利益を上げること」という最優先の目的を前にして、個々人が掲げる「よい社会」像の違いは一つ優先順位が低い目的になる。社会的企業では、まずは利益を出して、その間に「よい社会」像を徐々にすりあわせていく、ということが可能になるのだ。

ビジネスとボランティアには、スピード感の違いもある。

ボランティアなど「儲からない」事業は、誰かの良心や思想に訴えかけて行われることが多い。一方で、ビジネスを展開する際には、基本的に思想や良心なんて関係がない。儲かる事業に対して、マーケットは思想なんてお構いなしに投資をするからだ。

だからあらゆる事業はビジネスに乗せることによって、展開が劇的にスピーディになる。そういった意味で、ビジネスというのは「社会を変える」加速装置と言ってもいいだろう。

164　古市憲寿「シャカイ系若者白書」『ソトコト』二〇一二年六月号。

「お金儲け」だけでもうまくいかない

利潤を上げるというのは、企業の大前提だ。だけど「お金儲け」だけを追求していても、組織は簡単にバラバラになってしまう。

松島とも仲がいいオトバンク会長の上田渉（一九八〇年、神奈川県、A型）は、起業する前にいくつかの失敗を経験している。[165] 一つは中高生に教育プログラムを提供するNPOの立ち上げ。理念はよかったものの、活動資金さえも十分に調達できずに、立ち上げる前に計画は頓挫してしまった。

もう一つは、先輩から誘われたIT企業の立ち上げ。こちらはビジネスとしてはある程度成功したにもかかわらず、収益をめぐるトラブルに巻き込まれてしまった。株の持ち合い比率をめぐるオーナーや取締役たちのもめ事だった。

そうした経験をする中で上田は、「収益至上主義ではうまくいかない」ということにも気がついた。ただ社会にいいことをしてもダメだし、ただ収益だけを求めても、ビジネスはうまくいかない。

上田が二〇〇四年に設立したオトバンクは、書籍を音声化したオーディオブックの配信がメイン事業だ。

彼の原体験には、読書好きだった祖父が緑内障で失明したことがあるという。祖父のように目が不自由な人にも幸せな読書を提供したいというのは、オトバンクの企業理念になった。大

165 「起業人　上田渉」『週刊ダイヤモンド』二〇一二年一月一九日号、「(耕論) 不安定な時代、私たちなりに」『朝日新聞』二〇一一年一二月二日朝刊。いや、上田さんのことはあんなこととか、色々と知っているんだけど、迷惑かけたら悪いのでオトバンクについては公開情報をもとに記した。

学時代は政治家を目指し、鈴木寛（一九六四年、兵庫県）たちとともに活動をしたこともある上田だが、現在は「政治より起業で社会貢献」することを考えているという。

上田のように積極的に社会貢献を謳うわけではないが、松島も組織を続ける上での理念の大切さをこう語る。

「会社を立ち上げる時に、企業理念を考えないといけない。みんな時間がない、そんな暇がないと言うけど、ビジネスが軌道に乗ったらもっと忙しくなる。はじめに『どうやって働きたいのか』『どんな会社を作りたいのか』ということを決めておかないと、途中で会社はバラバラになっちゃう」

壊れやすく、つながりやすい

「ゼント」や「オトバンク」といった企業自体は簡単には壊れない。そして彼らはプロジェクトに合わせて有機的にコラボレーションをしたりする。だけど、そのプロジェクトが終われば、またバラバラに戻る。

起業家集団がお互いを高め合える理由。

それはその「集団」が非常に壊れやすく、つながりやすいことにもある。

彼らは基本的にプロジェクトベースで動く。たとえば松島は常に三〇以上はプロジェクトを回している。そしてプロジェクトごとにメンバーは入れ替わる。

つまりプロジェクトごとに絶えず外部から「目的性」が調達されるため、集団が「冷却」されている暇はないのだ。

より正確にいえば、プロジェクトが終了か停止するたびに、その集団はいちいち解散してしまう。そのような小さな単位でのコミュニティの成立と解散が起こっているから、外側からはさも彼らが、常時活発に活動しているように見える。

もちろん、ここでも「文化」を共有した「仲間」の力は強い。松島たちは、知り合いや仲間を有機的につなげて、それを仕事にしていく。

一般の企業と違って明文化された雇用契約によって結ばれた関係ではないので、「定時になったので帰ります」といったような人はいない。合宿感覚で朝まで徹夜をしたり、そのままご飯を食べに行ったり、まるで仲のいい学生サークルのようなノリで仕事をすることができる。

特に突発的なトラブルが頻繁に起こるIT業界やエンターテインメント業界では、このような「文化」をともにした「仲間」との仕事は効率がいい。夜中の三時にサーバーがハッキングされることもあるし、イベントで出演予定のモデルが急遽《きゅうきょ》出られなくなるということもある。

働く時間や内容を雇用契約で明文化できないような仕事が、あまりにも多すぎるのだ。結局、夜中三時に電話をしても駆けつけてくれるような「仲間」の存在が、仕事をこなす上でも鍵になってくる。[166]

しかも、こういった信頼で結ばれた関係というのは、どんどん広がっていく。「まっちゃん

166 第七章でも論じるように、誰もがこんな働き方をするべきだとは思わない。「仲間感」を演出して、実際には誰でもできるような仕事に「やりがい」を持たせるという経営手法はサービス業などでよく行われている。詳しくは救いようのないくらい殺伐とした表紙が目印の本田由紀『軋む社会 教育・仕事・若者の現在』（河出文庫、二〇一一年）を参照。

の友達だから安心だ」「村上さんの紹介だから大丈夫だ」というように、信頼できる仲間が信じている人は、自分にとっても信頼できる人になりやすいからである。

社会学では「信頼の推移性」と言ったりするが、このように「つながり」は次々に拡張されていく。そして、もともとはまるで別々だったコミュニティ同士がつながっていく。そう、かつての大ヒット曲で歌われたように「いつの間にやら仲間はきっと増えてる」のだ。[167]

3　僕たちに車は作れない

小さなことはいいことだ

起業やベンチャーについての本を読むと、当たり前のように企業規模の拡大が前提に書かれていることがある。スモール・ビジネスから始まったベンチャーも、成長期、経営基盤確立期を経て、最終的には株式公開を目指すというのだ。[168]

組織は確かに成長するに従って、創始者の個人的能力だけでは管理できないほどの資源を扱うようになる。そこで組織は新しく従業員を雇用するようになる。多くの人を束ねるために規則が設けられ、それぞれの職務は分担されるようになっていく。[169]

だけど、この本で取り上げる起業家たちは、ほとんどが会社の規模を大きくすることを志向していない。上場を目指してもいない。

167　H Jungle with T「WOW WAR TONIGHT～時には起こせよムーヴメント」一九九五年。

168　柳孝一『ベンチャー経営論　創造的破壊と矛盾のマネジメント』日本経済新聞社、二〇〇四年。

169　組織研究では、組織のサイズがどうしても肥大化してしまうことが明らかになっている。たとえば自分一人でできる仕事量がまかなえなくなると、人は部下を欲しがる。同僚と仕事を分け合うよりも、部下を増やして監督だけしたほうが楽だとの判断からだ（森田耕太郎・田尾雅夫著『組織論〔補訂版〕』有斐閣、二〇一〇年）。

「小さな組織」にとどまり続けることは、かつてならば「零細企業」としてバカにされることがあったかも知れない。しかし最近では「大きな組織」の弊害こそが様々な形で指摘されるようになってきた。

特にバブル崩壊以降、人員や設備、土地を大量に抱え込むことが、経済変動が起こった時に経営リスクになることが意識されるようになった。需要の変化に柔軟に対応するためには、企業は抱え込むものを最小限に抑えて、必要なものをその都度調達して、ネットワーク的につなげたほうが合理的だというのだ[170]。

これはただ単に日本で不況が続いているだけの話ではなく、経済や産業構造の変化とも連動する話である。

ある時期までの日本というのは、冷蔵庫、クーラー、自動車といったように、みんなが欲しいモノはたいてい一致していた。そんな時代の企業の戦略は簡単だった。大量にモノを作って、それを安く売ればいい。そのためには、会社も人や設備を大量に保有する必要がある。だけど、そんな時代は終わり、今や消費者の欲しいものはバラバラだ。しかも消費の中心が「モノを買う」ことから、「体験を買う」ことに移行しつつある。

わかりやすい例は東京ディズニーランドと電化製品の価格の推移だ。一九九〇年代初頭には四四〇〇円だったディズニーランドの入場料金（ワンデーパスポート）は、一九九七年には五二〇〇円、二〇〇六年には五八〇〇円、二〇一二年には六二〇〇円にまで値上がりしている。

170　若林直樹『ネットワーク組織　社会ネットワーク論からの新たな組織像』有斐閣、二〇〇九年。

夢の国に、デフレの風は吹かないらしい。

一方で、デジタルビデオカメラの値段は信じられないくらい大暴落している。たとえば家庭用デジタルビデオカメラは一九九五年の発売時には三〇万円前後したが、[171] 現在は似たような製品が二万円程度あれば買えてしまう。ていうか、iPhoneでも動画なんて撮れるから、別にビデオカメラとかいらない。

大企業はオワコンなのか?

ビジネス書や雑誌では「小さな組織」の価値を見直すのが最近の流行だ。こういったスモール・ビジネス論自体は、実は昔からある議論なのだが（第五章）、おそらく日本を覆う「閉塞感」が現在の「小さな組織」ブームの背景にあるのだろう。
特に、二〇一一年に起きた東日本大震災は、大きな組織が抱える様々な弊害を露呈させた。東京電力も官庁もメディアも、その大きさゆえに身動きが取れない。企業の規則を破ると怒られるけど、規則「さえ」守っていれば、それが社会的におかしいことであっても怒られない。[172]
そういった官僚制の弊害は、原子力発電所の事故という、先進国で考え得る最悪のアクシデントであらためて明らかになった。東京電力のトップだった勝俣《かつまた》恒久（一九四〇年、東京都）は事故が起こる前の二〇〇八年、脳天気に「今は何でも言いやすい雰囲気になって、我が社もちょっとは進歩した」なんて言っていたけれど。[173]

171　一九九五年には大手各社がこぞってデジタルビデオカメラを発売した。ソニーのDCR-VX-1000が本体価格三五万円、松下電器（当時）のNV-DJ1が二七万五〇〇〇円だった。有効画素数はそれぞれ三八万画素と二七万画素。

172　実は僕たちは三・一一の前にも大企業が生んだ悲劇を経験している。JR西日本福知山線の脱線事故だ。たまたま事故に居合わせたJR社員たちが負傷者を救出せずに、通常通り出勤したことでも話題になった。彼らの言い分は「上司の命令に従って、マニュアル通りに運営した」。効率性を求めた官僚制がネガティヴに働いてしまう、このような現象を「官僚制の逆機能」と呼ぶ。

173　弘兼憲史&モーニング編集部編『社長たちの成功学　七人のリアル「島耕作」』講談社、二〇〇八年。当時「明るく、楽しく、元気よく」が東京電力のキャッチフレーズだったという。現在の東電に最も欠けているものだ。

最近のイノベーション研究でも、官僚型組織の評判は非常に悪い。組織社会学者のデヴィッド・スタークによれば、イノベーションを起こしやすいのは、様々なユニットが多様な評価基準に基づいて、水平方向にフラットにつながる組織だという。現にシリコンバレーやハリウッドでは、小さな組織が有機的につながり、数々のイノベーションを生み出している。[174]

また、組織の規模がだいたい一五〇人くらいまでならば、厳格なルールや序列構造がなくても仕事が回るという研究もある。ダンバー数と呼ばれるが、人は一五〇人とは「顔が見える」安定した社会関係が結べるのだという。[175]

しかし、そんなことをいっても「大企業はオワコン[176]」というわけでは決してない。

まず、大企業自身が時代に対応して、組織構造を変えてきているからだ。変化の激しい市場に追いつくために、部署やチームに大幅に権限を委譲し、指揮系統をフラットにする、なんていう組織形態は決して珍しいものではない。最近では、社内ベンチャーが注目を浴びる機会も増えた。

そして、大企業にしかできないことは今でもたくさん存在する。たとえば自動車を大量生産するためには企画・開発部門、製造部門に加えて、部品を供給する会社、販売会社など多くの系列企業が必要だ。消費者にモノを送り届けるという経済活動のエンドの部分には、どうしてもマンパワーが必要である以上、これからも大企業は残っていくだろう。

174　デヴィッド・スターク著、中野勉・中野真澄訳『多様性とイノベーション　価値体系のマネジメントと組織のネットワーク・ダイナミズム』日本経済新聞出版社、二〇一一年。価値がすっかり共有された組織よりも、誤解を交えながらコラボレーションを行う集団のほうが新しいビジネスが生まれやすいという。

175　ロビン・ダンバー著、藤井留美訳『友達の数は何人？　ダンバー数とつながりの進化心理学』インターシフト、二〇一一年。

176　「オワコン」とは「終わったコンテンツ」の意。「古市オワコン」と検索したら、まだブレイクしていないにもかかわらず、オワコン扱いしてくれる人がいることが分かった。

メガ企業とミニ起業家の世界

産業構造がいくら変化したところで、その中心に位置し続けるのは、これからも大企業ということだ。

実際、この本に登場する起業家たちも、その多くは大企業と手を組んで仕事をしている。すでに大企業が多く存在する日本社会では、彼らを目指すよりも、彼らと手を組んだほうが合理的だからだ。

つまり、「起業家」だからといって、誰もが大企業を破壊して新しい社会を作ろうとしているわけではない。それどころか既存の組織と共存関係を構築することで、この本の登場人物たちは大企業を延命させているとも言える。

昔から、小さな企業が大企業と組むことは決して珍しいことではない。

そもそも「下請け」や「系列」という形で、大手企業とのサプライチェーンに組み込まれるというのが、典型的な日本の中小企業の姿だ。特に自動車や電気・電子機器といった組立型産業では、大企業（親会社）をトップとするピラミッド型の下請け構造がまだまだ残っている。[177]

そのかつての「下請け」と松島たちとの違いは、大企業との付き合い方がよりフラットということだろう。もちろん一社だけに依存なんてことはしない。相手が大企業の人間だろうが、まずは「仲間」として付き合う。お互いに「会社」という単位で仕事をしているわけではないのだ。

177　中小企業を対象に二〇〇五年に実施された調査によれば、中小製造業の約六割が下請け取引をしていた。ただし一九九〇年代以降、中小企業の取引先は次第に一社から複数社に分散してきた。下請け取引を維持しながらも、特定の企業に依存する構造から脱却する、取引構造の「メッシュ化」が進んでいる（中小企業庁『中小企業白書二〇〇六年版』）。

このような働き方は、経営組織学者リンダ・グラットン（一九五五年、リバプール）が描く近未来とも一致する。彼女によれば二〇二五年までに、世界中で何十億人もの人がミニ起業家として働き、他のミニ起業家とパートナー関係を結びながら相互依存していくエコシステムが築かれていくという[178]。

それと同時に彼女は、メガ企業の台頭も予測している。経済システムの中核には、膨大な数の顧客に製品やサービスを提供するグローバルな巨大企業が存在する。その周囲にはミニ起業家で構成されるエコシステムが形成され、巨大企業とコラボレーションをするのだという。

この時に、「社内」と「社外」の区別は流動的なものになっている。企業のフルタイムの社員とパートナー社員、ミニ起業家たちが入り交じり、プロジェクト単位で働くようになっているからだ。

そう、この本で描いてきた人々の日常と何ら変わりがない。

178 リンダ・グラットン著、池村千秋訳『ワーク・シフト 孤独と貧困から自由になる働き方の未来図〈二〇二五〉』プレジデント社、二〇一二年。

現代の職人、現代のギルド

リンダ・グラットンは未来の世界では、いくつもの専門分野を持ち、知識や技能を深めていく必要があるという。それは中世の「職人」に近い存在だ。

実際、日本のインターネットの根幹部分は限られた数の「職人」によって支えられている。たとえば千代佑（一九八三年、埼玉県、B型）が活躍するような情報通信ネットワーク業界で、

「本当にできる人」というのは千人に一人いればいいほうだ。

彼らが活動する場は大企業、大学、フリーとばらばらだが、知り合いを一人介《かい》せばつながってしまうような狭い世界だ。実働部隊は大量に存在するが、大企業であってもネットワーク設計の根幹部分の指示をしているのが、実はたった一人だけということも珍しくない。

「本当にできる人」の年齢は一九七〇年生まれから一九八五年生まれの間に集中しているという。ちょうど日本でインターネットが商業化されようとしていた時期に思春期や青年期を迎えた人々だ。インターネットが切り開く未来に可能性を感じて、同世代のベスト・アンド・ブライテストたちが通信業界に集まったのだ。

しかし、それより後になると、インターネットは電気やガスのように「あって当たり前のもの」になってしまう。だから、千代たちよりも下の世代では、インフラとしてのインターネットというよりは、コンテンツを提供するサービスとしてのインターネットに興味を持つ人たちが増えていった。

結果的に、インフラ寄りのインターネット業界における「職人」は、極めて数の限られた同質的な集団になった。

多くの大企業は「職人」を抱えていない。だから本当に技術力が必要な案件に関わる場合は、「職人」を抱える「小さな組織」に仕事を発注することになる。そういった形で「小さな組織」で活躍するミニ起業家たちが、大企業の延命を助けているのだ。[179]

179　かつて大企業と下請け関係にある中小企業は社会的弱者と見なされ、それが「二重構造」と呼ばれ批判されていたこともあった（第五章）。だけど千代たちの働き方から見えてくるのは、むしろ「二重構造」を積極的に活用しようとする姿勢だ。

「職人」たちは常に一緒に行動するわけではないが、お互いの存在を認知はしているという。同じ大学の研究室の出身者が多い、狭い世界だからだ。そのような「横のつながり」は、仕事の時に役立つことも多い。

こうした彼らのつながり方を「現代のギルド」と呼んでもいいだろう。

起業家と下請けのあいだ

だけど、残念ながら誰もが「職人」になれるわけではないし、「ギルド」に入れるわけでもない。高度な専門性を身につけられるかは、彼らがどのようなトランポリンを利用できたかなどの要素が大きく影響する。

そもそも、全員が「職人」になってしまったら、この社会は回らない。

この社会には、マクドナルドのアルバイトを筆頭に、「職人」が担う必要がない仕事が数多くある。熟練の必要がなく、マニュアルで対応できるような「誰でもできる仕事」は、どんな社会にも存在する。「職人」ではなくて、「職員」で十分なのだ。

そして注意しなくちゃいけないのは、本当はただの下請けなのに、さも「起業家」のように扱われることで、うまく使われちゃう可能性があるってことだ。「新しい働き方」をめぐる主張には、いつもこのジレンマがつきまとう。

たとえばバイク便ライダーなど運送業に従事する人は、会社と請負契約を結んで、フリーランス（一人親方）として働くことが多い。[180] 歩合制で働くため、もちろん最低賃金は保障されない。事故にあっても労災保険は適用されず、すべて自己責任だ。

また法人を立ち上げたばかりの「起業家」にも、アルバイトみたいなことばかりをしている人たちがいる。会社の固定費を捻出するために、最低賃金を下回ることを承知で大してお金にもならない仕事を引き受けてしまうのだ。

そのような「アルバイト事業」に集中していると、いつまで経っても本来の事業は成長しなくなってしまう。

実際には都合よく「搾取」されているだけかも知れないのに、気分だけは「起業家」だから、どんどん仕事にのめり込んでいく。そんな光景はすっかりこの国でありふれたものになってしまった。

だから、ここで考えなくちゃいけないのは「起業家」という言葉の魅力と、その危険性だ。

この本では、ここまで「起業家」たちのことをいくつかの事例に寄り添いながら、概《おおむ》ね肯定的に書いてきた。だけど、「起業家」というのは実はとても危険な言葉でもある。定義が曖昧で、使用法が人によってまるで違う。

そこで次の章では、起業家たちの物語から一度離れて、「起業家」という存在を少し遠くから眺めてみよう。

180　詳しくは、最近結婚して幸せそうな社会学者、阿部真大（一九七六年、岐阜県、A型）の『搾取される若者たち　バイク便ライダーは見た！』（集英社新書、二〇〇六年）を参照。彼の結婚式には上野千鶴子がスパイスの効いたビデオレターを寄せていた。阿部さん、ゆりちゃん、結婚おめでとう！　と、脚注で祝電を送ってみる。

第五章　起業家って言うな！

この章では「起業家」という存在が今までどのように語られてきたかを見ていく。実は研究者の間でさえも「起業家」の定義は錯綜《さくそう》してきた。しかし、その難しさゆえに「起業家」に対する好き勝手な議論が大流行することになったのである。

〔スケッチ7〕

いま、旧世代が作り上げてきたシステムが次々と崩壊しています。

これは若者が表舞台で活躍するチャンスの到来なのです。

この流れに乗ったものだけが、次世代の勝ち組になれるわけです。（堀江貴文、勝ち組経営者、三一歳）[181]

181 『稼ぐが勝ち　ゼロから一〇〇億円、ボクのやり方』光文社、二〇〇四年。

1　起業家とはジョーカーである

起業家なんて定義できない

「起業家」というのは不思議な言葉だ。[182] 文字通り何かの「業」を「起」こした人が全員「起業家」と呼ばれるかと言えばそうではない。たとえば、下北沢で古着屋を始めた人は「起業家」というよりも「オーナー」。親から事業を引き継いだ二代目のはずなのに事業を急成長させたユニクロの柳井正（一九四九年、山口県、AB型）は「起業家」[183]。

実際、研究者の間でも「起業家」の定義は揺れている。たとえばある経営学者は「起業家」を「高いロマンに、リスクを感じながらも、果敢に挑戦し、自己実現を図るために、独立性、独創性、異質性、さらに革新性を重視し、長期的な緊張感に耐えうる成長意欲の強い」人物だと考える。[184]

確かにそう考えると、普通の古着屋にはあまり「革新性」が感じられないし、下北沢だったらそんなに「成長意欲」も必要なさそうに思えるので、彼らが「起業家」と呼ばれない理由はわかる。

だけど、そんな風に「起業家」を個人のパーソナリティによって捉えようとしてもすぐに限界に突き当たる。だってそんな人物はこの日本社会に溢れているからだ。たとえば国際貢献系の学生団体に行けば、「高いロマン」を持ち、新しいプロジェクトに「果敢に挑戦」する「成長意欲の強い」若者たちがうようよいる。

また、企業の採用情報ページを見てみれば、どの企業も一様に「果敢に挑戦」し、「独立性」や「革新性」を持つ「成長意欲」の高い学生たちを求めている。[185] いったい、「起業家」っ

182　そもそも起業家という言葉は英語の「entrepreneur」の訳語だ。かっては「企業家」と訳されることも多かったが、後述するように現在では指し示すものはほぼ同じである。ただし英語圏でも「起業家（firm-organizing entrepreneur）」と「企業家（innovative entrepreneur）」で若干ニュアンスが異なる。また「経営者」は大企業の社長などより広い対象を指す言葉であるが、本章では考察の対象にしない。

183　たとえば柳井は雑誌『ベンチャー通信』（八号）の「著名起業家」というコーナーでインタビューを受けている。ただし最近だと「経営者」と形容されることが多い。

184　松田修一・大江健編『起業家の輩出　日本型支援システムの構築』日本経済新聞社、一九九六年。

185　この前「学生にはチャレンジ精神を求めるのに、自分たちの採用制度は各社横並びでチャレンジ精神を一切発揮しないのはなぜですか」と大企業の偉い人に聞いたら失笑された。

て誰のことなんだ。

実は、起業家研究には「『起業家とは誰か？』なんてそもそも間違い」と題された有名な論文がある[186]。いくら個人のパーソナリティに注目して「起業家」を定義したところで、大して意味がないというのだ。

たとえば「起業家」を「目的と行動のはっきりしたもの[187]」や「高い成長意欲を持ち、リスクを引き受け、革新的ななにかをおこなう人物[188]」なんていう定義は、どうしても調査者の主観に依存しがちになってしまうし、そもそも「起業家」以外の人物との違いをうまく説明することができない。

また、「会社の立ち上げより二年から六〇年以内[189]」や「起業から三〇年以内[190]」といったように時間的な定義にもブレがある。

「起業家」の誕生

いったい、なぜ起業家の定義はこんなにも錯綜《さくそう》してしまうのか。

実は犯人の目星はついている。ジョセフ・シュンペーター（一八八三年、モラヴィア）という有名な経済学者が「起業家」と言いはじめ、それを都合よくピーター・ドラッカー（一九〇九年、ウィーン）が引用したのが大混乱の始まりだった。

「起業家（entrepreneur）」という概念を学問的に成立させたのは一八世紀の研究者リチャー

186 Gartner, William., 1988, "Who is an Entrepreneur?" Is the Wrong Question", *Entrepreneurship and Theory and Practice*, 13(4):47-68.全編にわたって「起業家」論に対して嫌味が炸裂する素敵な論文だ。

187 Litzinger, D., 1965, "The Motel Entrepreneur and The motel manager", *Academy of Management Journal*, 8, 268-281.当時の起業家研究は、「マネージャー（管理者）」と「起業家」の違いを明らかにしようとするのが一つのブームだった。

188 小野瀬拡『ベンチャー企業存立の理論と実際』文眞堂、二〇〇七年。

189 Hornaday, J. and Abound, J., 1971, "Characteristics of Successful Entrepreneurs", *Personnel Psychology*, 24, 141-153.

190 柳孝一『ベンチャー経営論　創造的破壊と矛盾のマネジメント』日本経済新聞社、二〇

ド・カンティロン（一六八〇年代？、英ケリー州）だと言われている。[191] 銀行家として財を成した彼は『商業試論』という著作の中で、先見の明を持ち進んでリスクを引き受ける者たちのことを起業家と呼んだ。

ここでいう起業家というのは、何もすごい人のことではない。たとえばカンティロンに言わせれば、街の商人たちも立派な起業家だ。彼らは一定のリスクを負って商品を仕入れ、自分の店や広場でそれを転売する。

つまり、競争原理の支配する市場において不確定にならざるを得ない存在をカンティロンは起業家だと考えた。だから彼に言わせれば製造業者、職人、商人はもちろん、画家、弁護士、医者、さらには「盗賊や乞食」も起業家である。[192]

しかし、彼のような起業家論はその後流行することはなかった。というか、資本主義と、経済学の発達の中ですっかり傍流に追いやられてしまった。

アダム・スミス（一七二三年、カコーディー）をはじめ古典派経済学者たちは「資本家」と「起業家」を基本的に区別しない。というか、製鉄業者や鉱山業者など、工場や機械を自分で持ちながら経営をするような人々を「資本家」と考えたため、カンティロンが考えたようなリスクを負う存在としての「起業家」は後景化してしまった。[193]

その後の主流派経済学でも「起業家」の存在は基本的に無視されてきた。「経済学」という名のつく教科書を手に取ればわかると思うが、起業家の扱いは小さい。それは、経済学の標準

〇四年。

191　ロバート・ヘバート、アルバート・リンク著、池本正純・宮本光晴訳『企業者論の系譜』ホルト・サウンダース・ジャパン、一九八四年。カタカナバッカリ。

192　リチャード・カンティロン著、津田内匠訳『商業試論』名古屋大学出版会、一九九二年。草稿は一七三〇年頃に書かれたという。

193　もっともスミスも『国富論』の中で「冒険に自分の私財をあえて投じる」起業家の存在について触れてはいる。ただしその扱いは決して大きくない（川上義明「企業生成・発展の変動要因としての企業家(II)　産業革命期とそれ以前の段階の考察」『福岡大学商学論叢』52−1、二〇〇七年）。

的なモデルに従う限り、起業家というヒーローを登場させにくいからだ。

大ざっぱにいえば、経済学は企業行動や市場が「自動的」に調和していくと考える。「神の見えざる手」によって、市場経済は落ち着くべきところに落ち着くというのだ。だから会社の経営者はせいぜい、ラジオをチューニングするように生産量を調整していればいい[194]。

そうじゃないだろと、過去の経済学に突っ込みを入れたのがシュンペーターだ。彼は起業家こそが経済発展の原動力だと考えた。

資本主義社会における、企業の基本原理は「お金儲け」だ。しかし、同じ企業が同じようなことをしていると、利益はどんどん減っていく。なぜなら新興企業の参入によって、市場がコモディティ化してしまうからだ[195]。

コモディティ化した市場では、あらゆるものが買い叩かれてしまう。ではどうしたらいいのか。イノベーションを起こせばいいのだ。古いものを破壊して、新しいものを創造する。そして経済を内部から攪乱《かくらん》する。そんな「創造的破壊」をするのが「起業家」であるとシュンペーターは考えた。

と、シュンペーターの議論は一見わかりやすくまとめることができる。しかも「イノベーション」や「創造的破壊」というキャッチーな言葉を使うので、ついつい引用してみたくもなってしまう。そんなわけで、多くの研究者たちがシュンペーターの議論から都合のいいところだけを参照し始めた。

194　池本正純『企業家とはなにか　市場経済と企業家機能』八千代出版、二〇〇四年。池本のウェブサイトによれば、趣味はギター、好きな歌はミスチルだという。

195　典型的なのは牛丼チェーンの値下げ競争だ。「お腹いっぱい、安い値段で牛丼を食べたい」という消費者の前では、吉野家の牛丼も、すき家の牛丼も、松屋の牛めしも、値段以外は大した問題ではなくなる（瀧本哲史『僕は君たちに武器を配りたい』講談社、二〇一一年）。ちなみに、僕はそもそも牛丼を食べない。

196　Goss, David., 2005, "Schumpeter's Legacy? Interaction and Emotions in the Sociology of Entrepreneurship", *Entrepreneurship and Theory and Practice*, 29(2): 205-218.

197　シュンペーターは、初期から起業家という存在が陳腐化していく可能性を述べていた。起業家の存在を重要視するシュンペーターと、それを軽視する

もしドラッカーがシュンペーターをきちんと読んでいたら

本当はシュンペーターの議論はちっともわかりやすくなんてない。そもそも「起業家」という存在を、そこまで特別なヒーローとして描いているわけでもない[196]。

しかも時代や論文によって、言うことも変わっている。特に一九四二年に出版された『資本主義・社会主義・民主主義』では、資本主義の終焉と社会主義の到来を予見、起業家精神は時代遅れなものになりつつあると指摘している[197]。

一九五〇年に脳溢血のためこの世を去ったシュンペーターだが、自身の説を数理モデル化しなかったこと、自らは学派を形成しなかったこともあり、その後の経済学ではしばらく無視されてしまった[198]。

事態が変わったのは一九七〇年代から一九八〇年代にかけてだ。その頃アメリカではベンチャーブームが起こっていた。インテル、マイクロソフト、アップル。成熟した大企業に代わって、情報通信産業を中心としたベンチャー企業が続々と現れはじめたのだ。

その現実を後追いするように、起業家研究も急激に増加していく[199]。特にシュンペーターのいた経済学の世界ではなくて、経営学というフィールドで起業家論は大流行する。

その牽引役はピーター・ドラッカーだ。彼は『イノベーションと企業家精神』という本を一九八五年に出版、シュンペーターの経済学理論を自己啓発系ビジネス書に変身させた[200]。

シュンペーターは研究者によって「二人のシュンペーター」と呼ばれることもある（リチャード・ラングロワ著、谷口和弘訳『消えゆく手　株式会社と資本主義のダイナミクス』慶應義塾大学出版会、二〇一一年）。

198　伊東光晴・根井雅弘『シュンペーター　孤高の経済学者』岩波新書、一九九三年。シュンペーターが教授を務めていたハーバード大学では、一九三〇年代後半からケインズが大人気になり、シュンペーターも悔しがっていたという。新シュンペーター学派と呼ばれる経済学者が活躍するようになるのは一九七〇年代以降のことである。

199　ジョセフ・シュンペーター著、清成忠男編訳『企業家とは何か』東洋経済新報社、一九九八年。

200　ピーター・ドラッカー著、上田惇生訳『イノベーションと企業家精神』ダイヤモンド社、二〇〇七年。シュンペーターを引用する多くのビジネス書の著者は、実はドラッカーしか読んでいないという場合が多い気がする。

ドラッカーというのは、今の日本でいえば大前研一（一九四三年、福岡県）みたいな人だ。大学で講義もするし、専門外のことも躊躇なく話すし、コンサルもするし、ベストセラービジネス書も書く。

ドラッカーのビジネス書が優れているのは、経営者が自分の成功談をドヤ顔で語る時に、引用がしやすいという点だ。彼の本をちょっと読めばわかるが、内容には論理の飛躍も多く、その代わりに大量の事例が並べられている。

通読しても何が言いたいのかよくわからない本も多い。[201]「ホメロスの叙事詩」や「資本主義に内在する矛盾」など、難しそうな話が現れては消えていく。だけど、そんな折々にキャッチーでわかりやすいキーワードが挿入される。[202]

「いまや企業家は体系的にイノベーションを行わなければならない」
「企業家精神は生まれつきのものではない。創造でもない。それは仕事である」
「企業家社会では、成人後も新しいことを一度ならず勉強することが常識となる」

さらに、「イノベーションの機会は七つある」というように、「イノベーション」をずばっと整理してしまう。書かれているのは「予期せぬ成功と失敗を利用する」とか「産業構造の変化を知る」とか「新しい知識を活用する」とか当たり前のことばかりだが、ドラッカーが言うとありがたそうに聞こえる。[203]

服飾店の二代目社長、柳井正は、ドラッカーの理論の中心には「人」がいるという。ただ理

201　そのわりには注も参考文献もない。もちろん注と参考文献が多いからといって、それが信頼性を担保するのかどうかは別問題だけど。参考事例として古市憲寿『僕たちの前途』（講談社、二〇一二年）がある。

202　統計ではなく、ストーリーを重視するのもドラッカーの特徴だ。さすがコンサルタントだけあって、読者が何を求めているかをわかっている。

203　もちろん、ドラッカーがまったく無価値なわけではない。ビジネス経験が豊富な人が読めば、ドラッカーの非論理性を脳内補完して、都合よく自分流に読み解くことができるからである。その意味で、やたら抽象的な心象風景が描かれるJ-POPの歌詞と似ている。ドラッカーは「おじさんのためのJ-POP」なのである。

論的にばさばさ切っていくだけではない温かみがある。しかも自分が何も考えずにやってきたことを、ドラッカーがすでに体系的に説明してくれている。そうして柳井はドラッカーに夢中になっていったという。[204]
　まさにドラッカーの正しい読み方だ。そして、シュンペーターの複雑な理論を、こんなにも矮小《わいしょう》化してしまったドラッカーは、やはり偉大だ。[205]

「起業家」という神話

　ドラッカーを引き継ぐ形で、その後「起業家」や「イノベーション」の秘密を探ろうとする研究が大流行する。今、書店に並ぶ「起業家」や「イノベーション」という題名のついた本の半分くらいはドラッカーの焼き直しだと言っていい。
　経営学者たちは、事例を元に起業家の「特性」を描き出そうとしてきた。たとえば柳孝一（一九四一年、東京都）は、質問紙による調査を用いて、成功した起業家に共通する特徴を描き出そうとしている。柳は「前向きに考えられる積極的思考力」「乗り越える挑戦力」「若さによる大胆な行動力」「困難な状況を克服する忍耐力」など、三二もの項目を「起業力」と定義した。[206]
　当たり前のことだけど、この「起業力」を持ったところで誰もが起業家になれるわけではない。というか、こんな「力」を誰もが要求されてしまうのが現代社会である。

204　NHK「仕事学のすすめ」制作班編『柳井正わがドラッカー流経営論』NHK出版、二〇一〇年。
205　ドラッカーがもう一点偉大なのは、コンサルらしく流行に乗ることと、未来を予見することに長けていた点だ。企業が大企業化していく時代には「マネジメント」の必要性を訴え、経営者層の心を摑んだ。また一九六九年に発刊された『断絶の時代』で予見した「資本主義社会から知識社会への移行」というテーゼの先見性も評価されていいだろう。
206　柳孝一『ベンチャー経営論　創造的破壊と矛盾のマネジメント』日本経済新聞社、二〇〇四年。また別の著書では「起業力とは結局のところ『人生への挑戦力』だと思う。人間、一度しかない人生をどのように生きるかという意思力の問題である」（『起業力をつける』日本経済新聞社、一九九七年）とも言っている。結局のところ、何が言いたいのかわからない。

もちろん学者たちもそんなにバカじゃない。起業家を大胆に定義するような研究には、批判の声が相次ぐ。

起業というのは、その社会の状況や時代状況に大きく依存する。起業する人が使える社会的な資源、制度によってビジネスは大きく規定されてしまう。そのような背景を無視して、起業家という特定の個人だけに注目する研究は、あまりにも脳天気すぎるというのだ。[207]

また起業家の「生の声」には往々にしてフィクションが入り交じっている。よくメディアは「どうして起業しようと思ったのですか」という質問を起業家にぶつける。

そこで求められるのはドラマチックな出来事だ。それに合わせる形で「会社の歴史」は整理され、やがてそれが「正史」になっていく。[208]だから「成功した起業家」にいくら話を聞いたところで、それには自ずと限界があるということを意識しないとならない。

そして、世界中のおじさんたちが大好きな「イノベーション」も、よくよく考えてみるとすごく怪しげな概念だ。

たとえばライト兄弟は「飛行機を発明した」ことになっているけれど、実際はそれ以前に気球、グライダーなど人類が空を飛ぶ試みは何度も行われてきた。ライト兄弟が成功させたのは、「再現性のある一定距離の持続的な動力飛行」に過ぎない。[209]さらにいえば、彼らがアメリカ政府に自分たちの技術を売り込むことに成功したからこそ、これだけの知名度を獲得できたと考えることもできる。

207 Thornton, P., 1999, "The Sociology of Entrepreneurship", *Annual Review of Sociology*, 25: 19-46.日本のみならず、英語圏でも「起業家」の定義は錯綜していた。

208 瀧本哲史「勝てる土俵で戦う ビジネスアイデアと起業マーケティング」木谷哲夫編『ケースで学ぶ 実戦・起業塾』日本経済新聞出版社、二〇一〇年。僕自身も「なぜ若者論を研究しようと思ったんですか」と二〇〇回くらい聞かれた。きっかけなんて曖昧に決まっているのに、その質問に答えるうちに次第に「きちんとした理由」を言えるようになっていた。そのような自分の経験も踏まえて、本書では「起業した劇的な瞬間」なんてものを強調して描かないようにした。

209 スコット・バークン著、村上雅章訳『イノベーションの神話』オライリー・ジャパン、二〇〇七年。

発明家として有名なトーマス・エジソン（一八四七年、オハイオ州、O型）も同様だ。彼は発明家であると同時に非常に優秀なビジネスマンだった。大量のスタッフを雇って工場を運営するかたわら、自身の名声を武器に彼らの発明をどんどん売り込むことに長けていた。[210] ウォール街の大資本家、商業銀行家から多額の支援を取り付けた彼は、営業の天才だったのだ。

つまりエジソンの成功の裏側には、発明という「イノベーション」だけではなく、彼がネットワーク構築や交渉能力に長けていたことが大きく関係しているのだ。このように、たった一人の「起業家」による「イノベーション」というのは、後からブランディングされた、ただの物語に過ぎないことが多い。

「起業家」とは接着剤である

それでも「起業家はすごい人物」だとか「イノベーションで社会問題は一挙に解決」なんて幻想が消えることはない。なぜか。それは「起業家」や「イノベーション」という言葉には「接着剤」としての効果があるからだろう。

たとえば「経済成長が必要だ」と言ってみたところで、「じゃあどうすればいいの」と聞かれた時に答えられなければ、何の説得力もない。人口を増加させる、投資を呼び込む、インフレ目標を設定するなど、いくつかの答え方があるだろうが、[211] その中でも特に知識がなくても言えてしまうのが「起業家」や「イノベーション」という言葉を使った論法だ。

210　エジソンの最大の発明は、科学的研究を商業目的で組織化した「発明工場」であるという歴史家もいる。しかし彼の研究所は後発研究機関に押され、どんどん衰退していく。だが皮肉なことに、その頃からエジソン個人を偉人視するような半生記が増え、晩年には「貧しい少年から大富豪になったアメリカン・ドリームの体現者」というイメージができ上がっていたという（アンドレ・ミラード著、橋本毅彦訳『エジソン発明会社の没落』朝日新聞出版、一九九八年）。

211　というか、本来は経済成長を説明すること自体がマクロ経済学の主要なミッションの一つだ。

「起業家こそが経済成長の鍵だ」「イノベーションを増やせば経済成長する」。何だかよくわかんないけど、それっぽい議論ができてしまう。[212]

もしも「起業家」を「事業を始めた人」とシンプルに定義してしまった場合、そこには古着屋のオーナーといった「自営業者」も含まれてしまう。そうすると、それは「イノベーション」とは親和性の低い概念になってしまう。だからこそ、多少の曖昧さを承知で「起業家」の定義には「高いロマン」や「成長意欲」が含まれてしまうのだろう。

シュンペーターが経済成長の原動力として起業家を規定したように、定義上の「起業家」や「イノベーション」とは、その内実がブラックボックスでありながら、既存の仕組みを変えることを期待された概念だ。

指示内容は曖昧なのに、何かを変えてくれることだけは指し示している。

「イノベーション」論のいいところは、どんな「イノベーション」が起こるかまでは論者が考えなくてもいい点だ。だって、本当に世界を揺るがすような「イノベーション」を発見したのならば、さっさとそれを実行すればいい。だけど、そんなことは特別な「起業家」や「イノベーター」にしかできない。だから、経営者や評論家たちはただ「イノベーションが必要だ」と唱えていればいい。[213]

つまり、現状が行き詰まっている時に、非常に使い勝手のいい言葉なのだ。どこにでもはまるパズルのピース、神経衰弱のジョーカーにも似ている。既存の経済状況がうまくいっていな

212　もちろん、専門家によるきちんとしたイノベーション研究には、それが起こりやすい状況や、要件として何が必要かという点が検証されている。同様に起業率と経済成長率には正の相関があるという研究も多数発表されている。ただし相関関係を証明したところで、それは因果関係を意味しない。また経済成長を促す最善の方法が起業ということにもならない。

213　OECDや世界経済フォーラムのレポートなどを読んでも、イノベーションは近代経済にとって根本的に必要なものだと認識されていることがわかる。本来、イノベーション論にはいくつかの流れがあり、社会学者のタルドが議論したような「発明」に近い意味でのイノベーション、シュンペーターが言及したような経済生活における新しい仕組みの導入などを示すイノベーションがある。現在は両者が混在しながら使われているが、とにかくみんな「イノベーション、イノベーション」とうるさい。この脚注も「イノベーション、イノベーション」と

い時、そしてそれを変える必要がある時、「起業家」や「イノベーション」を解決策として提示すれば、適当な夢物語を、それらしい議論に変身させることができるのだ。

2　変わり続ける起業家

成功とは作家になること

「起業家」という概念が、いかに曖昧で使い勝手が良いものなのかを見てきた。この節では、主に新聞や書籍、公的資料を用いて日本社会が「起業家」という存在をどのように扱ってきたのかを確認していこう。

「起業家」や「企業家」という言葉が日本で使用されるようになったのは、それほど昔のことではない[214]。また「ベンチャー」も同様で、せいぜい四〇年の歴史しかない和製英語だ。シュンペーターを紹介する形での起業家研究は一部の専門家の間で行われていたものの、戦後しばらく経っても一般人にとって「起業家」や「企業家」というのは、馴染みの薄い言葉だったようだ。

たとえば「起業家」が題名に入る書籍で一番古いものは一九八四年、「企業家」や「企業者」だと戦前から存在するが、コンスタントに年に数冊「企業家」本が出版されるようになるのは一九七〇年代以降のことである[215]。

うるさい。

214　明治初期から「今代の大企業家」（『読売新聞』一八九一年一月二九日朝刊）や「企業家の大陸行」（『朝日新聞』一八九八年四月二五日朝刊）などの用例は見られるが、今の「企業人」や「大企業のオーナー」に近い意味で使われている。

215　国立国会図書館の蔵書検索「NDL-OPAC」を使用した。

それは次の章でも確認するように、それ以前の日本はただでさえ自営業者が多い時代だったからだろう。会社を立ち上げるという意味での「起業家」というのは、ある意味でありふれた存在で、わざわざ論じるまでもない対象だった。

たとえば本田技研工業や、ソニーの前身である東京通信工業は一九四六年に創設されているが、その頃のホンダやソニーは小さな町工場。当時のマスコミは、そんなどこにでもある工場の親父たちを「起業家」としてもてはやしたりはしていなかった[216]。

そんな中、一九五六年に「成功ブーム」というものが起こる[217]。雑誌などで政治家、実業家など成功者たちの回想、出世のための成功処世術など、この社会で「成功」するための特集が相次いで組まれたのだ。

面白いのはここでいう「成功者」というのは誰なのか、ということだ。当時の若者たちに誰が「成功者」かを尋ねたアンケートがある。その上位に並んだのは政治家、作家・評論家、学者、財界人、芸術家。「起業家」に関係ある「財界人」と答えた人は七％に過ぎなかった。

実はそれでも戦前よりは「実業志向」が強まっている。「末は博士か大臣か」と言われたように、戦前における成功とは学者や政治家として大成することだった。特に国会議員となり、天皇と謁見《えっけん》することは典型的な「あがり」と見なされた[218]。どちらにせよ、戦後になっても財界人の評価は政治家や小説家よりもずっと下だった。

「成功ブーム」が起こった頃、「成功」のサラリーマン化現象も起きている。戦前の日本とい

216　ソニーは一九四九年末に日本初のテープレコーダーを販売したが、それを取り上げる『読売新聞』の記事「その場で聞かれる……手軽な豆録音機出現」（一九四九年一二月一八日夕刊）では、「某通信工業会社」となぜか会社名が匿名。

217　竹内洋『日本人の出世観』学文社、一九七八年。

218　一八九〇年刊行の『男子教育双六』での「ふりだし」は男子出産、「のぼり」は国会議事堂だった。その紙袋には明治天皇と皇太子が描かれており、「天皇と謁見する」というのが、社会的な「あがり」ということが暗示されている。

うのは、実は「成功」のためのルートが複線的に用意されている社会だった。政治家になってもいいし、軍人になって出世をしてもいい。各種の検定試験の合格を目指してもいいし、満州やブラジルに移住して一山当てるのを目指してもいい。

　だけど、戦後は資本主義経済の発達と企業社会の成立によって、「成功」のための王道が「サラリーマンとしての出世」に収斂《しゅうれん》していく。[219] 大事業家を目指したり、海外にフロンティアを求めるといった冒険をしなくても、「いい大学」に入って「いい会社」を目指すことが、確実な「成功」コースになったのだ。[220]

君も社長になりたいか

「いい会社」に入れたらならば、そのゴールは「社長」を目指すことだ。当時のビジネス書は「サラリーマンになった以上は、やはり、社長になろうと心がけるべきだ」「人生の落伍者《らくごしゃ》に幸福があり得るだろうか」と読者を煽《あお》る。[221]

　このような「社長」をテーマにした本が、一九六〇年前後になって登場しはじめる。もっとも、この頃の「社長」本は、「あなたも起業家になれる」といった類の内容ではなくて、会社内での出世方法を説いた本か、すでに社長になった人に対して帝王学を説く本が中心だった。

　たとえば菅谷重平《すがやじゅうへい》（一八九九年）の『社長学入門』には、「株主に対する経営者の責任」など法律的な基礎知識、サラリーマンが社長になるための過程、好かれる社長になるための方

219　菅谷重平『サラリーマン教室』東京創元社、一九五七年。第七章で扱うように、高度成長期の頃までは自営業者として一国一城の主を目指す「副ルート」の存在もあった。

220　当時、予備校ブームが起こり、大学浪人をする若者たちが増え始めていた。しかも東大や早慶に多数の合格者を出す「いい予備校」には入学試験があり、倍率は七倍から八倍だったという（「予備校ブーム　一流は七、八倍の競争　座込みや裏口入学も現る」『読売新聞』一九五五年三月三〇日夕刊）。

221　源氏鶏太『社長になるために』中央公論社、一九六一年。

法、社長の禁句など、当時の社長本の要素が一通り詰め込まれている。[222]

また『社長の実務知識』という本では、「社長らしく見せる技巧」などが丁寧に解説される。ハードカバーの分厚い本なのに、安物を着ない、鼻毛を処理する、重厚でどっしりした声の出し方を意識する、猫背にならず堂々と歩く、宴会の隠し芸には「エロ漫談」がいい、などの実践的なテクニックが満載だ。[223]

同時期には、戦後初のビジネス書ブームが起きている。[224] 一つの流れは「経営学ブーム」だ。詩や音楽を愛する経営学者・坂本藤良《ふじよし》（一九二六年、東京都）の書いた『経営学入門』がベストセラーになったのがきっかけだ。給与の決め方、労働者の自発性の引き出し方、生産性の向上などについて、アメリカ発の経営学が手際よくまとめられた教科書的な本である。[225]

また、「記憶術」系の自己啓発書もベストセラーになっていた。[226] 一九六〇年から翌年にかけて、「頭のよくなる本」や「記憶術」「記憶術の実際」といった本が相次いで大ヒットしている。そこでは記憶術を身につけて、成績の急上昇、大学受験、司法試験合格、そして「一流の就職試験にパス」という夢が語られている。

経営学ブームも記憶術ブームも、その裏側には「成功」のサラリーマン化という現象を確認できる。経営学ブームはマネジメント層向け、記憶術ブームは若者向けという違いはあれど、双方ともに、サラリーマン社会の中での立身出世を目的とした内容だった。

222　菅谷重平『社長学入門』池田書店、一九五八年。社長が使ったらダメな言葉は「やめてもらわねばならん」「こんなこともできんか」「なんとかしましょう」だという。

223　田中要人『社長の実務知識』池田書店、一九五九年。

224　川上恒夫『「ビジネス書」と日本人』PHP研究所、二〇一二年。

225　坂本藤良『経営学入門 現代企業はどんな技能を必要とするか』光文社、一九五八年。教科書的で、なんで売れたのかあんまりわからない。

226　牧野智和『自己啓発の時代「自己」の文化社会学的探求』勁草書房、二〇一二年。

大企業と精神論の時代

この時代に日本は急速に企業社会に舵《かじ》を切っていく。自己啓発書の権威の中心も作家や評論家という教養主義者から、実際にビジネスを行う実業家に移行していった。

そんな中ベストセラーを連発したのが松下幸之助（一八九四年、和歌山県、A型）だ。一九六三年には『物の見方考え方』、一九六六年には『若さに贈る』、一九六八年には『道をひらく』など、ありがたそうな本がたくさん出版される。

松下のメッセージはシンプルだ。謙虚な心を忘れずに、誠実に、前向きに、熱心に、精進努力し、自分自身に与えられた仕事に邁進する。そうやって、ひたすら「心構え」を説くだけで、彼は具体的なノウハウは一切伝えない。しかも、言うことは時に堂々と矛盾する。[227]

一九六〇年代は、「心の時代」だった。

高度成長に自信をつけた日本が、「アメリカ的なもの」から距離を置き、精神論に傾倒していく過程にあったのだ。ちょっと前にブームになった「経営学」というアメリカ発の学問に対して、反発の声も広がっていた。

当時のメディアには「輸入過剰のアメリカ経営学」「人間を大切にしなければ、経営は成立たない」といった精神論が並ぶ。[228] 何でもかんでも科学的に管理するんじゃなくて、「人間性」や「心構え」のほうが大切なんじゃないか、というのだ。

また、社員研修でも、「スパルタ式訓練」が注目を浴びていた。企業はこぞって自衛隊の体

227　たとえば『指導者の条件人心の妙味に思う』（ＰＨＰ）では一〇〇以上のリーダーシップに必要な要素が並べられているが、「こわさを知る」「勇気を持つ」、「天命を知る」「原因は自分に」、「世間に従う」「世論をこえる」と矛盾するメッセージが多い。経営の神様は、こうした矛盾を通して、経営には柔軟性が大切だということを主張したかったのだろう。

228　川上恒夫『「ビジネス書」と日本人』ＰＨＰ研究所、二〇一二年。

験入隊、滝行といった神前特訓などを新入社員研修に導入していた[229]。そんな中、具体的なノウハウはないが、「人間性」だけはふんだんに盛りこまれた松下の人生論は売れ続けた。

一方で、起業を勧めるような本というのはまだほとんど登場しない。

無理もない。まだ中小企業というのは政策的にも明確に「弱者」扱いされていたからだ。大企業がどんどん成長する中で、生産性や利益率が低く、従業員の待遇も悪い中小企業は前近代的なものと見なされていた。

一九六三年に制定された「中小企業基本法」でも、起業を増やそうなんて発想は毛頭ない。むしろ条文では、日本には中小企業が多すぎるなんて書かれている。規模は小さいくせに数が多すぎるため、過当競争が発生してしまい、利益率も低く資本蓄積も進まないというのだ。政策的な目的は中小企業をグループ化して、大企業に近づけていくことに置かれた。つまり、「起業なんてするな」ってことだ。

当時は「大きいことがいいこと」という時代だった。経済が右肩上がりで成長する中で、「大企業」「超高層ビル」「世界一のテレビ塔」「巨大ジャンボ機」「巨大タンカー」と、とにかく大きく、とにかく高く、とにかくナンバーワンを目指すことが良しとされていた。

実際、大企業というのは高度成長期にマッチした企業形態である。当時、モノがまだ十分に行き渡っていない日本で、人々の欲望は「テレビが欲しい」「冷蔵庫が欲しい」「自動車が欲しい」といったように、今よりもずっと均質的だった[230]。

229　平松斎「職業と産業」高度成長期を考える会編『高度成長と日本人三』日本エディタースクール出版部、一九八六年。時代を乱暴に区別すれば、一九五〇年代はアメリカ化の時代、一九六〇年代は再日本化の時代と言える。「愛国心の涵養」などが積極的に議論されるようになり、一九六三年には林房雄による『大東亜戦争肯定論』の雑誌連載も開始されている。

230　映画「Always三丁目の夕日'64」にはカラーテレビを買っただけで、地域中が大騒ぎになるシーンが出てくる。iPadが当たり前な今の日本では信じられないことだ。

だったら企業側の対応も簡単だ。とにかく性能が良くて、安いものを作っていればいい。そんな大量生産・大量消費の時代にマッチしたのが大企業という組織形態だ。巨大な系列組織を作り、下請けを買い叩く。軍隊的な組織を作り、労働者を効率よく働かせる。

こんな大企業優位の時代には、政策としてもムードとしても、「起業しましょう」っていう感じではない。起業に対する憧れというのは、もっぱら地方から出てきたブルーカラー労働者たちに限定されたものだった。

日本初のベンチャーブーム

戦後日本で初めて起業家に熱い眼差《まなざ》しが注がれたのは一九七〇年代に入ってからのことだ。ブームは、経営学者の清成忠男《きよなりただお》（一九三三年、東京都）たちが「ベンチャー・ビジネス」という言葉を発明したことから始まった。

彼らは既存の中小企業と対比させるために、「研究開発集約的」で「デザイン開発集約的」な「能力発揮型の創造的新規開業企業」を和製英語で「ベンチャー・ビジネス」と定義した。[231]

今では信じられないが、当時は新規起業数が増加することが社会問題になっていた。大企業の時代に、零細企業が増加してしまうのは、格差の拡大ではないかというのだ。それに真っ向から反論したのが清成たちだった。[232]

起業家には二〇代から三〇代の若者が多く、彼らは積極的な独立意識を持ち、研究開発集約

231　清成忠男他『ベンチャー・ビジネス　頭脳を売る小さな大企業』日本経済新聞社、一九七一年。
232　原田誠司「ベンチャー論と二一世紀の起業家社会」『長岡大学研究論叢』6、二〇〇八年。

型の企業も多い。こうしたベンチャー企業の増加は、むしろ格差を縮小させる、というのだ。清成はその後も一貫して「中小企業は弱者ではない」という主張を繰り返し続ける。

中小企業の機動力は時代適合的であり、特にハイテクベンチャーの起こすイノベーションにより日本経済は活力を取り戻す。それが、ベンチャーブームを煽っていた学者たちの主張だった。「経済成長が必要だ」「イノベーションですべて解決」というのは、低成長期の社会で決まって流行するクリシェの一つであることがわかると思う。

その後ベンチャーブーム自体は沈静化してしまったが、「企業家」や「ベンチャー」という言葉は少しずつ日本社会の中に定着していった。

たとえば経営学者の中村秀一郎（一九二三年、東京都）は『商魂の系譜』を発表、「個性ある経営者」六一人の「企業家精神」を解き明かそうとした。そこでは本田技研工業の本田宗一郎（一九〇六年、東京都）や、ダイエーの中内㓛《いさお》（一九二二年、大阪府）など、当時の有名経営者たちが取り上げられている[233]。

興味深いのは中村が「企業家精神」を「金儲けを二の次」と考えることだと解釈している点だ。「企業をよりどころに産業や経済の革新、社会進歩と人々の福祉への貢献」をしている人が、彼の考える「企業家」である[234]。

もう一つ、一九七〇年代後半の「企業家精神」論の特徴は、それが失われつつあるものとして再発見されているという点だ。まさに『よみがえれ企業家精神』と題された本は、日本社会

233　中村秀一郎『商魂の系譜　企業家精神に生きる六一人』日本経済新聞社、一九七三年。
234　同様に山田雄一『ビジネスリーダーの行動学　新企業家精神のすすめ』（KKロングセラーズ、一九七九年）も「企業家精神」において「仕事が社会に役立っていること」が重要だと考える。
235　高村寿一『よみがえれ企業家精神　〝攻めの経営〟への挑戦』日経新書、一九七九年。プロフィール欄には「趣味は音楽鑑賞で、一流オーケストラを聴くためにヨーロッパまで出向くほど」と書いてあった。あんまり攻めてる感じがしない。
236　当時、日本社会は不況のただ中にあった。日本経済新聞社編『企業家魂が燃えた』（日

がすっかり「安定」で「協調」した、リスクを取らない社会になってしまったという現状分析から始まる。[235] 高度成長期の終わってしまった日本では、今急速に「企業家精神」が衰退しつつあるというのが、著者の問題意識だ。[236]

あんなに中小企業を弱者扱いしていた『中小企業白書』までも、一九七七年には「中小企業」が日本経済の「活力を維持する源」だとし、失われつつある「経済の活力」を蘇らせるために「企業家精神の発揮」が大事だと提言するようになった。[237]

脱サラして屋台へ

ベンチャーブームが起こっていた同時期、もう一つの静かなムーヴメントが始まっていた。「脱サラ」だ。[238] 文字通り、サラリーマンを辞めて、自分で事業を起こすという働き方のことである。

だけど「脱サラ」といってもかっこいいものではない。「趣味で作ったiPhoneアプリが思った以上に売れた」とか「ヤフオクで転売を繰り返しているうちにそれが本業になった」なんてことが難しい時代。サラリーマンを辞めたところで、自分で始められる仕事は限られていた。

脱サラの定番といえば屋台だった。[239] 当時はピークこそ過ぎたとはいえ、まだまだ屋台が街中に当たり前にあった時代。自分が消費者として接している身近な業種での起業を目指すという安易な考えは、今も昔も変わりがないようだ。

本経済新聞社、一九七九年）は「企業家精神は萎縮し、企業の活動もまたかつてないほど久しく低迷した」と述べる。

237　中小企業庁『一九七七年版　中小企業白書』。その提言は、当時あまりにも楽観的だとディスられた中小企業庁「八〇年代中小企業ビジョン」に継承された。

238　一九七一年には『読売新聞』が流行語として脱サラを取り上げ、大学紛争の中で生まれた「脱体制」がサラリーマン社会にまで広がったのではないかと当時の新聞は分析している（「流行語ことしも色々生まれました」『読売新聞』一九七一年一二月二九日朝刊）。また同年には緒形拳主演の脱サラドラマ『どんとこい』も静かな反響を呼んだようだ。

239　「脱サラリーマンをめざす人のためのラーメン学講座」とかいう屋台教室に、たくさんの脱サラ希望者が集まっていたらしい（「上野で講習会　脱サラリーマンへラーメン学　屋台の実習も」『読売新聞』一九七一年九月一二日朝刊）。

脱サラは何も大金持ちになりたい、といった動機で行われたわけではない。当時の新聞記事を読むと、脱サラを決意した人は「企業社会の歯車として働きたくない」「やりがいのある仕事をしたい」「与えられた仕事を指示通りこなすだけでは満足できなかった」ということを口にしている。

スナックでマスターを務める通称ヨッちゃん（三〇歳）は、大卒の課長が部下を「さん」ではなく「くん」付けで呼ぶのを見て、サラリーマン社会で生きていく勇気が萎えて、脱サラを決意したという。[240] どこのゆとりだ。[241]

「脱サラ」ブームは一九八〇年代になっても続く。しかも、それは日本全体の産業構造が変わる中で、「ベンチャー」論や「企業家精神」論とも接近していく。

当時、日本の主力産業が大型産業から自動車や電子機器へ移行する中で、大企業中心主義を批判し、中小企業の「機動力」に大きな期待がかけられるようになっていた。

たとえば清成忠男は一九八二年出版の『企業家革命の時代』で、シリコンバレーを例に出しながら、中小企業の活動を高く評価する。[242] 一方で大企業を中心とする日本型経営に「企業家活動」は馴染みにくく、早晩限界が来るだろうと指摘する。そのように、「企業家活動によってリードされる企業が増加すれば、イノベーションが進み、経済全体が活性化される」というのが清成の主張だ。

こんな風に、ちょっと前までは中小零細とバカにされていた「小さな会社」の価値を見直す

240 「[日本語の現場]脱サラ「くん」」『読売新聞』一九七六年一一月一八日朝刊。
241 と思ったら、当時はゆとり教育なんて影も形もない。
242 清成忠男『企業家革命の時代　誕生権経済の提唱』東洋経済新報社、一九八二年。

「スモール・ビジネス」論が、一九八〇年代には本格的に流行しはじめた。[243]

小さいことはいいことだ

経済評論家の相良竜介《さがらりょうすけ》（一九二八年、東京都）による『自前の経営』では「不確実性の時代」である一九八〇年代には「小集団の効率性」が見直されるだろうと述べられている。[244] 官僚主義の大企業を刺激する意味でも、「小企業化」と「企業家精神」が大事なのだという。

一歩進んで、『飛翔！　ニューベンチャー』という本では、官僚的な組織管理を行う大企業が厳しく批判され、「個人の創造力」が発揮できるベンチャー企業が多く紹介されている。[245]

この頃はちょうど「第二次ベンチャーブーム」の時期だった。一九八一年にはソフトバンク、一九八四年にはソーテックといった「ハイテクベンチャー」が次々に創業されている。また、株式の店頭公開基準の緩和によって、ベンチャー・キャピタルも急増していた。

だけど、「普通の人」はいきなりそんなハイテクベンチャーなんて起こせない。ベンチャーブームの騒ぎの裏側で、「普通の人」向けには、脱サラブームが脈々と続いていた。「スモール・ビジネス」論が、脱サラの理論的な後押しにもなったというわけだ。

脱サラ指南書として大ヒットした『小さい会社のつくり方』は、とにかく読者を精神論で煽る。[246] たとえば「少しばかりの勇気と努力」「心の持ち方次第で、好きな仕事を選び、生涯を喜びの中で終わることもできる」みたいな感じだ。

243　高原基彰『現代日本の転機「自由」と「安定」のジレンマ』NHKブックス、二〇〇九年。

244　相良竜介『自前の経営　八〇年代の企業家精神』日本経済新聞社、一九八〇年。

245　日経ビジネス編『飛翔！　ニューベンチャー』日本経済新聞社、一九八三年。だけど事業内容はコーヒー会社から引っ越し屋、スーパーマーケットなど、あんまり「ベンチャー」っぽくない。要するに「ベンチャー」という言葉を使って、「大企業」を否定できれば良かったのだ。

246　田中直隆『小さい会社のつくり方　一国一城の主になるための条件と成功のノウハウ』日本実業出版社、一九八〇年。一九八六年までに二四刷を記録している。

では具体的に何をしたらいいのか。それは「才能にあった職業を選ぶ」ことが大事だという。特殊な才能も経歴も資金も起業には必要がない。「何もないからこそ会社をつくる」のだ[247]。何よりも大事なのは「心構え」である。こうやって何の具体性もなく読者をただ気持ち良く鼓舞してくれる本は、起業を勧める本の王道になっていく。

「スモール・ビジネス」や「脱サラ」ブームは、当時の企業社会の巨大さを物語っている。企業で働くサラリーマンたちが「会社人間」「社畜」「エコノミック・アニマル」とバカにされていた時代だ[248]。

企業社会から飛び出すことは、「社畜」たちにとって大きな魅力だったのだろう。だけど、それも企業社会が安定していたからこその憧れだ。起業というのは、主に「脱サラ」であり「スピンオフ」を目指すことであり、一度は企業に属することが暗黙の前提とされていた[249]。実際バブル前夜の日本では、統計的には「雇われて働く」人が右肩上がりで増えていた（第六章）。

同じ精神論を新語で言い換え

一九八四年には当時の有名起業家へのインタビュー集、『「起業家」成功の秘密』が発売される[250]。戦後日本で初めて題名に「起業家」を冠した本だ。それまでも「起業」や「ベンチャー」「企業家」ならばあったが、「起業家」というのはなかった。それが、この本以降、「起業家」

247 ただし商売をやったことがない人には、フランチャイズチェーンへの参加を勧める。ちなみに著者は「ジャパンフランチャイズコンサルタント」の代表を務めていた。

248 一九七〇年代後半からは「会社人間」という言葉が流行し、人生を大切にできない望ましくない生き方のモデルとして、批判的に論じられていた（中川宗人「会社と個人の関係をめぐる反省：1970〜2000年代の「会社人間論」に着目して」『年報社会学論集』24、二〇一一年）。

249 坂嵜繁・佐々木善春『必ずもうかる小さい会社のつくり方』日東書院、一九八三年。

250 加藤勝美『「起業家」成功の秘密　挑戦する創業者のビジネス・パワー』東都書房、一九八四年。

がタイトルに含まれた本は徐々に増えていく。新聞記事でも一九八〇年代後半になってようやく「起業家」という言葉が登場する。[251]

どうやら、一九八〇年代半ばに「起業家」という言葉が日本で普及し始めたことは間違いないようだ。新しい言葉が登場したということには、何か特別な意味があるに違いない。それは日本社会の何らかの構造変化を象徴しているのかも知れない。

『「起業家」成功の秘密』では「起業家」のことを「枠を突破していく」人だと考えている。それには「学歴も地位も閨閥」も関係がない。起業家は「徒手空拳」でなくてはならない。そして労働者を「単なる金儲けの手段」として見るのではなくて、「誇りと生きがい」を与える必要がある。

と、全然大したことはない。今まで「ベンチャー」や「企業家精神」として語られてきたことと何にも変わりがない。結論も「志の一貫性」「信ずるのはわが力という確信」が起業における成功の秘密という凡庸なものだ。

それでも「起業家」という言葉が登場した背景には、戦後に起業して成功を収めた会社たちが、一九八〇年代半ばにはそれなりの規模になっていたことがあるのだろう。

今までアントレプレナーの訳語として使われてきた「企業者」や「企業家」では、すでに会社を運営している人というイメージが強すぎる。

一方で、会社を起こす、ビジネスを起こすという意味で今まで使われてきた「新規開業者」

251 『朝日新聞』の記事検索で「起業家」が初登場するのは一九八六年、『読売新聞』では一九八七年だった。

や「創業者」という言葉では、当時「中小企業」が持っていた「弱者」というイメージを喚起させてしまう。

　そこで「起業家」だ。

「起業家」は誕生したけれど

「ベンチャー」や「企業家」という言葉の有していた革新性のイメージに、実際に会社を起こすという行動が加わって、「起業家」という言葉は広まっていったのだろう。
　これ以降、日本では「起業家」と「企業家」という言葉が時には混乱を起こしながらも、ほぼ同じような意味で使われるようになる。
　ただし、『「起業家」成功の秘密』では、会社を起こしてすぐの人は「起業家」とは呼ばれていない。取り上げられている会社の中では設立年数が浅い日本電産でも、創業一一年目。アシックスのような創業から実質三五年経過している鬼塚喜八郎（一九一八年、鳥取県）も「起業家」として取り上げられている。[252]
　ということは、紹介される起業家たちが育った時代と、今彼らが成功している時代（一九八四年）には「時差」があることになる。進学率も低く、高度成長が続いていた時代に彼らが生きたからこそ「学歴」や「資金」がいらなかったのかも知れないのに、それを無視して短絡的に「徒手空拳」が大切という精神論を結論に持ってきてしまう。

252　「起業家」本を書くことは、著者の経営センスも問われる。『「起業家」成功の秘密』という本に登場した七人の起業家たちは晩年まで尊敬され、会社は今でも存命中だ。一方で同時期に発売された吉田貞雄編『マンガ流通の起業家たち』（ダイヤモンド社、一九八八年）はダイエーの中内㓛、ニチイの西端行雄、セゾングループの堤清二を取り上げるなど、著者のセンスが光る。
253　成功物語の読者は、よくこの時差ボケに陥りやすい。
254　たとえば田部井昌子編『起業家精神』（NGS、一九八六年）では、「作家」の田原総一朗、「京大教授」の高坂正堯、「日本電気会長」の小林宏

成功物語における「時差」の問題は、特に日本社会が急激に姿を変えていた一九八〇年代には深刻だったはずだ。[253]

社内起業家の時代

一九八〇年代後半、「起業家」という言葉が徐々に拡散していく中で、[254]「企業内起業家」や「社内起業家」という用語が流行する。

アメリカのコンサルタントによる造語「イントレプレナー」の日本語訳だ。[255]当時、アメリカでは大企業の競争力低下が大きな問題になっていた。[256]経営者たちはかつての「企業家精神」を忘れ、「貴族化」しつつある。すっかり大きくなった組織は硬直的な官僚型組織になっている。それがひいては、アメリカの没落にもつながるのではないかと考えられていた。

そこで「企業内起業家」だ。大きな組織の中で「企業家精神」を忘れずに、リスクを冒しながら仕事をする人が今こそ求められている。巨大なプロジェクトを行うにしても、ピラミッド型のトップ・ダウン組織には限界がある。[257]そこで小規模組織による柔軟なネットワーク、その中で自由に動ける企業内起業家が今こそ必要とされているのだという。[258]

「企業内起業家」は労働者側にとってもメリットが大きいと説いたのが深田祐介（一九三一年、東京都）による『さらりーまん発奮学』だ。[259]「日本は終身雇用制で、どうせクビになることもない」。だったら「自分の興味のおもむくままに色々なアイディアを考えだし、新しい関

治などが「起業家」として取り上げられている。

255　ギフォード・ピンチョー著、清水紀彦訳『企業内起業家』講談社文庫、一九八九年。原著と単行本の発売は一九八五年。

256　吉森賢『企業家精神衰退の研究　欧米の経験』東洋経済新報社、一九八九年。

257　複雑な巨大プロジェクトに分権型システムを導入して成功した例として、スペースシャトルが挙げられている。ちなみに退役までの三〇年間に二回の大事故を起こし、使い捨てロケットよりも高コストになったスペースシャトルに関しては松浦晋也『［増補］スペースシャトルの落日』（ちくま文庫、二〇一〇年）に詳しい。

258　同様の議論を現代的な事例とともに読みたい場合はセス・ゴーディン著、勝間和代訳『トライブ　新しい〝組織〟の未来形』（講談社、二〇一二年）などを参照。

259　深田祐介『さらりーまん発奮学』講談社文庫、一九八九年。単行本は一九八六年。

連事業を起こして」いけばいい。無理に独立するのではなく、社内のネットワークを使って、「人生の花火を打ち上げろ」という。

中小企業の機動力を評価する「スモール・ビジネス」論と同様、当時の「起業家」論というのが、あくまでも大企業が存続していくことを前提として成立していたことがわかる。時代は一九八〇年代後半。まだバブル崩壊を知らない日本人たちはお祭り騒ぎを続けていた。

八〇年代のノマドワーカー

そのお祭りは、起業の可能性を若者にまで広げた。一九八九年に出版された竹内一郎（一九五六年、福岡県、O型）の『儲かる若者会社のつくり方』という本では、「二〇代経営者」たちの「ニュービジネス」が紹介されている。[260] かつては資金や人脈がないと起業するのも難しかったが、今や「知恵を売る」だけでビジネスを始められる時代になったのだ、と竹内は高らかに宣言する。

そんな時代に求められるのは「新人類型経営者」だ。「新人類」というのは、一九八〇年代後半に若者を指して使われていた言葉で、同書にも引用されている本によると、以下のように定義される。

「非常に移動性が高く」「それなりにネットワークを作」るのだが、いずれにも完全にコミットしない。そのため何も「モノ」を所有せずに、「情報」や「〈情報〉」を得るための「関係（コ

260　竹内一郎『儲かる若者会社のつくり方　若き起業家三〇人の成功例に学ぶ』日本文芸社、一九八九年。

ト)」に対しては非常に敏感に反応」するという特徴を持っている。[261]

何だか「ノマドワーカー」そのものだ。バブル期のノマドワーカーたちは、どんな仕事をしていたのだろうか。同書には「コンパニオン派遣」「大学生の就職支援」「通訳の派遣サービス」「オフィスで駅弁販売」で起業した若者たちが取り上げられている。

地味だ。「ニュービジネス」とか言っているくせに、「ハイテクベンチャー」や「高度情報産業」なんてものはほとんど登場しない。

本で取り上げられてから二〇年、「新人類型経営者」はどんな大成功を収めているんだろうと思ったら、多くの企業は影も形もなくなっていた。[262]バイク便最大手に成長した「ソクハイ」や、過労死大手に成長した「ワタミ」などもあるが、銀行からの不正融資事件を起こし特別背任の容疑で有罪判決を受けた起業家もいる。[263]

実は本の中で紹介された多くの「新人類型経営者」よりも、著者の竹内一郎自身の社会的成功がめざましい。竹内はその後、さいふうめい名義の漫画原作『哲也』で講談社漫画賞を受賞、新潮新書『人は見た目が九割』で一〇〇万部を超える大ベストセラーを記録、さらに『手塚治虫=ストーリーマンガの起源』でサントリー学芸賞まで受賞している。

竹内の輝かしい成功はいいとして、この頃までに「起業家」論のベースは完成してしまう。

既存の企業社会は行き詰まりを見せている。そんな中で「小さい会社」や「ベンチャー企業」の価値が高まっている。しかも今や知識だけで新しいビジネスが起こせる時代。学歴やお

261　吉成真由美『新人類の誕生「トランスポゾン世代」は何を考えているか』TBSブリタニカ、一九八五年。

262　成功率が低くても果敢に挑戦するのが「ベンチャー」なのだから、生存確率が低いこと自体は何の問題もない。また、業種を変えて再起を図った起業家もいる。アメリカの新聞の抜粋を毎朝ファックスで送るだけという会社を立ち上げた細野照夫は、バブル崩壊で「親にまで多大な迷惑をかけ地獄らしき所をさ迷」ったものの、一九九六年にロケ弁プロデュースの会社を立ち上げた（http://gfb.ne.jp/gaiyou.html）。起業家って大変だ。

263　「不正融資先の元社長らに有罪判決　親和銀行事件で東京地裁」『朝日新聞』二〇〇〇年九月二日夕刊。

金は関係がない。「起業家」に最も必要なのは「企業家精神」という「心構え」だ、というのが現代まで続く「起業家」論の典型的なパターンとして確立した。

さらに、一九八〇年代後半から、そういった「起業家」論が、実際に会社を立ち上げる人以外にも広まっていく。「気分は起業家」時代の到来だ。

3 気分は、起業家。

一番新しいサクセス・エリート

学生でもなく、新人類でもなく、ＯＬでもなく、
ましてやサラリーマンでもない究極の仕事人
いま一番新しいサクセス・エリート＝フリーター

一九八七年に公開された映画『フリーター』のパンフレットの冒頭に記された言葉だ。今でこそ「低賃金で働く不安定な若者」の代名詞となってしまった「フリーター」という言葉だが、当時はとんでもなくクールなイメージで使われていたことがわかる。

「フリーター」という言葉はリクルートに勤めていた道下《みちした》裕史《ひろし》（一九五〇年、岩手県）によって発明された造語である。当時すでに「プータロー」や「アルバイター」という言葉はあった

264 道下裕史『現実をおそれない自分らしい生き方 エグゼクティブフリーター』ワニブックス、二〇〇一年。彼は懲りずに二一世紀になって「エグゼクティブフリーター」という言葉を提唱している。何歳になっても夢と好奇心を持ち続ければ「エグゼクティブフリーター」になれるらしい。別になりたくない。

265 って脱フリーターして起業してるじゃん。

が、「自由人」をイメージできるようなポジティヴな言葉を作りたかったのだという。[264]

リクルートは様々なメディアを使って、キラキラした「フリーター」イメージを作り上げようとした。それで調子に乗ったリクルートは映画製作にまで乗り出す。

ミュージシャン志望の浪人生や、パソコンマニアのフリーターたちが、「フリーター・ネットワーク」という人材派遣サークルを結成、ビジネスを始めていくという話だ。[265]

映画パンフレットには「終身雇用制の崩壊が進行しつつある現在において、フリーターこそ二一世紀のワークスタイルだ‼」「何よりも自由を愛し、どんなときでも夢を見つづける」とか、今でもノマドの伝道者たちの言っていそうなことが書いてある。

興行的には大失敗で道下は減俸になったらしいが、フリーターという言葉自体は徐々に普及していく。[266]

その名も『フリーター』という漫画では、高校を中退した主人公が「フリーター」としてのアイデンティティに目覚めていく過程が描かれている。[267]

主人公が何よりも大切にする価値観は「自由」。「だれにも頼らず……もっと自由に生きたいから」「フリーターやってんだよ‼」とクールに決めるシーンが作品のハイライトだ。フリーターというのは、自尊心の支えになるようなかっこいいものだったらしい。[268] まるで起業家が叫んでもおかしくないような台詞だ。

実際には会社を起こしたわけでもないし、れっきとした雇用者であるにもかかわらず、気分

266　リクルートは『フリーター　みんな昔はAだった。』（リクルート出版、一九八七年）なんていう、当時の有名人たちに自身のアルバイト体験を語らせた本も出版している。「秋元康は高校時代にマネキンを運ぶバイトをしていた」、「所ジョージは植木屋の手伝いや政治家のポスター貼りをしていた」などトリビア満載の一冊だが、バイト経験が将来のキャリアにまったく直結しないことがわかって興味深い。

267　三村渉・早坂よしゆき『フリーター』秋田書店、一九八九年。

268　当時の状況をよく知るオバタカズユキ（一九六四年、東京都、O型）によると、リクルートの思惑とは違い、一九九〇年代初頭において「フリーター」というのは胸を張っては言えない言葉だった。『笑っていいとも！』の素人参加企画で職業を「フリーターです」と答えた若者に対して、タモリ（一九四五年、福岡県、O型）は「それ言うわけ」と驚愕していたという。

だけは起業家。起業するだけの才能も気概もないし、お金もないけれど、起業家「気分」だけはある若者たちに、希望を与えたのが「フリーター」という新しい身分だった。

新しい二重構造の誕生

しかし、別に誰もがフリーターになったわけではない。バブル時代、完全に売り手市場の就活で、銘柄大学の学生たちは嬉々として大手企業に正社員として就職していった。

バブル崩壊前夜に公開された映画『就職戦線異状なし』では、今から見ると強気で呑気《のんき》な学生たちの、余裕げな就職活動が描かれている。

映画内に登場する「エフテレビ」「S潮社」「A日新聞社」などの人気企業こそは高倍率だったが、人気のない中小企業は学生の取り合いに必死だった。企業が学生に媚《こ》びることを指して「媚びニケーション」と言っていたらしい[269]。

一九八〇年代は首都圏を中心にホワイトカラー層が増大する時代だった[270]。円高と経済のグローバル化の過程で、東京本社の管理・営業中枢、研究開発部門の人員が拡大し続けたためだ。このような東京の管理中枢機能の肥大化は、社会に新しい階層分化をもたらした。

システム・エンジニアやプログラマー、広告業や調査業といった「知識労働者」の需要が増えるのと同時に、ビル清掃業や警備業、コンビニ店員という「単純労働者」がますます社会に必要とされるようになっていったのだ。

269　当時は就職協定によって定められた会社説明会解禁日や、会社訪問解禁日が設定されていた。この日を前に企業は学生に内定を出してしまうため、解禁日は「複数の会社の内定をとりつけた学生が本命の社を訪れる日」という意味を持っていた。企業側は説明会や解禁日に学生が他の企業に行ってしまわないように、様々な方法で「拘束」を試みた。朝から終電までボディーガード付きで拘束したり、海外旅行に連れて行ったり、企業の苦労のほどがわかる（「就職戦線「拘束」企業あれば「救出」企業も」『AERA』一九八八年九月一三日号）。

270　荒川章二『日本の歴史十六　一九五五年から現在　豊かさへの渇望』小学館、二〇〇九年。

グローバル化が進み、情報技術が発展し、サービス業が中心となった社会を、研究者たちは「ポスト工業化社会」と呼ぶ。

この産業構造の変化にうまく乗ることができたのが「起業家」たちだった。一九八五年に「第五の経済団体」として設立されたニュービジネス協議会の設立発起人にはリクルート社長の江副《えぞえ》浩正（一九三六年、大阪府）やナムコ社長の中村雅哉（一九二五年、東京都）、ぴあ社長の矢内廣《やないひろし》（一九五〇年、福島県）といった第三次産業に従事する経営者たちが並ぶ[271]。「ベンチャー」といえば「ハイテク」産業というのが相場だったが、「経済のソフト化」の波が「起業家」にも押し寄せてきたことがわかる。

そして、産業構造の変化にうまいこと組み込まれたのが、「気分は起業家」のフリーターたちだった。たとえ一つ一つの仕事は「ビルの警備」や「コンビニ店員」だったとしても、心は「自由」。統計上は使い勝手のいい雇用者なのに、気分的には「誰にも雇われていない起業家」。

ポスト工業化社会では、どうしても「フリーター」と「起業家」という存在が似てしまうのだ。両者には、企業社会に組み込まれていないという共通点があるため、「自由」を求める人にとって憧れの対象となりやすい。

製造業や建設業といったブルーカラー系の職業の需要が減少していく中で、フリーターになる若者たちは増えていった[272]。

高度成長期以前は、「学歴」がない人にとっての夢は、一度ブルーカラー労働者になってか

271　角間隆『ドキュメント起業家』MG出版、一九八六年。ニュービジネス協議会は「若者」たちの経営団体として、通産省（当時）の全面協力のもと設立された。今では各地の協議会を束ねる「日本ニュービジネス協議会連合会」として存続している。役員はおじいちゃんばかりで、「ニュービジネス」というナウでヤングな名前にふさわしい団体に変貌している。

272　第二次産業の従事者は一九九二年の二一九四万人をピークに減少し続けている。製造業従事者数は一九九二年がピークで、建設業は一九九九年までは増加し続けている（第六章）。その意味で日本が本格的なポスト工業化社会になったのは一九九〇年代と言えるだろう。

らの、独立にあった。しかしそれが急速に難しくなっていく中で、「フリーター」として働くことが、学歴のない人にとっての、新しい夢として立ち現れたのである。

ポスト一九九一の起業家像

だけど一九九一年、バブルは崩壊してしまう。

このバブル崩壊以降、一九八〇年代から徐々に始まっていた産業構造の変化が、よりラディカルな形で進展していくことになる。

今から振り返れば、バブルが崩壊した一九九一年というのは、日本社会の重大な転換点だったように思える。世界史的に見ても、冷戦体制が終わった年だ。

ただし、同時代を生きていた人は、なかなかそのインパクトには気付きにくかったのだろう。バブル崩壊といっても産業による時差はあったし、それが短期的な不況なのかどうかも不透明だった。

だから、フリーターが景気の影響をダイレクトに受ける不安定な存在だということも、まだ本格的には認知されていなかった。[273]

「起業家」論の発するメッセージも、一九八〇年代までの成長期やバブル期とあまり変わりがない。特に一九九〇年代前半には文化的なバブルがまだ続いていたこと、[274]「大企業の倒産」や「リストラ」が本格化する前だということもあって、企業社会を前提にした「起業家」論が多

273　フリーターが「社会的弱者」と認識されるようになったのはそれほど昔のことではない。たとえば『新・フリーター宣言！』（主婦と生活社、二〇〇一年）という雑誌では、「会社に頼らず、自分の力で、人生を切り開いていく」若者たちが肯定的に描かれている。

274　今から聞けば「バブルそのもの」としか思えない小室哲哉プロデュースの楽曲が流行していたのは一九九四年から一九九七年、日本のCD売り上げのピークは一九九八年である。また、ジュリアナ東京は一九九四年まで存在したし、同年には六本木にヴェルファーレもオープンしている。

275　滝川精一『起業家スピリット　逃げるな、嘘をつくな、数字に強くなれ』NOMA総研、一九九二年。

276　新将命『「超」起業家の法則　エクセレント・ビジネスマンの発想法』太陽企画出版、

かった。

たとえばキヤノン販売の社長だった滝川精一（一九三一年、東京都）は『起業家スピリット』という本で、大学卒業以来キヤノン一筋だったはずの自らのサラリーマン人生を「起業家」という言葉で読み替える[275]。キヤノンの世界展開に大きく寄与し、スピンアウト型の企業立ち上げにはいくつも関わっているが、彼の「起業家」人生はキヤノンなしには成立し得なかった。

またジョンソン・エンド・ジョンソンで社長を務めた新《あたらし》将命《まさみ》（一九三六年、東京都）も、自分自身のことを「起業家」と規定する。彼は若い頃から「四五歳までに企業のトップになることを目的としていた」という[276]。

新の定義によれば、起業家であるかどうかは、従業上のポジションとは関係がない。「自己実現をめいっぱいに図る気持ち」「自分は起業家である」という意識こそが大事なのだという。

一九八〇年代の「企業内起業家」の焼き直しにすぎないが、徐々に政財界も「旧来のシステム」の限界を認識するようになっていたのだろう[277]。

「起業家」が日本を救う？

一九九四年には経済団体連合会（当時）が新産業・新事業委員会を設置、翌年に「新産業・新事業創出の提言　起業家精神を育む社会を目指して」という提言を発表した。この頃から政府や経済界は揃って「起業家」に過剰な期待をするようになっていく[278]。

一九九四年。彼が二〇代だった一九六〇年代には「成功とは社長になることだ」という風潮があったから、彼はそれを真面目に内面化したのかも知れない。なんて起業家的なんだ。

277　起業に関する直接的な言及はないが、一九九三年に細川政権下で平岩外四を座長として発足した経済改革研究会による「平岩レポート」の影響力は大きいだろう。同レポートは、バブル崩壊により追いつき型の経済成長が限界に達したと指摘、構造改革の必要性を訴えた。日本の政財界が二〇年近く同じことを言い続けてきたことがわかるくらい、今読んでも内容に古臭さはほとんどない。

278　同年の『中小企業白書』は「我が国の経済のダイナミズム」を支える上で、「創業」活動が非常に重要だと訴える。統計的にも会社設立件数が落ち込み始めたという危機意識が背景にあったようだ。乱立する株式会社を問題視した政府が、一九九〇年に商法を改正して、法人設立に高額の最低資本金制度を導入していた。

まあ、言いたい放題だ。同提言では、労働市場の自由化や流動化など「環境の整備」とともに、「国民の意識改革」を求めている。「失敗を恐れず新たな挑戦を求める」「自己責任原則を徹底」した「起業家」が日本には必要だ、と。

さらに、起業家には「公共心」や「倫理観」も求められる。経済審議会の報告書では[279]、起業のしやすい環境の整備が必要だと主張する一方で、競争社会には「公」の概念が不可欠であると述べられている。ただの拝金主義者ではダメだというのだ。

政財界は「起業家」に期待するとともに、「フリーター」を積極的に活用しようとした。業績不振による解雇が法律的に難しい日本では、新規採用の縮小という形で雇用調整を行った。そして、足りない労働力は解雇しやすい契約労働者や派遣労働者などで補えばいいと考えるようになった。日経連（当時）も一九九五年に「新時代の「日本的経営」」を発表、雇用の流動化に太鼓判を押した[280]。

今では「格差社会」の元凶のように語られるこの報告書だが、当時の人々の実感としても、「終身雇用」は時代遅れのものになりつつあったようだ。

当時の総理府が実施した世論調査では「男性の歩むコース」として望ましい形態を聞いているが、二〇代男性で「一企業に長く勤める」と答えた人は三四・八%、「複数企業を経験」と答えた人は三六・一%、自分で独立を考えている人も二六・六%いた[281]。

また、日本生産性本部が新入社員に対して実施している調査でも、「今の会社に一生勤め

279　経済審議会「経済社会のあるべき姿と経済新生の政策方針」一九九九年。

280　日本経団連「新時代の「日本的経営」　挑戦すべき方向とその具体策」一九九五年。そもそも一九八〇年代から、経済界は「日本型経営」の限界を認識していたし、産業構造の転換も東京中心に始まっていた。元々、改革派と言えなかった日経連がこの報告書を提出したことは、経済界の意図が統一されたことを示していた（高原基彰『現代日本の転機』ＮＨＫ出版、二〇〇九年）。

281　総理府「勤労意識に関する世論調査」一九九二年。一九九二年七月実施のため、バブルの余韻を過剰に反映してしまっているのかも知れない。

る」と答える割合が一番少なくなったのが二〇〇〇年だ。同年にはわずか二〇・五%の若者しか終身雇用を望んでいなかった[282]。

こうして「旧来のシステム」の外側に存在する「起業家」と「フリーター」に、熱い眼差しが注がれるようになっていき、若者側もそれに相乗りしていく。日本における若者論は「異質な他者」と「都合のいい協力者」の間を揺れ動いてきたが[283]、起業家はまさに「都合のいい協力者」として政財界から要請されるようになった。

それを象徴するように、一連の起業を推奨する提言やレポートは大企業の存在を一切否定していない。経済団体が大企業連合なのだから、当たり前といえば当たり前なのだが、その具体的な提案には「法人税率の引き下げ」や「規制緩和」など、より多くの資本を持つ大企業にとってこそ有利なものが少なくなかった[284]。

危険なフリーター、希望の起業家

起業家に期待される役割はさらに増えていく。「雇用創出」だ。たとえば二〇〇二年発表の経済産業省の報告書[285]では、起業がGDP成長率も増やすし、雇用も創出することがアピールされている。

実は二〇〇二年には、労働力調査開始以来最悪の、完全失業率が五・五%という数値を記録していた。加えて、「高い失業・離職率」「フリーター」という若年雇用問題が顕在化しつつあ

282 日本生産性本部「新入社員 春の意識調査」。二〇一二年には新入社員の六〇・一%が今の会社に一生勤めたいと答えているという。

283 古市憲寿『絶望の国の幸福な若者たち』講談社、二〇一一年。

284 政財界における起業家言説についての詳細な検討は古市憲寿「創られた「起業家」 日本における一九九〇年代以降の起業家政策の検討」『社会学評論』(63-3、二〇一二年)を参照。

285 経済産業省「新規事業創出小委員会報告書 起業の促進と成長の円滑化のために」二〇〇二年。

る時期でもあった。起業家に「日本経済再生」と同時に、「雇用創出」も解決させようとしたのである。

起業しろとか、競争しろとか言うくせに、「公」を大切にしろとか、失敗してもリスクを自分で負えとか、雇用を創出して欲しいとか、起業家を特攻隊員とでも勘違いしているのかも知れない。

起業家への過剰な期待は、フリーター問題と表裏一体でもあった。ついこの間まで雇用の調整弁として評価され、「夢を追う人」の象徴でもあった「フリーター」が、一転して社会不安の元凶のように描かれるようになってきたのだ。

二〇〇三年に発表された『若者自立・挑戦プラン』[286]がわかりやすい形で、フリーターを「悪」、起業家を「希望」として描いている。[287]

同プランは、まるで日本が崩壊してしまうんじゃないかというくらい超暗いムードから始まる。いわく、このままフリーターや失業者が増加してしまうと、社会保障もダメになるし、少子化も進むし、社会不安も増えていくのだという。フリーターや失業者の増加は「国家的課題」らしい。[288]やばいくらいに悲観的だ。

では、どうしたらこの「国家的課題」は解決できるのか。具体的な政策としてキャリア教育などと並び、希望として描かれているのが起業なのである。同プランでは「若者が挑戦し、活躍できる新たな市場・就業機会の創出」のために、二〇〇六年までに新規開業数の倍増を目標

286　文部科学省・厚生労働省・経済産業省・内閣府を横断する形で発足した若者自立・挑戦戦略会議による人材戦略である。

287　この頃は、世間的に「フリーター」に対する目線が変わるタイミングだった。卒業しても働かない大学生を描いた大久保幸夫『新卒無業。なぜ彼らは働かないのか』（東洋経済新報社、二〇〇二年）がプチヒット、京都大学、早稲田大学、中央大学など主要大学が次々とキャリアセンターを整備する時期とも重なる（沢田健太『大学キャリアセンターのぶっちゃけ話　知的現場主義の就職活動』ソフトバンク新書、二〇一一年）。

288　自分たちで推奨しておいて何を今さら、という感じだけど。

とする「若年者創業チャレンジプラン」の推進を掲げている。

普通、フリーターや失業者対策というとハローワークのような就労支援の拡充や、職業トレーニングの充実を考えてしまう。しかし、そんな現実的な就労支援よりも熱心に、このプランでは起業家育成のための施策を長々と書いているのである。

要するに、フリーターや失業者を「社会不安」や「少子化」を引き起こす危険分子と描く一方で、「起業家」や「起業」に対してあまりにも過剰な期待をしているのだ。確かにビル・ゲイツ（一九五五年、ワシントン州）のような天才が現れる可能性もゼロではないし、新規事業所数が増えれば雇用もその分創出されるだろう。法人数が増えれば、税収も増える。

だがフリーター問題の解決策が、いきなり起業家政策となってしまうあたりに、どうしても無理を感じてしまう。ていうか、無理だろ。

4　アントレプレナーなきアントレプレナーシップ

それはインターネットとともに

「起業家」に熱い眼差《まなざ》しを注いだのは政財界だけではなかった。一九九〇年代半ばから、多くのメディアが「起業家」や「ベンチャー」という存在に注目し始める【図1】。

一九九五年には「インターネット」が流行語大賞にノミネートされ、人々は停滞した経済の

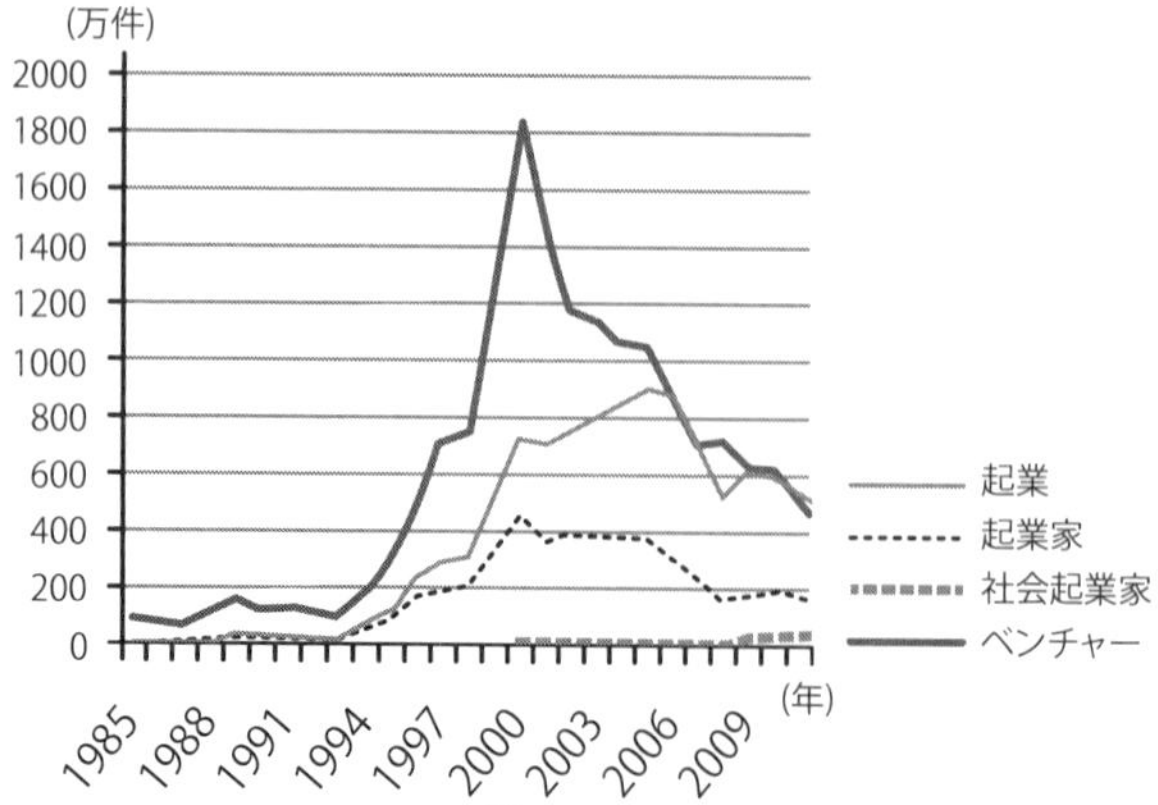

【図1】「起業家」関連記事数の推移[290]

突破口を電脳社会に求めた。当時は首相が官邸ホームページから元旦の挨拶を配信しただけで大騒ぎされる時代だった[289]。

その電脳社会の中心にいたのが起業家たちだ。一九九〇年代後半には渋谷にインターネット関連企業が集まる「ビットバレー」が出現した[291]。まだ黎明《れいめい》期だったインターネットというフロンティアを舞台に、多くのベンチャーが今から考えれば何てことないサービスをこぞって提供し合っていた[292]。

あの石原慎太郎（一九三二年、兵庫県、ＡＢ型）でさえも「一種のファッションでもいい」「変な人が世の中を作っていく」と熱いメッセージを贈っている[293]。

一九九九年一一月にはマザーズ、二〇〇〇年五月にはナスダック・ジャパンが開設され、ベンチャー企業のゴールの一つが「上場」と設定される

289　ちなみにアクセス数は一日二〇〇〇件程度だったという（「インターネットで情報提供　官邸ただいま実験中」『朝日新聞』一九九五年一月三日朝刊）。ある漫画の主人公は「ネットからネットへ次々に見ていくのをネットサーフィンというわけだ！　信じられん技をする！　まさにバーチャル・リアリティだ！」とドヤ顔で語っている（秋本治「インターネット駄菓子屋」『こちら葛飾区亀有公園前派出所』九八巻、集英社、一九九六年）。

290　朝日新聞記事データベースで全文検索を行った。

291　「ビットバレー」と言いながらも、実際はメーリングリストと顔合わせのミーティングでつながるサークル程度のものだったようだ（西村晃・八田真美子『「シブヤ系」経済学　この街からベンチャービジネスが生まれる理由』ＰＨＰ研究所、一九九九年）。

292　当時はダイアルアップ回線からの従量課金制が中心で、インターネットは今のようにつなぎっ放しで使用するものでは

ようになった。上場益を狙った未公開株ブームが個人投資家にも広がった。当時は、「雑誌やビットバレーのメーリングリストに広告を打てば、必ず十社以上は門を叩いてくる」という状況だったという[294]。

しかしネットバブルは二〇〇〇年に崩壊してしまう。アメリカ株式市場の急落が日本にも影響し、光通信やソフトバンクはストップ安、ネット関連株は軒並み暴落した。マスコミもこぞってIT企業をバッシングするようになった[295]。

しかし、政策的な起業支援は、ちょうどこの頃から本格化していく。二〇〇三年には最低資本金規制の特例によって期間限定ながら、いわゆる「一円起業」が解禁された。さらに二〇〇六年には新会社法が施行され、最低資本金制度も撤廃された[296]。元手がなくても会社が作りたい放題になったのだ。

また内閣IT戦略本部が策定した「e-Japan」戦略によって、低廉なブロードバンド環境が推し進められた。NTTが保有する通信インフラがソフトバンクなどの新規事業者に開放され、日本のネット環境は一気に世界有数の水準になった[297]。

さらにITバブルの中から生まれた起業家たちが、メディアに取り上げられる機会も増えた。楽天の三木谷浩史（一九六五年、兵庫県）、ホリエモン、藤田晋、孫正義（一九五七年、佐賀県）たちが「ネット起業家」を代表するようになっていった。

なかった。

293 「挑戦する若者頑張れ」ベンチャー企業交流会で石原知事」『朝日新聞』一九九九年一二月三日朝刊。

294 「未公開株に浮かれるなネットバブルで人気上昇」『AERA』二〇〇〇年四月一七日号。

295 たとえば「ネットベンチャーの危ない現実」『エコノミスト』二〇〇〇年五月二日号では、ビットバレーにうずまく怪しい出資話などを取り上げながら、それが不動産バブルと同じ構造を持つことを指摘している。

296 かつて会社を作る際には、最低資本金規制というものがあった。そのため株式会社では一〇〇〇万円、有限会社でも三〇〇万円の資本金を用意する必要があった。それが今では資本金は一円でもよくなった。

297 濱野智史「情報化：日本社会は情報化の夢を見るか」小熊英二編『平成史』河出ブックス、二〇一二年。濱野がAKB48のことをいっさい語らない貴重な論考。

成功者たち

二〇〇五年頃、研究者たちはこぞって「第三次ベンチャーブーム」なるものを叫ぶようになっていた。中には「今回のブーム」が明治維新、第二次世界大戦直後に次ぐ「第三の創業の波」なんて言ってはしゃぐ学者までいた[298]。

実はこの時期、統計的に起業が増えたとは言えないのだけど（第六章）、学者たちが「第三次ベンチャーブーム」と踊らされるくらいに、社会も起業家たちに注目していた。

オックスフォード大学教授の苅谷《かりや》剛彦（一九五五年、東京都）によれば、この頃日本における「成功物語」のイメージが変容し出したという[299]。かつて「成功」といえば、一流企業に入り、企業に忠義を尽くし、役員や社長になることだった。一方、三木谷や孫たちは従来の学歴による「成功」とはまるで違うルートを辿《たど》っているというのだ。

彼らには羨望とともに嫉妬の眼差しが注がれた。当時ライブドアとヤフーの本社が六本木ヒルズにあったことから、ＩＴ起業家たちは「ヒルズ族」と呼ばれるようになった。二〇〇四年にはホリエモンによるプロ野球球団買収騒動、二〇〇五年にはニッポン放送買収騒動、衆議院選挙への立候補と、ＩＴ企業ブームはピークに達していた。

実は、この「第三次ベンチャーブーム」の裏側では、「格差社会ブーム」も起こっている。戦後日本が誇ってきた平等社会が崩壊したという言説は二〇〇〇年頃から流行の兆《きざ》しがあったものの、それがこの頃一気にブレイクしたのだ。

298　松田修一『ベンチャー企業〈第三版〉』日経文庫、二〇〇五年。
299　苅谷剛彦『学力と階層』朝日文庫、二〇一二年。

『希望格差社会』や『下流社会』といった本の流行に加え、衆議院選挙で反小泉純一郎（一九四二年、神奈川県、A型）を掲げる候補者がこぞって「反格差社会」を叫んだ。

「人の心はお金で買える」と世間を挑発したホリエモンは、「格差社会」における富裕層のシンボルとなった。[300]

国民的な英雄の末路

しかしその翌年、二〇〇六年一月、いわゆるライブドアショックが起こる。証券取引法違反の容疑でホリエモンが逮捕され、東京証券取引所は全面安となり、全銘柄の取引を停止した。僕はその時ノルウェーに留学していたのだけど、そんな北の国でも「日本で何があったの？」と聞かれるくらいの話題になっていた。

メディアは小泉の進めた改革路線が「拝金主義」を助長させ、格差社会を拡大させたと断罪した。[301] ホリエモンのような富裕層と、貧困層の二極化が拡大しつつあるというのだ。こうして、ホリエモンを中心とした「第三次ベンチャーブーム」は終わりを迎える。

二〇〇六年七月に留学から帰ってきた僕は、慶應SFCの同級生に「日本はすっかり格差社会になっちゃったよ」とドヤ顔で言われたのを覚えている。一年ぶりの日本は僕にとっては何も変わりがないどころか、ハイビジョンテレビが普及したり、携帯電話が進化していたり「前より便利になった社会」にしか思えなかったのだけど。[302]

300　堀江貴文『稼ぐが勝ち　ゼロから一〇〇億円、ボクのやり方』光文社、二〇〇四年。

301　「ライブドアショック　下　改革路線、問う契機に」『朝日新聞』二〇〇六年一月二一日朝刊。

302　実際、小泉政権下においてジニ係数は縮小しており、格差の拡大は確認できていない。また所得格差の拡大は、高齢化による年金受給者の増加が最も大きな理由だと言われている。そもそも年金受給者を除外した五九歳以下の勤労者の所得格差は一九九七年から増加している。詳しくは、菊池英博「財政と格差問題」宇沢弘文他編『格差社会を越えて』（東京大学出版会、二〇一二年）などを参照。

今から振り返れば、「有名人」となることでビジネスを大きくしようとしたホリエモンと、社会の変革者であり異端者としてホリエモンを見つめた社会の共犯関係がよくわかる。両者ともに、ライブドアという会社、そのビジネスの内実ではなく、曖昧な「夢」の話をしていたに過ぎなかったのだ。

それは、これまでの「起業家」論の延長にあるものだ。日本で起業家が語られる際には、ビジネスの内容というよりもいつも「企業家精神」という「心構え」ばかりが重視されてきた。まさにホリエモンも「心構え」により、世間から賞賛され、批判され、そして負の烙印《らくいん》を押された。

彼と親交のあった小室哲哉（一九五八年、東京都、O型）は、この年の春に次のような曲を発表している[303]。

ほんとうのヒーロー
国民的な英雄の影
あなたに私も
過剰なまでに期待をしていた

僕たちはいつも雰囲気でしか起業家を語ってこなかった。ホリエモン騒動は、ただその延長

303　globe「Shine on you」『maniac』二〇〇六年。歌には「ITなダーティーな街六本木という丘」「この国のメディアをすべて制圧」といったフレーズも登場し、ホリエモン逮捕を受けた歌だということがわかる。ちなみに「共感できる破滅型かも」とも歌われており、その念願が叶い、小室哲哉自身も二〇〇八年秋に詐欺事件で見事逮捕され、世間を賑わせた。

にあった出来事に過ぎない。そしてライブドア事件のあとしばらくは、ホリエモンがベンチャー企業、起業する若者のシンボルとなってしまった。

誰もが起業家の時代

社会が起業家に熱い視線を送る裏側で、この国では「雇われない生き方」ブームも起こっていた。

一九九〇年代後半から、大企業神話が崩れ、就職氷河期が続く中で、「頼れるのは自分しかいない」という風潮が広がる。しかし元祖「雇われない働き方」だったはずの「フリーター」には社会的バッシングが強まる。

そんな中で「フリーター」と差別化をするように、次々に新しい概念が流行した。「フリーエージェント」「インディペンデント・コントラクタ」「フリーランス」といった言葉が、企業の歯車[304]になるのではなくて、自分らしいスタイルを追求する「新しい働き方」として注目されたのだ。

「インディペンデントな生き方」を提唱する勝間和代が人気を集めたのもこの頃だ。彼女は「年収六〇〇万円以上を稼げること」という具体的な数値目標を掲げ、読者にスキルアップによる「自立」を迫った。

「会社に頼らずに自分の力で生きていく」という雰囲気は会社側、労働者側双方に広く共有さ

304 リクルートはブルーカラーも「ガテン」という言葉でイメージの一新を図ろうとした。一九九八年には「仕事を聞かれて、会社名で答えるような奴には、負けない」「職人技を身につけろ」というコピーの広告を展開。建設物解体作業員や潜水士、大工たちが格好よくたたずむ。

れるようになっていく。企業はこぞって「成果主義」や「社内フリーエージェント制」を導入した。また働く人たちも資格取得や転職によって華々しい未来が手に入るようなスキルアップ教の信者になっていった。

また同時に、クリスマスイヴ生まれの教育社会学者・本田由紀（一九六四年、徳島県、A型）が「ハイパー・メリトクラシー化する社会」と呼ぶように、誰もが「コミュニケーション能力」「生きる力」「創造性」などを求められるような時代になっていく[305]。

この章の冒頭でも触れたように、かつては「起業家」だけの特徴だったことが、あらゆる働く人に求められるようになったのだ。

だけど興味深いのは、次の章で見ていくように、バブル崩壊以降も日本人の働き方自体は、そこまで大きく変わっていないということだ。統計的に見れば終身雇用は崩壊したとは言えないし、年功序列も残っている。転職は少しも一般化していない[306]。

おそらく、その日本社会の変わらなさに対する危機感が、「雇われない生き方」ブーム、ハイパー・メリトクラシーを支えていたのだろう。「起業家」に対する期待と同様に、既存の社会の行き詰まりに対して、人々は新しい寄る辺として「コミュニケーション能力」「生きる力」を求めた。

しかし大企業を中心とした社会は残り続けているのだから、相変わらず「雇われて働く」ことが一般的であり続けた。日本社会において起業するメリットは必ずしも大きくない（第六

305　本田由紀『多元化する「能力」と日本社会　ハイパー・メリトクラシー化のなかで』NTT出版、二〇〇五年。

306　海老原嗣生『雇用の常識「本当に見えるウソ」決着版』ちくま文庫、二〇一二年。

章)。つまり、アントレプレナーには優しくないのにアントレプレナーシップだけ煽られるのが現代の日本社会なのである。[307]

起業家って言ってもいいけれど……

この章では「起業家」という言葉が持つイメージや、その使われ方を見てきた。戦後日本において「起業家」というのは、往々にして行き詰まりを見せた既存の社会を打破するために求められる存在だった。

特にバブル崩壊以降は、イノベーションを起こし、雇用を創出して日本経済を立て直すスーパーマンのような存在であることが起業家に求められてきた。それを最も体現し、そしてクラッシュしたのがホリエモンという存在である。

こうして「起業家」というのは、さも特殊な才能を持った特殊な人物であるといったイメージが定着してしまった。

おそらく創造的破壊、イノベーション、リスクテイキングといった「起業家」のイメージが、現代社会が必要とする人物像の「ど真ん中」だからこそ、「起業家」や「ベンチャー」はブームと言えるほどに盛り上がったのだろう。

そして同じ理由で、懲りずに政財界は「起業家」を求め続けてきた。ライブドアショックにもめげず、リーマンショックにも負けず、「産業構造のダイナミックな進化を生み出し、イノ

307　同時に、「自分らしい生き方」や「会社に頼らない働き方」は多くの人にとって、あくまでも夢だからこそ、繰り返し何度も語られるのだろう(古市憲寿「昔フリーター、今ノマド」『新潮45』二〇一二年六月号)。

ベーションの先導役」としての起業家が相も変わらず渇望されている。[308]

だけど、このような起業家イメージの独り歩きは、むしろ起業を困難にしている可能性もある。[309] 起業に興味のある誰もが創造的な発想をできるわけではないし、ハイリスク・ハイリターンの仕事を望んでいるわけでもないからだ。

ヒーローとしてばかり起業家を描くと、起業は自分とは関係のない遠い世界の話だ、と思われてしまう。

だけど実際の「起業」というのは多種多様だ。法人を持つことに限定しても、時価総額数十兆円のアップルのような企業を目指す起業家になるのか、イースト東京でゆるふわ和菓子屋を開くのかでは、まったく意味合いが違ってくる。

他方では、法人を持たずにビジネスをすることもできるし、会社員でありながら自由に働いている「不良社員」もたくさんいる。第一章から第三章で描いた「起業家」たちも、「法人」というただの箱にはまったく縛られていない。法人登記とは、何かの目的があった場合に行う、一社会制度の利用に過ぎないからだ。

そこで次の章では、「起業」という言葉から一度「イノベーション」や「創造的破壊」といった訳のわからない概念を引き離し、日本人の働き方から「起業」というものを投射させてみよう。

308　内閣府『経済財政白書　平成二三年版』。

309　小嶌正稔「起業家概念の変質と起業家社会の構築」東洋大学経営力創成研究センター編『経営者と管理者の研究』学文社、二〇一二年。この小嶌論文は、僕が読んだ起業家関係の議論の中でもかなり誠実に「起業家」について論じられており、その視座もこの本と親和性が高いものだ。他の章を執筆した研究者たちが「ベンチャースピリット」を礼賛する中、それに冷や水を浴びせる姿勢など素晴らしい。

第六章　日本人はこうやって働いてきた

「起業」「ベンチャー」「ノマド」といった「雇われない働き方」に関する夢が世の中には溢れている。だけど実際の起業件数は減少傾向にあるし、自営業者さえも減っている。この章では、戦後日本人の働き方を確認しながら、僕たちがいかに「起業」が困難な社会を作ってきたのかを見ていこう。

〔**スケッチ8**〕
悲しいよな、サラリーマンて……。クビになっても一家の大黒柱にはかわりない。妻子を養うギムは依然消えるわけじゃないんだ。男は扶養家族のために一生働くんだ。（島耕作、会社員、三七歳）[310]

〔**スケッチ9**〕
僕たち会社をやってる人間は、お金のために働いているわけでもないし、会社のために働いているわけでもない。会社＝自分なんです。やってることすべてが会社につながるわけですか

310　弘兼憲史『新装版　課長島耕作(1)』講談社漫画文庫、二〇〇三年。句読点を補った。

ら。（岩瀬大輔、経営者、三六歳）

1　一億総フリーランス社会

憧れだったサラリーマン

僕たちは「雇われて働くこと」が当たり前だと思っている。「正社員かフリーター」かという議論はよくされるが、どちらも雇用者であることには変わりがない。一方で、起業家でも開業医でもフリーランスでもいいが、「雇われないで働くこと」は特別なことだと思われている。

しかし日本の歴史をちょっと振り返ってみれば、現代ほど「雇われて働くこと」が一般的になった時代も珍しいことがわかる。

「起業」や「起業家」の定義の錯綜を第五章では見てきたが、この章では「起業家」のことを「新しく事業を始めた人」とざっくり広めに定義しておこう。だから新たに「自営業者」になった人のことも「起業家」と呼んでおく。

まず、近世以前の日本には農民が圧倒的に多かったが、彼らは皆農業だけをしていたわけではない[311]。彼らの多くは農業に携わりながらも漁業、林業、商業など様々な仕事をしながら暮らしていた。また遍歴職人のような、各地を旅するノマドワーカーもいた[312]。近世社会はこのような多様な生業を持つ自営業者がマジョリティーを占める社会だったのである。

311　そもそも中世までは畑作比率が高く、稲作の収穫量が少なかったため農業だけで自活できない人が多くいた。稲作自体は縄文時代から行われてきたが、ジャポニカ米が日本全土に普及して、農村の風景として水田が当たり前になったのは徳川初期の新田開発によってである。詳しくは、僕の七〇倍くらい毒舌でシニカルな與那覇潤『中国化する日本　日中「文明の衝突」一千年史』（文藝春秋、二〇一一年）を参照。

312　網野善彦（一九二八年、山梨県）はそのような存在を「農民」と区別して「百姓」と呼ぶ（『「日本」とは何か』講談社学術文庫、二〇〇八年）。

その状況は明治になってもすぐには変わらなかった。[313] 明治中期以降、この国の人口は急激に増えはじめたが、農業で食べていける人口には限りがある。たとえば農家で五人子どもが生まれたとすると、跡継ぎになれるのは二人くらいまでだ。一人は成人になるまでに死んでしまうとして、あとの二人は家を出ないとならない。

当時は製鉄所など近代産業が勃興しつつあったが、せいぜい二〇〇万人から三〇〇万人の雇用しか創出できていなかった。そこで、農家を出た若者たちは、男の子であれば日雇い労働者として、人力車や馬車といった運輸業、土木作業員や大工、左官といった建築業に就いた。女の子たちは、お屋敷に住み込みで働くメイド、料理店や飲食店の女給になっていった。都市部には当たり前のようにスラム街があった。

一方で、農家に残った人々も農業だけをしていたわけではない。農村の内部には「町場」と呼ばれる商工地域が誕生し、人々は農業の合間に機《はた》を織り、それを行商し、馬車を引いていた。収入はもちろん不安定だ。

そんな当時の人々にとって、憧れの一つは「雇われて働く」ことだった。今でこそ「社畜」なんて呼ばれちゃうサラリーマンだが、収入が安定する「雇用者」[314] になること自体が非常な魅力だった。当時は、頼れる人がいなければ、どこまでも転落してしまう社会だったのだ。[315]

第一次世界大戦後の戦時景気に沸く日本では、多くの企業や銀行が誕生して、ようやく「サラリーマン」なる存在が誕生しはじめていた。今でこそ誰彼にも使ってしまうサラリーマンと

313　中村隆英編『日本の経済発展と在来産業』山川出版社、一九九七年。

314　「雇用者」というのは他人に雇われて賃金をもらっている人のこと。「雇用主」と紛らわしいが、法律では基本的に「雇用者」は「雇われる人」という意味で使われる。さらに紛らわしいが、「雇用者」と「被雇用者」は同じ意味である。

315　一九二〇年に起こった恐慌では自殺者、トンネル工事など「監獄部屋」（タコ部屋）行きになる人が相次いだ（尾原宏之『大正大震災　忘却された断層』白水社、二〇一二年）。

いう呼称だが、当時はホワイトカラーを指すためだけに使われた言葉だ。

ホワイトカラー、要するに白いワイシャツとスーツを着て、オフィスで働く人のことだ。一九三〇年の「国勢調査」によれば、「サラリーマン」と呼ばれる「事務・技術・管理関係職種」はわずか二一五万人しかいなかった[316]。とんでもないエリートである。

その頃の日本はまだ立派な農業大国だった。就業者のうち、実に四七%が農業従事者だった。サラリーマンが少ないのも当然だ。都市にはモダンガール、モダンボーイが出現、アメリカに影響を受けた消費文化が花開いていた日本だが、都市と農村には信じられないほどの格差があった[317]。

家族全員フリーター

東京に限定してみても、一九三〇年の時点で全就業者の実に三分の二が自営業者だったという。もっとも自営業者といっても自分で店を経営するような「経営主」は少数で、「行商露天商人」や「仲介人」などノマド的に働く人のほうが多かった[318]。

またサラリーマンであっても、副業や内職は当たり前だったようだ。『サラリーマン』という何のひねりもない題名の当時の雑誌では、投資術といった「財テク」や、妻が行う副業・内職特集が繰り返し組まれていた。

当時、この国には失業保険や社会保険がほとんど整備されていなかった。そこで副業や内職

316　現在はホワイトカラーもブルーカラーも「サラリーマン」というが、当時はホワイトカラー労働者が「サラリーマン」と呼ばれた。当時の研究者によってもホワイトカラーは一七〇万人から二〇〇万人程度と推計されていた。どちらにせよ就業人口の一〇%以下である（岩瀬彰『「月給百円」サラリーマン　戦前日本の「平和」な生活』講談社現代新書、二〇〇六年）。

317　井上寿一『戦前昭和の社会一九二六－一九四五』講談社現代新書、二〇一一年。「暗い時代」と思われがちな戦前昭和の日常が実は結構楽しそうなことを明らかにした良書。

318　江口英一・山崎清「日本の社会構成の変化について　都市における」『日本労働協会雑誌』二二号、一九六一年。

をするというのは、サラリーマン世帯において欠かすことのできないセーフティネットの一つだったのである。[319]

日本は、戦前・戦後を通して失業率が極めて低い社会だった。経済学者たちは「全部雇用」という概念を用いて、その理由を説明する。[320] 仕事を求めている人は何らかの仕事には就いているが、本人は賃金にも満足していないし、生産性もそれほど高くない状態のことだ。要するに福祉もあんまりない中で、みんなが嫌々ながらも食べていくために働かなくちゃならなかった、というわけである。

戦前はもちろん、戦後になってもしばらくは鉄道、通信、銀行などの「近代産業」に従事する人は多くなかった。伝統的な手工業、大工、左官、町の小売商、小さな飲食店など収入が不安定な職業に就きながら、家族も内職をすることで多くの人は何とか家計を維持させていたのである。[321]

ここまで便宜上「自営業」と「雇用者」という言葉を使ってきたが、実はその境界は曖昧で、多くの人が中世でいう「百姓」、今でいう「フリーター」や「フリーランス」的な仕事をしてきたといったほうが適切かも知れない。

さらにいえば、それは当然のように男女共働きの社会だった。自分だけの給与で家族を支えられるような高給取りの男性なんて、ほんの一部だったからだ。自営業や農業が当たり前の時代、当たり前のように多くの女性は何らかの形で働いていた。[322]

319　田中秀臣『日本型サラリーマンは復活する』ＮＨＫブックス、二〇〇二年。

320　野村正實『雇用不安』岩波新書、一九九八年。「全部雇用」は東畑精一が一九五六年に提唱した概念。

321　一九六五年まで売血制度があった日本では、困窮した人々は自分の血を血液銀行に売ることも珍しくなかった。たとえばある炭坑では一三〇人の従業員のうち七〇人は血を売って飢えをしのいでいたという（上野栄信『追われゆく坑夫たち』岩波新書、一九六〇年）。

322　女性の専業主婦化が本格化するのは高度成長期以降の話だ。落合恵美子『二一世紀家族へ　家族の戦後体制の見かた・超えかた〔第三版〕』有斐閣、二〇〇四年。

つまり、家族全員が複数の仕事を持つ、というのが五〇年前までの「典型的」な日本の労働の姿だったのだ[323]。それを一億総フリーランス社会と呼んでもいいだろう[324]。

さよなら、自営業者たち

僕の祖母（一九二八年、埼玉県、B型）は結婚後、もともと公務員だった祖父（一九二四年、埼玉県、B型）とともに商店を営んでいた。農業用の器具から金物、食品までを売るので、雑貨屋と言ってもいい。同時に近所に畑を持ち、農業も営んでいた。

祖母のような働き方は、この世代にとって少しも珍しいものではない。『国勢調査』によれば、一九五〇年の段階で自営業者は九二九万人、割合にして二六・一%だった。さらに祖母のような家族従事者[325]を含めると就業者の実に六〇・五%が「雇われない働き方」をしていた。

しかし、自営業者の割合は戦後一貫して減少し続ける【図1】。自営業者は一九六五年の調査では一九・六%にまで落ち込み、一九九〇年には一二・二%、最新の二〇一〇年の調査では九・二%と一割を切ってしまった。

家族従事者を含めた割合も、一九七〇年までに三三・八%と半減、一九九〇年には一九・八%、二〇一〇年には一三・〇%にまで落ち込んでいる。僕の祖母たちも一九九〇年頃にはほぼ仕事を畳んで、孫たちの育児やら家庭菜園やらに専念するようになっていた。

高齢化によって減った自営業者だが、それを継ぐ人や新規に自営業者になる人は少なかっ

323 中村隆英『日本経済 その成長と構造〔第三版〕』東京大学出版会、一九九三年。

324 一億総フリーランス社会といっても、ちっともかっこいいものではない。フリーというのは、安定していないことの裏返しだ。特に失業保険や公的年金もない戦前の日本では、病気に罹ったり失業したりすれば家中ピンチだった。ようやく一九二九年に救護法が公布され、低所得者たちは調査カードによって実態が調査されたため「カード階級」と呼ばれた。この「カード階級」に対しては倫理観の欠如が蔓延ってしまうといった多くの批判が寄せられたという（紀田順一郎『東京の下層社会』ちくま学芸文庫、二〇〇〇年）。

325 「家族従事者」というのは自営業者の家族で、その仕事を手伝っている人のこと。

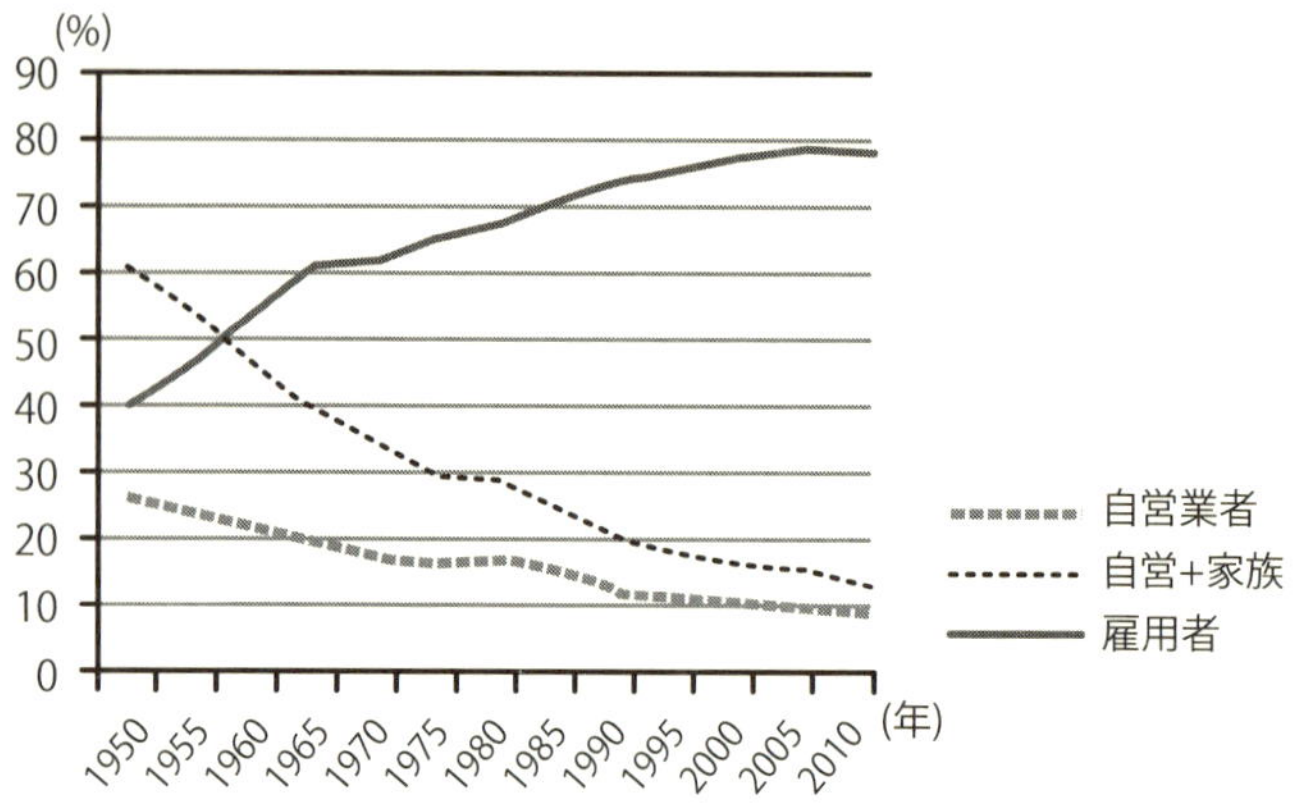

【図1】就業者における「雇われない生き方」の割合（「国勢調査」）

た。「自営業ルネサンス」が起こり、自営業者が一九八〇年代に再び増えた欧米と違い、日本で自営業は減少し続けた[326]。

では、減る一方の自営業者の代わりに何が増えているかといえば、雇用者、雇われて働く人々だ。一九五〇年には三九・五％しかいなかった雇用者だが、一九六〇年には五四・一％と「雇われないで働く」割合を超してしまう。

その後も雇用者は右肩上がりで増え続け、二〇〇五年には七八・六％とピークを迎える。「ベンチャーブーム」だとか「フリーランスの時代」だとか散々言われながら、日本は一貫して「雇われて働く」人が増え続けてきた社会だったのである。八割の人が雇われて働く社会で、「会社に雇われない働き方」とか「起業」なんて言われても、ぴんと来るわけがない。

326　玄田有史『ジョブクリエイション』日本経済新聞社、二〇〇四年。

いつかは独立したい

ただし、気をつけなければならない点が二つある。一次産業と法人化の問題である。

まだ農業大国だった戦後すぐの日本では、人口の半数が一次産業従事者だった。彼らは農業法人に雇われてない限り、「自営業者」や「家族従事者」としてカウントされる。つまり自営業者の減少というのは、ただの農業の衰退問題だという可能性がある。

そこで、農林水産業など第一次産業を除いて割合を確認してみたが、それでも自営業者が減少傾向にあることに変わりはなかった。一九五五年には一七・六%あった自営業者の割合は、一九八五年には一二・一%まで落ち込んでいる。

ただし、一次産業を含めた場合の自営業者の割合と比較すると、その減少傾向は緩やかだった。『国勢調査』よりも精度は落ちるが、毎年の動向がわかる『労働力調査』を確認してみると、一次産業をのぞく自営業者は実数としては、一九八〇年代まで増加し続けている。

また割合に関しても、一九五〇年代から一九八〇年代にかけてほぼ横ばいで一一%から一三%台で推移している[327]。それは農業に携わる人が減る中で、都市で自営業を始める人が一定数いたためだろう[328]。

戦後の「集団就職」で、農村部から多くの若者たちが都会を目指し、製造業などブルーカラー系職業に就いた[329]。その中には「いつか独立したい」と自営業への憧れを持っていた者が少なくなかったという[330]。

327　全就労者に対する非農自営業者の割合。非農自営業者の数は一九八三年に七〇七万人というピークを迎えている。
328　新雅史『商店街はなぜ滅びるのか　社会・政治・経済史から探る再生の道』光文社新書、二〇一二年。上野千鶴子推薦。
329　戦前の日本では、前借金の代わりに本人の意向を無視して親や兄弟が勝手に雇用契約を結んでしまうような「人身売買」が当たり前に行われていた。そういった前近代的な労働契約に代わり戦後、集団就職は昭和三〇年代前後に本格化した（山口覚「集団就職の神話を解体する　ナショナル労働市場という夢」西澤晃彦編『労働再審四　周縁労働力の移動と変遷』大月書店、二〇一一年）。
330　佐藤（粒来）香『社会移動の歴史社会学　生業／職業／学校』東洋館出版社、二〇〇四年。「佐藤香」「粒来香」「佐藤（粒来）香」という三つの名前を持つ研究者の力作。

創意工夫の余地が大きい農業と違って、ブルーカラーの仕事には制約が多い。しかも住み込みでの長時間労働にもかかわらず賃金が低い。

そんな彼らにとっての夢とは、「手に職」をつけて独立をすることだった。当時は戦前からの慣習で「のれん分け」という制度も残っていた。劣悪な労働環境で修業を積む代わりに、独立時には親方が資金面などの負担をしてくれる仕組みだ。

また当時の若者たちの親世代は、昭和恐慌や戦時期の混乱を経験したこともあり、「手に職」志向が強かった。それに影響を受けた若者たちも、何とか「食いっぱぐれない」技能を身につけようとした。

しかし、高度成長期には開業費用が高騰して独立は難しくなっていく。実際、集団就職で上京してきた若者の中で、独立して自営業者になれた人が決して多くないことが、いくつかの研究で示唆されている[331]。

法人化した自営業者たち

「法人成り」という言葉がある。個人事業主が登記などを行い、会社を法人化することだ。所得税が累進課税であるのに対して、法人税は税率が一定であるので税制上も有利だし、信用力もつく。ビジネスの規模が一定以上になると、法人化したほうが何かと便利なのだ[332]。

戦後日本の自営業者たちの中にも、法人化した人が少なくなかったに違いない。『国勢調

331 片瀬一男「集団就職者の高度経済成長」『人間情報学研究』一五、二〇一〇年。

332 一九八〇年代後半には「法人成り」が活性化していた。その背景には、相続税対

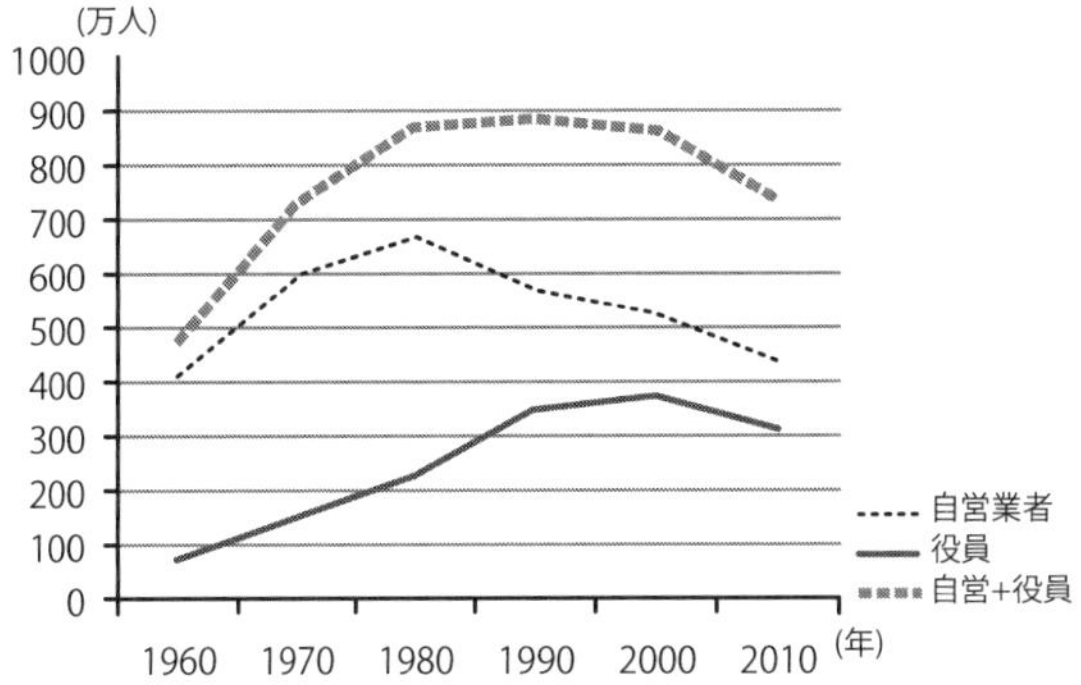

【図2】法人化した自営業者数の推計（「国勢調査」[335]）

査』の「自営業者」というのは、個人で事業を経営している人を指すカテゴリーであって、ビジネスを法人化した場合は「役員」（社長、取締役など）というカテゴリーでカウントされる。

そこで、「自営業者」に加えて三〇人以下の小規模企業の「役員」を「実質的な自営業者」と考えてみよう。すると、「実質的な自営業者」は一九九〇年代まで上昇していることがわかる[333]【図2】。つまり、戦後において自営業者はただ減少してきただけではなく、その一部は法人化によって「役員」という「実質的な自営業者」になった可能性がある。

考えてみれば、七〇年代から八〇年代は、跡継ぎ問題に悩む商店街の店主たちが、コンビニに事業転換をしていく時期でもあった。さらに、八〇年代には小売業に対する規制緩和が行われ、競争が激しくなる中で、少なくない自営業者たちがフランチャイズチェーンに鞍替えをしていった[334]。

策、一九八七年の税制改革でみなし法人が不利になったこと、法人税が順次下げられていたことなどが挙げられる。

333　図では一〇年単位でカウントしたが「実質的な自営業者」の数は一九九五年まで上昇している。

334　新雅史『商店街はなぜ滅びるのか』光文社新書、二〇一二年。

335　「役員」に関しては法人・事業所統計を用いて、全企業に対する三〇人以下の企業の割合を役員に乗することで、その推計値とした。法人・事業所統計は、該当する国勢調査と最も近い時期に行われたものの数値を用いている。また、図では一次産業を除いてある。ちなみに一次産業を含めて計算した場合でも、一九九五年をピークに減少していた。計算方法などは鄭賢淑『日本の自営業層　階層的独自性の形成と変容』（東京大学出版会、二〇〇二年）を参考にした。

ただし、就業者に占める割合で考えてみると、一九六〇年には一六・一%、一九七〇年には一七・三%、一九八〇年には一七・五%と確かに増えてはいるが、一九九〇年には一五・四%まで減少、二〇〇〇年には一四・三%、最新の二〇一〇年では一二・八%にまで落ち込んでしまう。

どうやら、「実質的な自営業者」の存在を含めたとしても、日本がこの二〇年間で「雇われないで働く」生き方がどんどん減って、逆に「雇われて働く」生き方が増えてきているということは言えそうだ。

起業はどんどん減っている

自営業者が減っていることはわかった。起業の数はどうだろうか。

実は起業件数を調べるのにこれがベスト、という統計資料はない。[336]「国勢調査」の企業版である「事業所・企業統計調査」が一番信頼性は高いと言われるのだが、五年おきにしか実施されないため、たとえば数年でつぶれたベンチャーの動向を把握できない。また調査員が目視で確認を行うので看板のないような企業は発見されにくい。おそらく、うちの会社もカウントされていない。[337]

純粋な法人数を確かめるだけなら、「民事・訟務・人権統計年報」「国税庁統計年報書」を用いるのがいい。法務局に法人設立の届出をした法人がすべてカウントされるので、補捉率は非

336　詳しくは安田武彦他編『ライフサイクルから見た中小企業論』（同友館、二〇〇七年）を参照。

337　安藤美冬（一九八〇年、東京都、B型）など、法人化をしても、固定オフィスは持たないノマドワーカーたちをカウントするのも難しいだろう。

常に高い。ただし、ペーパーカンパニーや休眠会社も「法人」としてカウントされてしまうため、「起業」というイメージとは若干ずれてしまうかも知れない[338]。

また「雇用保険事業年報」を使う方法もある。企業は人を一人でも雇えば原則として雇用保険に入らないとならないので、その数をカウントすれば起業数が推定できるというわけだ。ただし、人を雇っていない個人事業主や、役員だけしかいない立ち上げ期のベンチャーなどを把握できないという欠点もある。

他にもいくつかの統計があるのだが、大ざっぱに言って次のような傾向を述べられる。まず、ベンチャーブームだとかさんざん騒がれながら、起業率は近年上昇していない。むしろ、起業率の低下を示すデータも多い。少なくとも、起業は高度成長期やバブル期のほうがずっと盛んだった。

「ベンチャー」と言うくらいだから、一人くらい誰かを雇用しているだろうという前提で「雇用保険事業年報」を確認してみると、開業率は一九八八年のバブル期に記録した七・四％をピークに減少傾向にある【図3】。二〇〇〇年代後半にはやや回復傾向にあったが、一九八〇年代の水準には及ばない。一方で一九九六年以降は廃業率が右肩上がりで高まっている。

会社数と設立登記件数で確認しても、同じような動向を確認できる【図4】。一九七〇年代までは一〇％を超えていた開業率だが、一九八〇年代後半のバブル期に一時的に上昇した後は、四％台を推移している。設立登記件数自体も、一九九二年以降は約一〇万件で横ばいだ。

338　法人登記をした場合、フランチャイズ等への加盟でも「起業」としてカウントされる。チェーン組織に加盟している中小企業は全体の四％、小売業に限ると、ボランタリー・チェーンへの加盟率は四・一％、フランチャイズへの加盟率は七・六％である（中小企業庁「平成二三年中小企業実態基本調査」）。

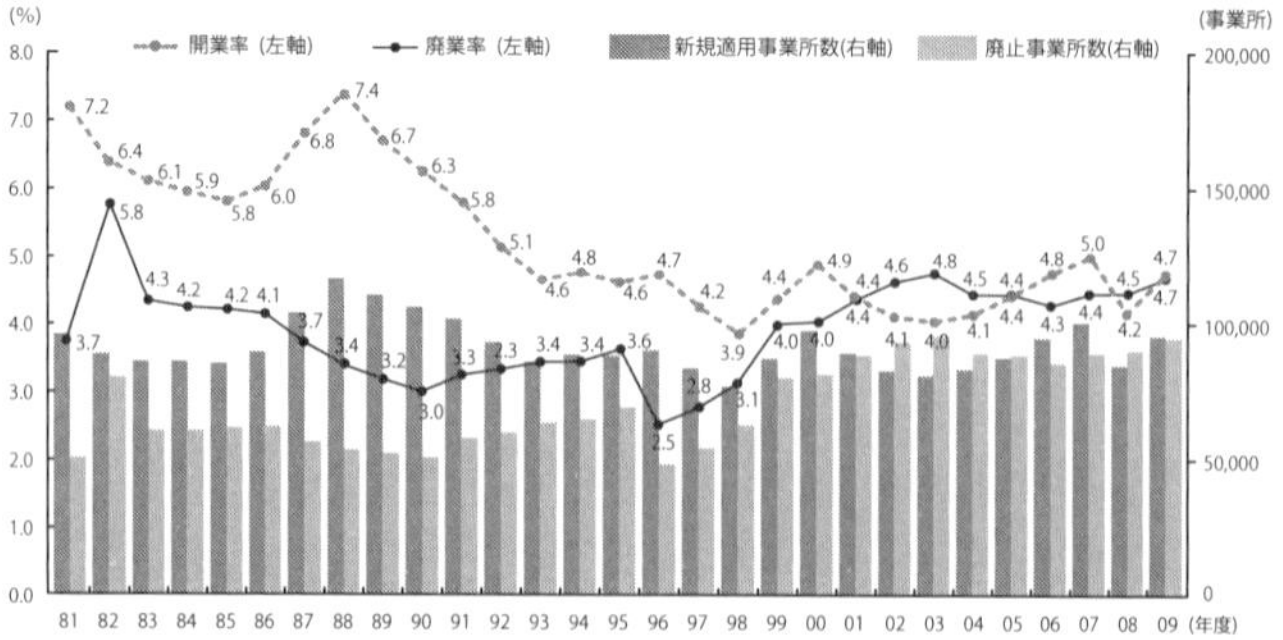

【図３】雇用保険事業年報による開廃業率[339]

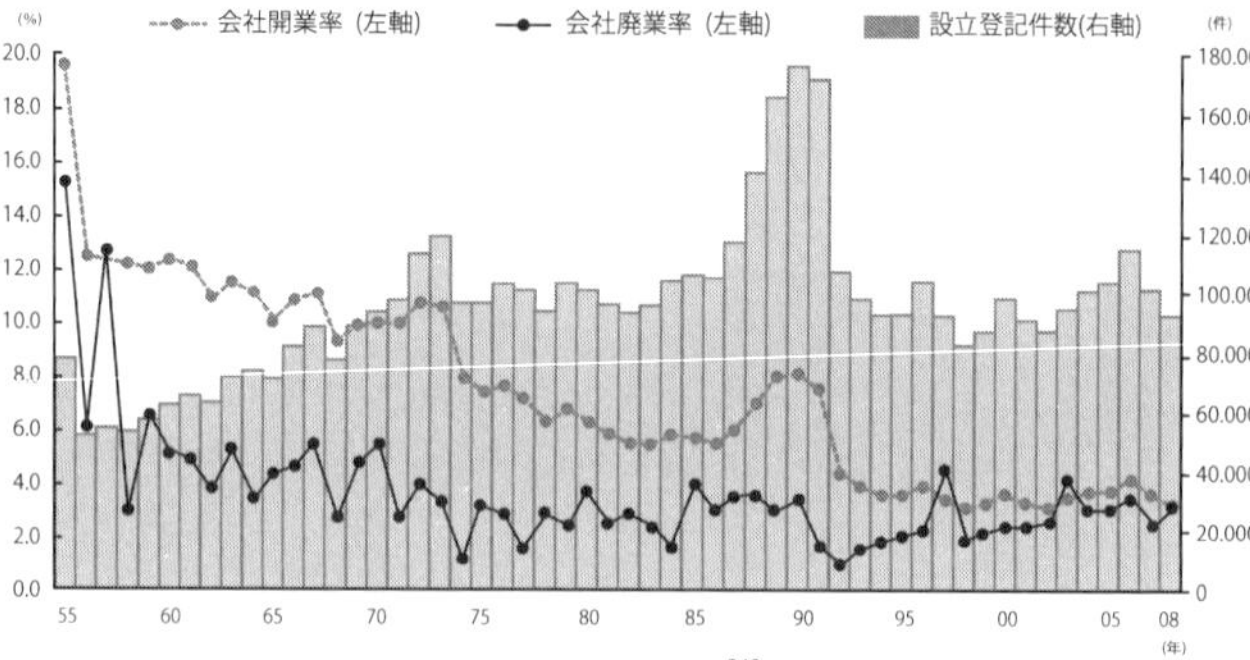

【図４】会社数及び設立登記件数による開廃業率[340]

339　出典は中小企業庁『中小企業白書 二〇一一年度版』。厚生労働省「雇用保険事業年報」を資料としている。同年の白書では、起業に関するデータが非常に手際よくまとめられている。

340　出典は中小企業庁『中小企業白書 二〇一一年度版』。法務省「民事・訟務・人権統計年報」、国税庁「国税庁統計年報書」を資料としている。

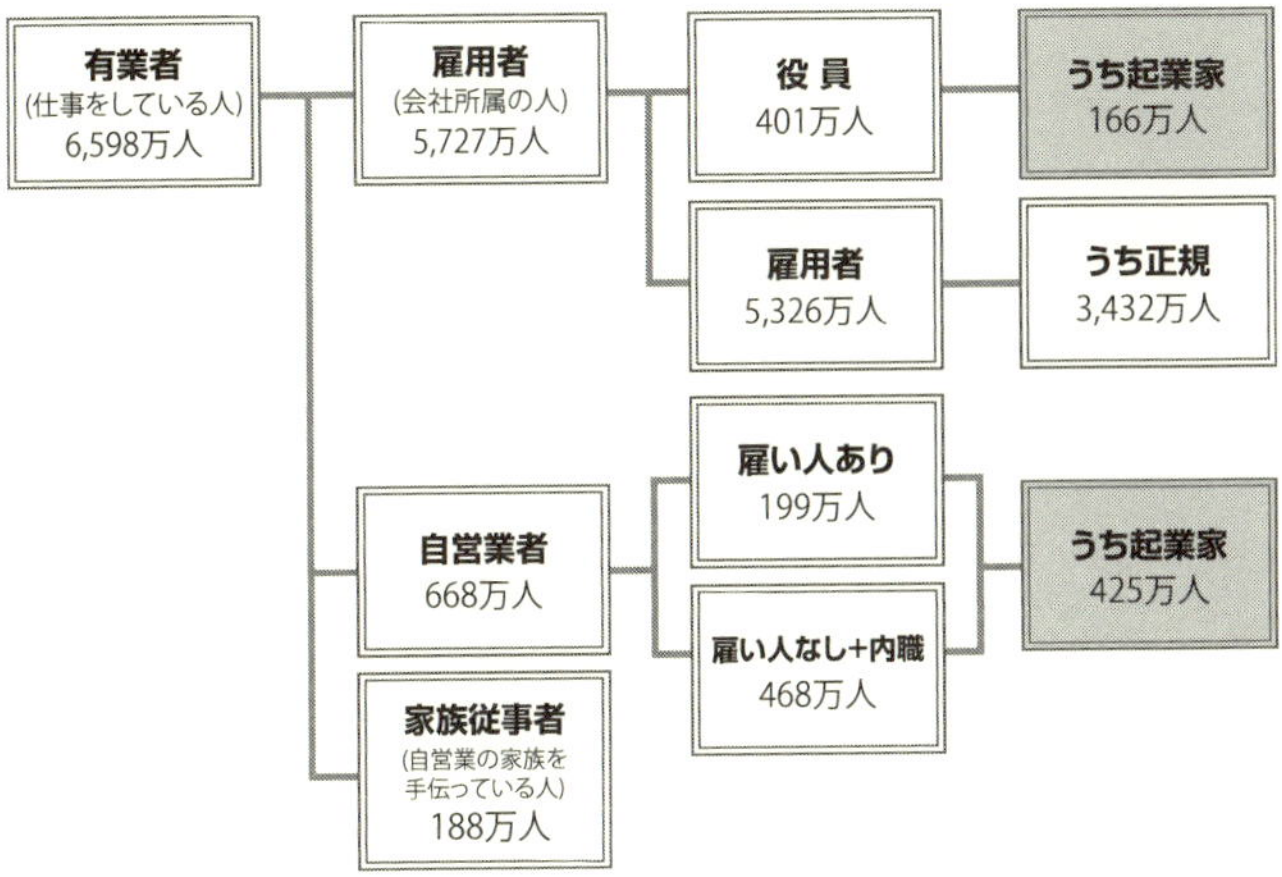

【図5】日本の就業構造[341]

自営業者は減り続け、起業も減り続け、一方で雇われて働く人は増え続けている。この国の就業構造をまとめると【図5】のようになる。圧倒的に雇用者が多く、そこにかつて一億総フリーランス社会だった日本の面影はない。

だけど、それは僕たちが戦後ずっと望んできた社会の姿でもある。次の節では、こんな風に「雇われて働く社会」がどうやって成立して、その内実はどうなっているのかということを見ていこう。

341　総務省統計局「就業構造基本調査」二〇〇七年。

2 雇われて働く生き方

前になっていった。

夏でもスーツにネクタイ

戦後、日本は農業国家から重工業国家へ姿を変える中で、「雇われて働く生き方」が当たり前になっていった。

当時のエリートや政策担当者たちは、自営業者を減らし、雇用者を増やすことが「近代化」だと考えていた。[342] 一九五〇年代後半から重化学工業の大規模工場が経済成長を牽引する中で、新しい技術に対応できる一定以上の知識レベルを持った労働者が必要とされていたからだ。[343]

同時に大学進学率が上昇する中、ホワイトカラー層も増えていった。当時の新聞は、自営業者や家族従事者が減少したことを「就業構造の近代化」として、嬉しそうに伝えている。[344] また、多くの研究者たちも「自営業者」を、「零細層」や「貧困層」といった「弱者」として扱ってきた。[345]「自営業者」のいることが、時には日本の後進性の証拠だと言われたりもした。[346]

一方で、増えはじめたのはサラリーマンたちである。「働きバチ」や「モーレツ社員」という言葉が生まれ、男たちが会社に身を捧げ生きていく本格的な企業社会の到来だ。[347]

当時の漫画は「いまどきの大企業は個人の実力だけがたより」「落伍人間なんか問題外」「友を友とも思わず人を見たらカタキと思い弱肉強食を生きぬく」といった殺伐とした大企業の姿

342 現代でも町工場や自営業者が「後進的」な存在として表象されることは多い。

343 もちろん、取引量に対して柔軟に労働力を調整することが要求される港湾運送業や建設業では「日雇い」といった形でフレキシブルな労働者が必要とされ続けた（原口剛「地名なき寄せ場 都市再編とホームレス」西澤晃彦編『労働再審四 周縁労働力の移動と変遷』大月書店、二〇一一年）。

344 「近代化、正常化進む 三七年の就業構造調査」『読売新聞』一九六三年四月三日朝刊。

を描く。[348]

企業社会を象徴するのが、一九六〇年代に定着した「夏でもスーツにネクタイ」という風習である。戦前でも一部のエリートたちは、きちんとした服装をしていたが、戦後の混乱期を挟んで夏はみんな適当な服装をするようになっていた。

たとえば『男子専科』というおそらく日本初のメンズ・ファッション雑誌を読んでいると、一九五八年夏の号では夏のサラリーマンの服装として、ジャケットなしのポロシャツ・スタイルを勧めていた。[349]「湿気の多いわが国の気候」でワイシャツにネクタイを締めるという「英国紳士を気取ることはもっとも無理な話」だというのだ。五〇年前のクールビズである。

ところが、一九六五年になると同じ雑誌が「真夏に背広を着るのは出世術のひとつ」とか言いはじめる。[350] もちろんネクタイも必須だ。「着ていることが相手にたいしての礼儀」「相手の人が着ているのに自分で着てないいんではね」と当時のビジネスマンたちの言葉が並ぶ。

ほどなく、ダークスーツと白いシャツという「ドブネズミ・ルック」は、日本のサラリーマンの代名詞になっていく。少し前まではジャケットさえ必須でなかったはずなのに、カラーシャツ一つさえも許されない窮屈な企業社会がこうして誕生していく。[351]

欧米ではスーツにネクタイを着用するのは、ホワイトカラーの管理職など一部のエリートに限定されたものだが、日本では職種や地位に関係なくスーツが「男の制服」になっていった。

石谷二郎（一九四九年、兵庫県）の証言によれば、一九七二年頃、郊外の自動車部品下請け工

345 鄭賢淑『日本の自営業層』東京大学出版会、二〇〇二年。

346 実際、近代化に伴い多くの国は農業従事者を含めた自営業者が減り、工場などで働く雇用者が増えていく。一九五〇年段階で、日本の雇用者は三九・二％に過ぎなかったが、アメリカではそれが八一・九％、西ドイツでは七〇・八％に達していた（矢野恒太記念会編『数字でみる日本の一〇〇年』国勢社、二〇〇六年）。

347 一九五四年の『経済白書』には『不思議の国のアリス』から「止まっているためにも二倍の速さで駈けねばならない」というフレーズが引用され、日本企業が忙しなく拡大していく必要性を説いている。

348 手塚治虫「無能商事株式会社」『週刊漫画サンデー』一九七〇年三月四日号。

349 「夏のシャツ・スタイル」『男子専科』一九五八年夏号。

350 「なぜ真夏に背広が必要なのか」『男子専科』一九六五年夏号。事情が変わった裏側に

場で働く工員たちまでもが、通勤時にはスーツにネクタイを着ていたという。[352]

就社社会の誕生

高度成長期の頃、日本企業の特殊性をめぐる議論が流行していた。きっかけは、アメリカ人研究者ジェームス・アベグレン（一九二六年、ミシガン州）による『日本の経営』という一冊のベストセラーだと言われている。彼は、本の中で日本企業が終身雇用、年功序列、企業別組合という三つの特徴を持っていると指摘、それはいつしか日本型経営の「三種の神器」と呼ばれるようになっていく。[353]

それは、「学校卒業＝就職」ということが当たり前になっていく過程でもあった。[354] 農業従事者や自営業者の多かった時代には、学校を出てからも数年間は家にとどまって家事や家業を手伝うのが普通だった。

それが企業社会の発達に従って、若者たちのキャリアパターンも変わっていく。特に高度成長のエンジンともいえる製造業大企業では、この時期にアベグレンが指摘したような日本型の雇用慣行が現実のものとなっていく。

桜の季節、学校を卒業したら、みんな同じ時期に就職。従業員は月給で働く「社員」。そんな光景は戦後しばらくしてから誕生したものだ。

ただし終身雇用も年功序列も欧米でも普通に存在する制度である。ホワイトカラー層が終身

は、オフィスの近代化、すなわちビルなどに冷房が完備されつつあったことがある。

351　古市憲寿「ネクタイは電力と共に」『新潮45』二〇一二年七月号。

352　石谷二郎・天野正子『モノと男の戦後史』吉川弘文館、二〇〇八年。この頃までに、百貨店業界のみならず、スーパー業界が紳士既製服マーケットに本格的に乗り出していた。たとえば紳士服のコナカの創業は一九七三年、洋服の青山一号店オープンは一九七四年だ。

353　ジェームス・アベグレン著、山岡洋一訳『日本の経営〔新訳版〕』日本経済新聞社、二〇〇四年。原著のタイトルは「The Japanese Factory」。取材先も主に大工場。しかも別に日本的経営を褒めていない。労働市場の柔軟性が乏しく、終身雇用制のため、日本企業の生産性は欧米に比べて明らかに低いというのだ。ベストセラーとは誤読されるものなのである。

354　菅山真次『「就社」社会の誕生　ホワイトカラーからブルーカラーへ』名古屋大学出版

雇用で、年功序列というのは決して珍しいことではない。国連で働く僕の知り合いは、「働かないのに給料が高いおじさん」に対する愚痴をよくこぼしている。統計によれば、欧米でも勤続年数は日本と大きく変わらないし、給与は年齢に伴って上昇していくことが多い[355]。

日本に特徴的なのは学校が就職を斡旋する「学校経由の就職」の常態化[356]と、ホワイトカラーのみならずブルーカラーにまで月給制が普及したということだ。

日本でも戦前ではそんな働き方をするのは一部のホワイトカラーが中心だった。その頃は今では考えられないくらい職業による貴賤の差があった。

たとえばホワイトカラーのサラリーマン（職員）と、ブルーカラー（工員）では給与や待遇もまるで違った。月給制が基本だった職員に対して、工員では日給制が当たり前。使えるトイレや売店も違うという「職工身分制」なんてものが存在していた[357]。さすが平等を大切にする日本民族だけある。

また「学校経由の就職」もかつては一部のエリートだけのものだった。明治時代後期から財閥系企業は帝国大学や慶應義塾などの卒業者たちを幹部候補生として採用していた。一九三九年の段階では、大卒者の六五％が出身校の紹介によって就職していたという[358]。

それが一九五〇年代から一九六〇年代にかけて、ホワイトカラーにのみ享受できていた慣行や制度が、ブルーカラーにまで広がっていく。「サラリーマン」という言葉も、はじめはホワイトカラーだけを指していたのが、いつしかブルーカラーまでをも含むようになっていく。そ

会、二〇一一年。

355　海老原嗣生『就職、絶望期「若者はかわいそう」論の失敗』扶桑社新書、二〇一一年。日本の特徴は、そういった仕組みをホワイトカラーだけではなく、ブルーカラーにも広げたことにある。

356　本田由紀『若者と仕事「学校経由の就職」を超えて』東京大学出版会、二〇〇五年。堅い出版社の堅くて（ハードカバー）高い本なのに、ファンキーな表紙が目印。

357　海老原嗣生・荻野進介『名著で読み解く　日本人はどのように仕事をしてきたか』中公新書ラクレ、二〇一一年。僕の親戚（一九四五年、鹿児島県）は、高校の炭坑科を卒業した後、熊本の志岐炭鉱に職員として就職した。その時には、使用する寮が違うといった「職員」と「工員」のあいだの待遇の差があったようだ。本人としては花形産業に就職したつもりだったが、当時全国では落盤事故が多数発生しており、数年で親に強制的に辞めさせられ、鉄鋼業に転職した。

れと同時に「職員」や「工員」という言葉は消えていった。

その裏側には激しい労働運動があった。日本において特徴的だったのは、特権を手放す側だったホワイトカラーがなぜか率先して身分撤廃闘争を展開した点である。マルクス主義に影響を受けたインテリたちが、自分たちが過剰に優遇されていることに疑問を抱き、その差別は不当だと考えたのだ[359]。

「学校経由の就職」制度は、戦後、高校や中学にまで広がっていく。はじめは「臨時工」採用の比率も高かったが、高度成長に伴う人手不足により、一九六〇年代後半からは「定期採用」されるようになっていった。特に大企業製造業でその割合が大きかった。超社会主義的な労働力分配システムの完成だ[360]。

標準労働者たちの時代

一九六六年には政府の統計に「標準労働者」という用語が登場する[361]。その定義を見てみると「学卒後直ちに入社し、同一企業に継続勤務して標準的に昇給したと考えられるもの」と書いてある。

要するに、卒業後すぐに企業に就職し、その後継続して一つの企業に勤め、年功とともに給与が上がっていく、ということだ。そんな働き方がこの頃までに「標準」と見なされるようになっていたことがわかる。

358 一九三〇年代の大学進学率は一〇%台前半で推移していた（文部省「文部省年報」）。二〇一〇年代の大学院進学率よりも低い。

359 菅山真次『「就社」社会の誕生』名古屋大学出版会、二〇一一年。

360 佐藤俊樹編『自由への問い６ 労働』岩波書店、二〇一〇年。

361 『賃金構造基本統計調査』一九六五年版における「調査結果の概要」。「標準労働者」の詳しい統計が本編に載せられるようになるのは、一九七〇年三月発行の一九六九年版からである。

しかし、まさに同時期、労働市場から離れ始めた人たちがいる。女性だ。一九三〇年代から横ばいだった女性労働力率は、一九六〇年代に大きな減少を経験する。特に二五歳から二九歳の女性に限定すると、一九六〇年には五六・五%あった労働力率が、一九七〇年には四五・四%、一九七五年には四二・六%まで低下している[362]。

それはこの頃、女性たちが「主婦化」したことを意味している[363]。貿易会社に勤めていた僕の母（一九五一年、埼玉県、B型）は、公務員の父（一九五〇年、鹿児島県、A型）と出会い、結婚と出産をするタイミングで会社を離れた。その後、子どもが大きくなってからは趣味程度に時々、パートタイムで働いていた。

これは、戦後に生まれた女性の典型的なキャリアパターンの一つである。若い頃は働き、出産や育児期には仕事から離れ、再び短時間労働を始める。

今も昔も非正規雇用者の大半は、この「主婦パート」だ。「主婦パート」は、戦後日本社会の立役者でもある。

戦後日本は驚異的に失業率が低い社会として知られている。OECD諸国で基準を統一した「標準化失業率」に関する統計を見ても、一九九四年までは失業率は二%台で推移、二〇〇二年には五・四%まで上昇したが、二〇一一年には四・六%で落ち着いている[364]。

この超低失業率は、女性を雇用の調整弁としたことによって可能になった[365]。つまり、景気のいい時は足りない労働力を主婦パートで補い、不景気になったらパートを減らすというシステ

362　総務省統計局「労働力調査」。

363　「男は外で働き、女は家を守る」というのを日本の伝統だと勘違いしている人がいるらしいが、農業従事者や自営業者が当たり前だった一九六〇年くらいまでは、「専業主婦」なんて成立しようがなかった。

364　OECD Employment Outlook 2011を参照。一方で、ドイツやフランスなどヨーロッパ諸国では失業率が一〇%あたりで推移してきた国も珍しくない。

365　他にも護送船団方式による「会社が容易につぶれない仕組み」と、「社員を容易に解雇できない仕組み」といった理由が考えられる（宮本太郎『福祉政治　日本の生活保障とデモクラシー』有斐閣、二〇〇八年）。

ムだ。あくまでも夫の稼ぎを助ける存在として認識されていた「主婦パート」は、簡単に首を切ってもいいし、給与が低くてもいい[366]。

こうして、男性は「サラリーマン」、女性は「主婦」というのが、日本の「標準」的な家族になっていった。男たちが企業戦士として長時間労働に打ち込む裏側で、女性たちは主婦となり、家事や育児、介護を担う社会の誕生だ。

自民党[367]は一九七九年に『日本型福祉社会』という文章を発表、「大学を卒業して企業に就職し、結婚して家庭を持ち、子供をつくり、退職後は年金を受け取って、老後の生活を送り、七五歳で生涯を終える」という男性のライフスタイルを望ましいものとして描いている[368]。

終身雇用と年功序列は崩壊したのか

しかし、そのような「標準」的な家族は、実際に言われるほど多くなかったことが明らかになっている。さっきの【図1】を見ればわかるが、一九七〇年代の段階では家族従事者を合わせれば約三割の労働者は自営業者だった。

また、「三種の神器」を十分な水準で備えていたのも大企業だけだった[369]。さらに大企業に勤めていても、パートやアルバイトだとしたらその恩恵にはあずかれない。

ということは、そもそも一つの企業で働き続ける「標準労働者」がどれだけいたのかが怪しくなってくる。一九七〇年頃に入社した人たちは、ちょうど最近定年退職の時期を迎えてい

366　本田一成『主婦パート　最大の非正規雇用』集英社新書、二〇一〇年。「パートタイム労働者総合実態調査」によると、一九九〇年代から二〇〇〇年代にかけて、「家計の足しにするため」に働く主婦パートが減り、「生活を維持するため」に働く人が増えている。

367　かつて日本の与党だった政党のこと。正式名称を自由民主党という。

368　自由民主党編『日本型福祉社会』自由民主党広報委員会出版局、一九七九年。

369　一九六六年の「事業者統計調査報告」によれば、従業員三〇〇人以上の企業における常用者は七二五万人に過ぎなかった。

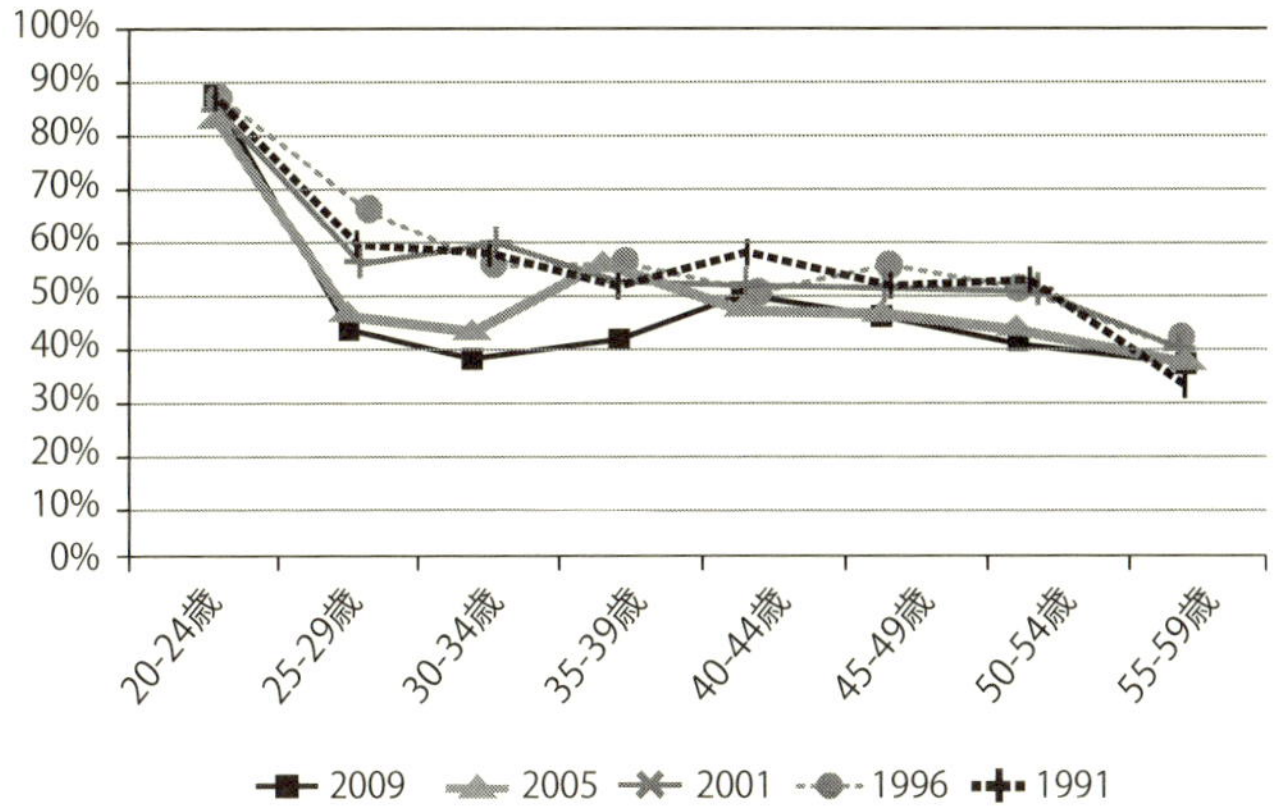

【図6】男性大卒・企業規模1000人以上の標準労働者割合（厚生労働省「賃金構造基本統計調査」）

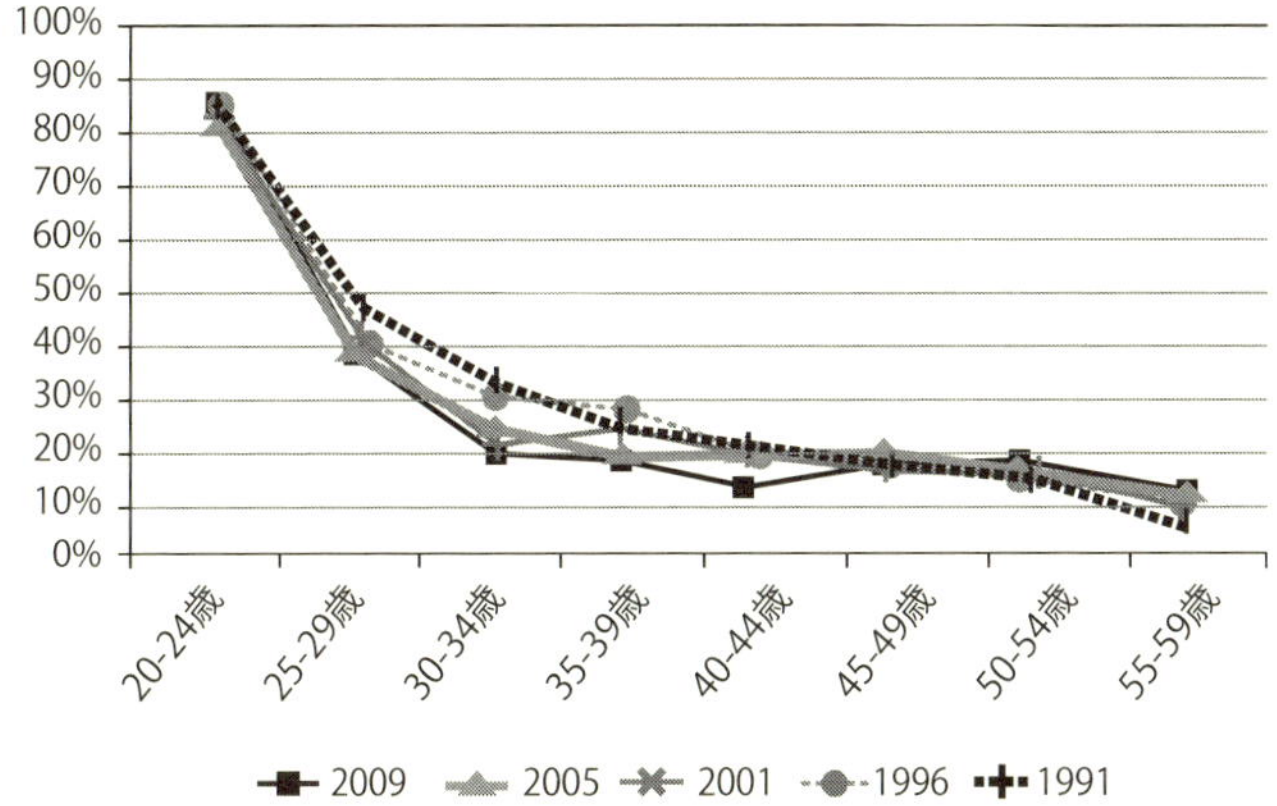

【図7】男性大卒・企業規模10〜99人以上の標準労働者割合（厚生労働省「賃金構造基本統計調査」）

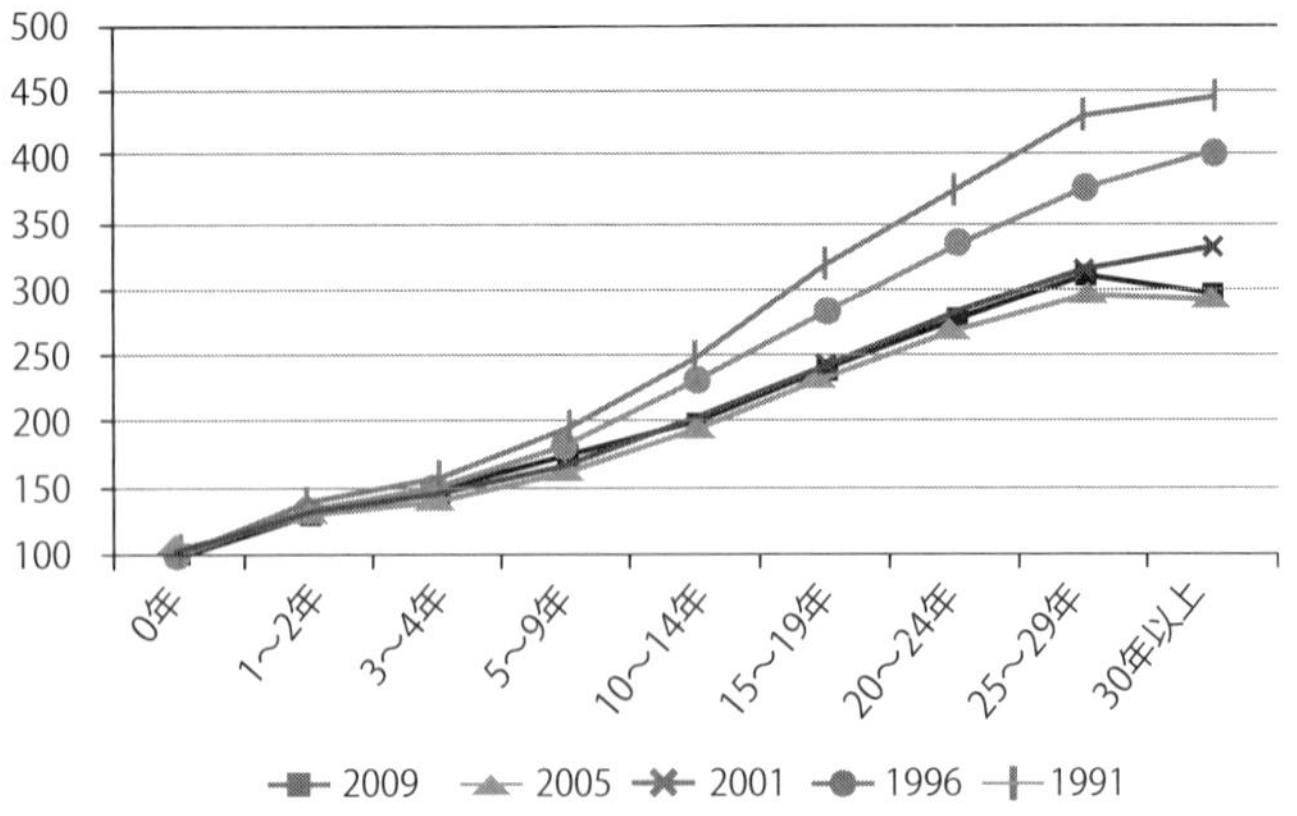

【図8】男性大卒・企業規模1000人以上の勤続年数別賃金（厚生労働省「賃金構造基本統計調査」[372]）

る。多くの企業の定年が六〇歳前後だから、五五～五九歳の「標準労働者」の割合を見れば、「終身雇用」と呼べる人がどれくらいいるかもわかる。[370]

　まず、「標準労働者」が最も多そうな大企業に勤める男性を見ておこう。[371] すると「標準労働者」の割合は年齢が上がるにつれて下がっていき、終身雇用と呼べそうな人は四割程度しかいない。さらに男性大卒で、中小企業で働く人で終身雇用の人は二割にも満たない【図7】。「標準労働者」の割合は高卒だとさらに下がる。特に中小企業で働く高卒男性の場合、終身雇用と呼べる人はだいたい五％程度だ。どうやら、終身雇用はちっとも日本人の典型的な働き方とは言えなさそうだ。

　もっとも、それは終身雇用がつい最近崩壊した、という話ではない。「標準労働者」の割合

370　ただし大企業にはリストラとして社員を子会社に転職させる慣習などがあるため、事実上の「終身雇用」とは誤差がある可能性はある。

371　小川和孝「日本の労働市場における長期雇用と年功賃金の変化に関する計量的研究」東京大学大学院教育学研究科修士論文、二〇一〇年。以下の標準労働者に関する図も同論文を参照した。

372　賃金は「所定内給与額」×12＋「年間賞与その他特別給与額」を算出し、産業については区別していない。左側の数値は、給与額ではなくて勤続年数〇年を一〇〇として、勤めた年数に応じて賃金が何倍になったかがわかるようになっている。

は一九九一年よりも二〇〇九年でむしろ上昇しているからだ。

年功序列に関しても確認しておこう。厚生労働省「賃金構造基本統計調査」によれば、いまだに年功序列が立派に維持されていることがわかる【図8】。

ただし一九九一年には勤続三〇年で賃金は入社時に比べて四・五倍だったが、二〇〇一年には三・三倍にまで下がっている。

同様の傾向は学歴と企業規模を問わず確認することができる。高卒の男性で大企業に勤めた場合、一九九一年には勤続三〇年で賃金は入社時に比べて三・七倍だったが、二〇〇九年には二・九倍にまで下がっている。中小企業の場合でも同様に、かつてより賃金カーブは緩くなっているものの、年功序列は維持されている[373]。

また予想通り、女性の「標準労働者」は男性以上に少ない。大企業に働く大卒女性で終身雇用と言える働き方をした人は三割程度、中小企業では一割に満たない。特に中小企業で働く高卒女性で「標準労働者」はほとんどいない。「標準労働者」って、ちっとも「標準」じゃないじゃん。

整理すると、終身雇用で働いている人は、大卒男性でも四割程度、ただし年功序列は今でもある程度は維持されている、ということになる。

しかし同時に言えるのは、一九九〇年代に騒がれた「終身雇用や年功序列が崩壊した」というのは大げさだったということだ。正確にいえば、大企業で働く大卒男性に対する終身雇用や

373　標準労働者に限って検討した場合、特に大卒大企業の男性で年功序列が未だに強いことがわかっている。また小川和孝「日本の労働市場における長期雇用と年功賃金の変化に関する計量的研究」（東京大学大学院教育学研究科修士論文、二〇一〇年）によるSSMデータを用いた追試でも、一九九五年から二〇〇五年の間で所得決定のメカニズムに大きな変化はなく、ともに同一企業への勤続年数が正に有意な影響を持っていることが確認された。

年功序列なんて昔からこの程度だったし、それがこの二〇年で急激に変化したと言うことはできない[374]。

一九九〇年代に起こった最大の変化は終身雇用の崩壊ではなくて、日本がポスト工業化社会に突入したということだろう。

製造業の就業者数が農林水産業を抜いたのが一九六五年だが、その製造業に就く人の数は一九九三年から減少しはじめている。そして一九九四年にはサービス業の就業者数が製造業を抜く。そして建設業の従事者も一九九九年をピークに減少しはじめる。

日本は、工業が中心だった「ものづくり」の社会から、サービス業が中心のポスト工業化社会へと転換したのだ。

だが社会構造が変化したにもかかわらず、平成時代を通して日本は状況認識と価値観の転換を拒み続けていた。そして問題の「先延ばし」のために多額の補助金が投入され、果てしのない努力が続けられてきた[375]。

しかし、その変化は、徐々に僕たちの生活に影響を及ぼしていくことになる。

働く若者のリアル

実は、若者の働き方にもこの二〇年間で一見すると大きな変化は起こっていない[376]。「最近の若者はすぐに会社を辞める」という話題が毎年春の風物詩となっているが、学校卒業後の離職

374　おそらく、山一證券や北海道拓殖銀行といった大企業の倒産、同時期に報道された中高年のリストラに関する報道によるイメージが先行して、「日本型経営」が崩壊したと声高に叫ばれてしまったのだろう。ただし、実際に若年層になるほど標準労働者の数は減っているし、年功カーブは緩やかになっている。また、労働者の転職回数も近年になるほど増えているから、徐々にではあるが、雇用の流動化は進んでいるとは言える（林雄亮・佐藤嘉倫「流動化する労働市場と不平等」盛山和夫他編『日本の社会階層とそのメカニズム』白桃書房、二〇一一年）。

375　小熊英二編『平成史』河出ブックス、二〇一二年。同書で一番面白かったのは『Men's JOKER』掲載の村上龍（一九五九年、長崎県、O型）のコラムが冒頭に引用されていること。小熊さんは『Men's JOKER』を読んでるのだろうか。

376　海老原嗣生『雇用の常識

率は一九八〇年代後半からほぼ横ばいだ。

よく「七五三」と呼ばれるように、卒業後三年以内に離職する割合は、中卒で七割、高卒で五割、大卒で三割程度である。[377]

大卒者に注目してみると、一九八七年以降で離職率が高かったのは二〇〇〇年三月卒の三六・五％と二〇〇四年三月卒の三六・六％、逆に低かったのは一九九二年の二三・七％。

若者の離職率が景気変動に影響を受けやすいことがわかるデータだ。[378] 新卒採用は卒業の一年前に行われ、その一年前に採用枠が決められる。二〇〇〇年の二年前には金融不況があり企業が採用を抑制、一九九〇年はバブル爛熟期で就活は売り手市場だった。

景気がいい時には、条件のよい企業に入る学生が多いため、「辞めるのは勿体《もったい》ない」となかなか離職しないのだ。

そもそも、若者の離職がいくら叫ばれようと、優良企業は若者定着率が極めて高い。新卒定着率ランキングを見てみると、本田技研工業やキヤノンやリコーなどは三年目離職率がほぼゼロだ。[379]

その前年はＫＤＤＩや任天堂が三年目離職率ゼロだった。人気企業ランキングよりよっぽど企業の実態を反映している。就活している学生は、この数字をホワイト企業の見分け方としてもっと活用するべきだと思う。

また日本の大手企業が大学生の新規採用を抑えているというのも、事実とはだいぶ違う。確

「本当に見えるウソ」決着版』ちくま文庫、二〇一二年。

377　厚生労働省「新規学卒就職者の在職期間別離職率の推移」。

378　大卒者の離職率はやや増加傾向にあるが、これは大学進学率が増加したためだろう。また一部では企業側が大量に新卒者を採用し、入社すぐに解雇する「新卒切り」なども起こっている。

379　東洋経済新報社刊『就職四季報二〇一三年版』。

かにバブル崩壊後の一九九〇年代前半は大手企業が新卒採用を抑制したが、景気が回復し、団塊世代の大量退職が進む中で、大学新卒者の就職数は増えている。

確かにリーマンショック以降は再び学生にとって厳しい状況が続いているが、大卒就職者数や新卒求人数は短期的な景気変動に影響を受けているに過ぎない。たとえば一九九二年の新卒求人数は八四万人だったが、二〇〇九年にはそれを超える九五万人を記録している。

それなのに、なぜ「就職できない大学生」の話がここまで盛り上がるかといえば、大学進学者数の増加と、中小企業の不人気に尽きる。[380]

高卒者の雇用を支えていた製造業、建設業が減り、豊かな親世代が増えていくにつれて、日本では一九八〇年代後半以降大学進学率が急激に増えた。ここでも裏側で「工業化社会の終わり」という力学が働いていることがわかる。

その結果、膨大に増えた大学生を労働市場が受け止め切れていないのだ。さらに学校名に関係なく誰もがほぼワンクリックで人気企業に応募ができるようになったため、大手企業には大学生が殺到する状況となった。

しかし一方で人材不足で悩んでいる中小企業も多い。従業員規模五〇〇〇人以上の大企業は有効求人倍率が〇・六倍、つまり二人の学生が一つの企業を取り合っている状況だが、中小企業の有効求人倍率は三・二七倍だ。つまり、三社が一人の学生を求めて競い合っているのだ。[381]

実際は中小企業といっても多種多様だ。吸水性と速乾性に優れた「花ふきん」がヒットして

380　構造的な問題に加えて、どのような企業に就職できたかで人の序列が決まる「就活カースト」問題もある（古市憲寿「就活カーストの呪縛」『新潮45』二〇一二年九月号）。

381　リクルートワークス研究所「大卒求人倍率調査（二〇一三年卒）」。ただし学生の就職希望も大手から中小企業にシフトしつつあり、ミスマッチは改善されつつある。

いる中川政七商店や、マスキングテープが大ヒットし、製品がニューヨークのおしゃれ雑貨屋でも売られるようになったカモ井加工紙、自社デザインに定評があるプラスチック加工の本多プラスなど、日本にはキラキラした中小企業がたくさんある[382]。

「大企業神話の崩壊」とかいわれながら、若者たちは相変わらず大企業を志望し、大企業もまた変わらずに若者たちを採用していることがわかる。学生も企業も、まだまだ昭和のモードでいるらしい。

3　会社とは国家である

働き過ぎの日本人

高度成長期に一般化した「雇われて働く」生き方が、日本では今もなお続いていることを見てきた。そして、日本人の働き方に対する批判も、実は今と昔であまり変わっていない。

たとえば一九七一年の『読売新聞』では「職場砂ばく」と題して、早くも問題とされていた長時間労働を次のように批判する[383]。

「人を気ちがいのように働かせたうえに、そのことに感激までするように人間をつくり変えようというバカなムードが世の中に広まっていて、これじゃあ世の中ロクなことにならねえぞ」

長時間労働というのは、日本人の働き方を考える上では必須のキーワードだ。本当に日本人

382　中沢明子・古市憲寿『遠足型消費の時代　なぜ妻はコストコに行きたがるのか?』朝日新書、二〇一一年。発売日の三月一一日、東日本大震災が起こり、コストコ町田倉庫で駐車場崩壊という事故が起こった。
383　「職場砂ばく」『読売新聞』一九七一年五月二七日朝刊。言葉の悪さが殺伐さを際立たせ、まさに砂漠って感じだ。
384　一八八四年には紡績景気が起こり、工場の夜間操業も一般的になった。繁忙期には昼夜ぶっ通しの一八時間労働も珍しくなかったという。女工たちには結核などで身体を壊す人も多かったし、娼妓に転職することも珍しくなかった(紀田順一郎『東京の下層社会』ちくま学芸文庫、二〇〇〇年)。

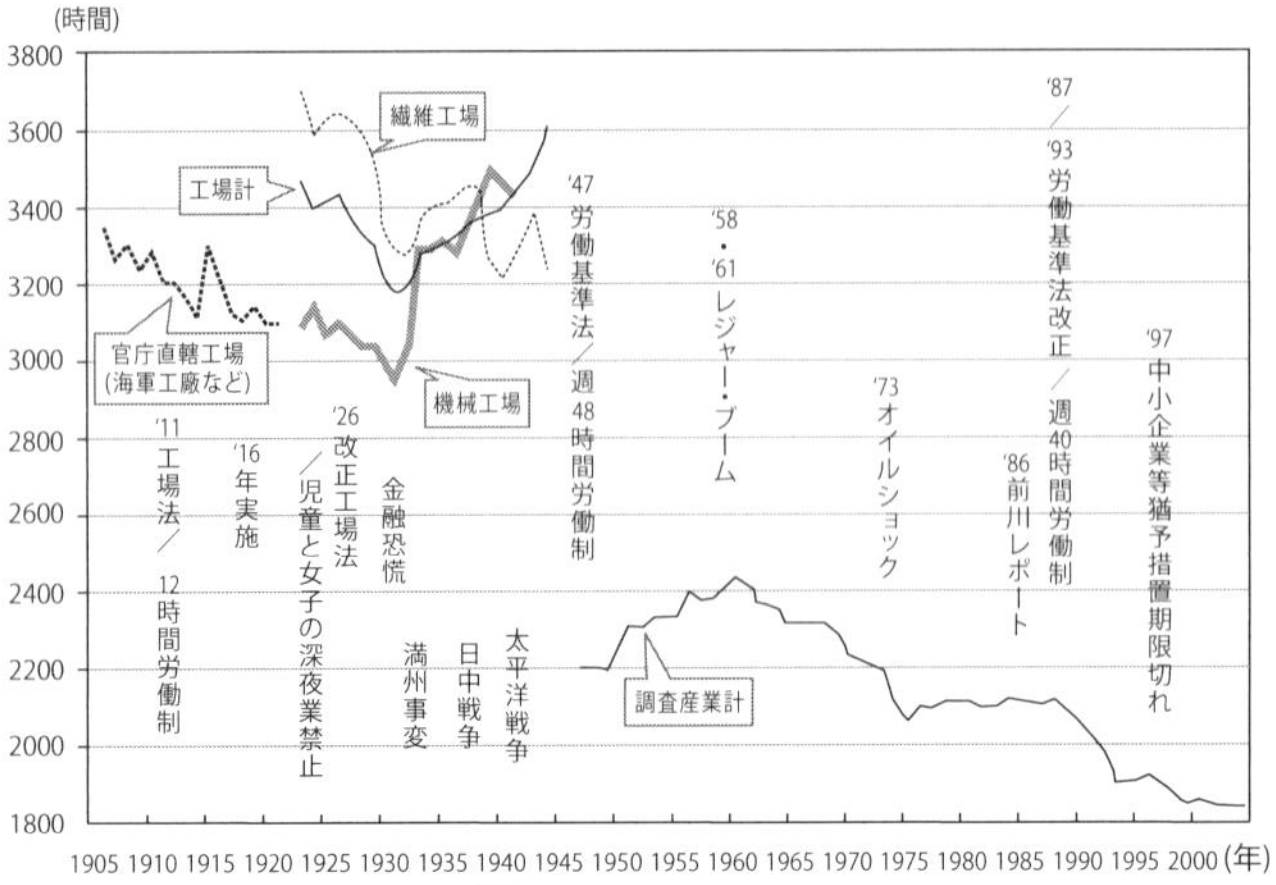

【図9】年間労働時間の長期推移[385]

は働き過ぎなのだろうか。

まず、戦前は現代とは比較にならないくらい、労働時間が非常に長かった【図9】。現在と統計の取り方が違うため厳密に比較することは難しいが、機械工や繊維女工などは年間三〇〇〇時間以上働くことも珍しくなかったという[384]。

たとえば、一九一六年に施行された工場法によれば生糸女工の法定労働時間は一日最長一二時間と決められていた。しかし繁忙期などは許可を求めれば、一日一五時間まで延長させることができた[386]。また月の休みは二日。現代とは比較にならないくらいの長時間労働である[387]。

こんな条件の工場法であっても、法案成立から施行まで五年かかるなど資本家の大反対にあった。しかも適用範囲は徐々に広

385　社会実情データ図録（http://www2.ttcn.ne.jp/honkawa/index_list.html）。みんなよくお世話になっている統計情報網羅サイト。サイト運営者・本川裕『統計データはおもしろい！　相関図でわかる経済・文化・世相・社会情勢のウラ側』（技術評論社、二〇一〇年）もオススメだ。と、勝手にステマ。元データは、年間労働時間（戦前）＝1日平均労働時間×月平均出勤日数×12ヵ月。戦後1969年までサービス業含まず。さらに1950年まで一部工業業種等含まず。1906～21年：「明治大正国勢総覧」東洋経済（原資料は帝国統計年鑑）。1923～50年：「明治以降本邦経済統計」日銀（原資料は労働統計要覧、休憩時間を含む）。1951年～：「労働白書」（原統計は毎月勤労統計、事業所規模30人以上）。

386　移行期間の問題もあり、一九二九年までは女工と少年工の深夜就業も認められていた。

387　その頃すでにヨーロッパでは八時間労働が一般的になりつつあり、日本にも時間制労働

がったとはいえ、基本的には一定規模以上の工場で働く、女性労働者と一五歳未満の男性労働者のための法律だった。[388]

工場法の改正を経て、一時期は減少傾向にあった労働時間は満州事変以降、再び増加し始める。特に戦争末期には工場法に戦時特例を設け、女性や少年たちをどんどん働かせようとした。いやあ、昔に生まれなくて良かった。[389]

戦後、一九四七年には労働基準法が制定され、日本人の労働時間は統計上、一気に減少した。とはいえ、現代と比べると全然長時間労働だ。それは当時のほうが農業従事者や自営業者が多かったのが一つの理由だろう。

また労働基準法上は、一日八時間・一週間四八時間労働が規定されたが、三六協定と呼ばれる抜け道が作られた。[390]書面で協定を結べば、事実上青天井で時間外労働が認められるようになったのだ。

一九六〇年代における労働運動の一つのテーマは、労働時間の短縮（「時短」）だった。代表的な彼らの要求は「週四〇時間労働、週休二日」。「週休二日などとても無理」という企業も多かったが、組合の力が強い大企業では「週四〇時間労働、週休二日」などが徐々に実現されていった。[391]

また高度成長期の当時は人手不足の時代。「週休二日」は社員募集のためのキャッチフレーズとしても使われた。もっとも、実際は月一回や月二回など、部分的に週休二日制の企業が多

条約の批准を求めていた（「八時間労働の賛否で国内に二つの流れ」『朝日新聞』一九二六年七月一七日夕刊）。

388　男性工場労働者の就業時間が一二時間とされるのは、一九三九年の就業時間制限令によってである。しかし戦局の悪化に従い、一九四三年には同制限令は廃止された。

389　なんて、一つ前の本みたいなことを言ってみる。

390　労働基準法三六条に規定されている項目のため「三六協定」と呼ばれる。過半数組合または過半数代表者と企業側が書面協定を結ぶことによって、労働時間の上限を変えることができると規定されている。

391　「進む労働時間短縮　労使ともに積極姿勢」『朝日新聞』一九六七年三月一八日朝刊。

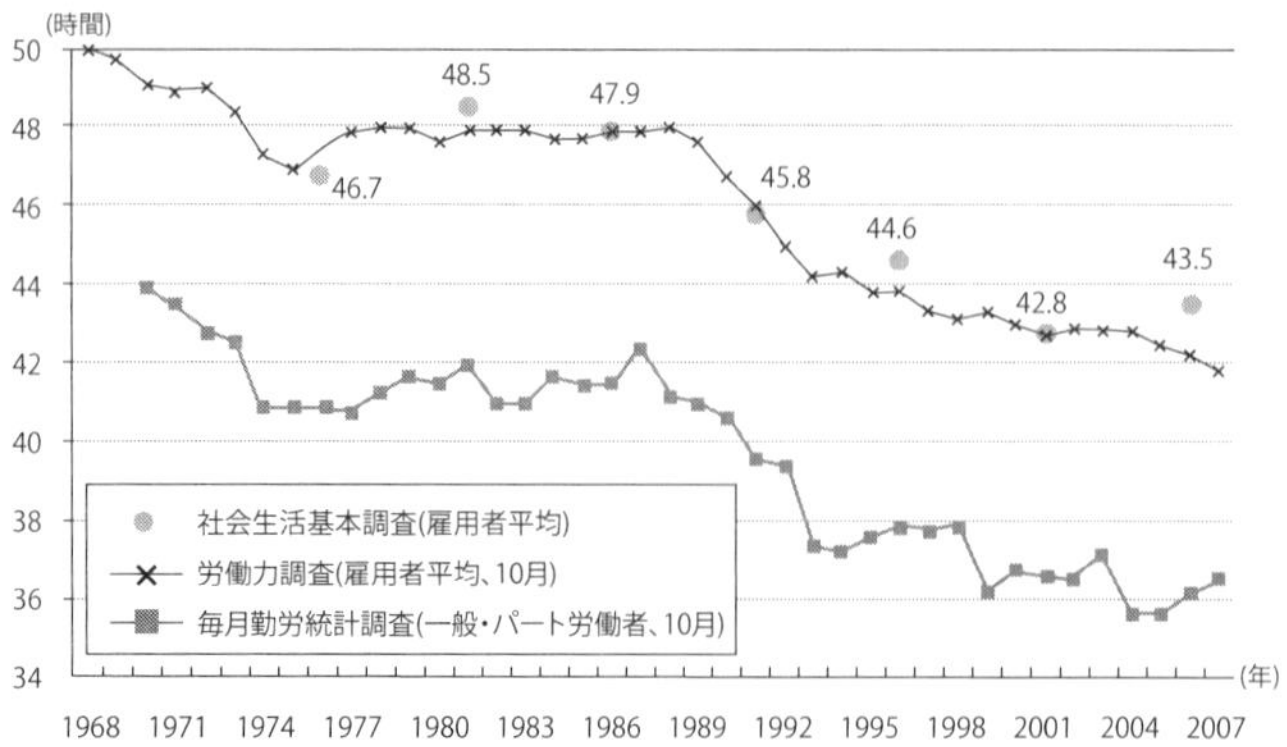

【図10】月間労働時間の推移[393]

数を占め、完全週休二日制に移行できた企業は一九七〇年代になっても、一〇％程度にとどまっていた。年間労働時間もまだ平均二一〇〇時間を超えていた。すべての新入社員が寮で暮らすという企業も珍しくなかった時代だ。

複数の政府統計を見ると、[392]一九七〇年代から一九八〇年代末にかけて労働時間はほぼ横ばいで、一九八〇年代末から急激に労働時間が減少していることがわかる【図10】。

一九八〇年代は「時短」をめぐる動きが盛り上がる。今までのように経済成長の成果を賃金引き上げだけに回すのではなく、雇用時間の縮小を考えるべきだというのだ。[394] ちょうどその頃は「物の豊かさ」よりも「心の豊かさ」を求める人が増加しはじめる時期だった。[395]

労働者側のみならず、行政側にも「時短」を推進したいという思惑があった。[396] 一九八五年に経済企画

392 実は労働時間は統計による把握が難しい。たとえば『毎月勤労統計調査』の数値は事業者が労働者に賃金を払った時間で計上されるため、不払い残業などをカウントすることができない。『労働力調査』は個々人に労働時間を直接聞いているが、記憶違いや計測時期の短さなどの問題が残る。

393 黒川祥子「日本人の労働時間　時短政策導入前とその二〇年後の比較を中心に」REETI Policy Discussion Paper Series 10-P002を元に作成。資料は「社会生活基本調査」、「労働力調査」（ともに総務省）、「毎月勤労統計調査」（厚生労働省）。

394 一九七〇年代までは、労使交渉でもインフレなどによって生活費が高騰する中で、労働時間減少よりも賃金上昇が優先されていた。

395 内閣府「国民生活に関する世論調査」によると一九七〇年代後半は「心の豊かさ」を優先したい人、「物の豊かさ」を優先したい人の割合はともに四〇％程度と拮抗していたが、一

庁により発表された『二一世紀のサラリーマン社会』という本を見てみると、安定した日本型雇用慣行を維持するために、労働時間の削減が必要だと言うのだ[397]。

同書は予測する。今後、団塊の世代が高齢化していけば、年齢に応じて賃金と序列が上昇していく現行の年功制度は維持できない。人数の多い団塊の世代全員にそんな高い給料を払えないからだ。無理やりそんなことをすれば、一九九〇年代以降に入社してくる団塊ジュニアたちの就職に対応できない[398]。

しかし雇用を流動化したところで、中高年の転職市場は厳しい。しかも日本の企業には、自分の会社以外で通用しない「ゼネラリスト」が大量に存在している。

そこで、経済企画庁は、休日を増加させ、「会社人間」たちに生きがいを見つけてもらって、会社以外でも通用するような能力を身につけさせようとした。中高年の休日が増えれば、結果的に賃金も抑制され、さらなる労働力が必要となる。それが来るべき団塊ジュニアの就職への対応策となるというのだ。

その後、一九八六年と一九八七年に前川レポート[399]が発表され、内需拡大のためにも余暇時間の拡大が急務とされた。日本は「経済大国」にはなったが依然「生活小国」であるため、労働時間の短縮が「国民生活向上の必須条件」であるというのだ。

こうした流れを受け、一九八八年から一九九七年にかけて週あたりの法定労働時間が四八時間から四〇時間へと段階的に引き下げられた。確かに平均労働時間の推移を確認すると、この

九八〇年代から「心の豊かさ」を求める人が右肩上がりで増えていく。もっとも、この傾向の一番大きな影響は高齢化だと思うけど。

396　公務員の週休二日制導入には反対が多かったようだ。ただでさえ非能率な公務員にこれ以上休暇を与えるのかという感情論である（「お題目ではない週休二日制議論を」『読売新聞』一九七九年六月一一日朝刊）。

397　経済企画庁総合計画局編『二一世紀のサラリーマン社会　激動する日本の労働市場』東洋経済新報社、一九八五年。一九七九年の『新経済社会七ヵ年計画』、『第四次雇用対策基本計画』、一九八〇年の『週休二日制等労働時間対策推進計画』でも週休二日制の導入による労働時間短縮は検討されていた。

398　まったくその通りの結果になった。未来を予測することと、それにきちんと対処するというのは、まるで違うということがよくわかる報告書である。

399　中曾根内閣の私的諮問研究会が発表したレポートのこと

時期に日本人の働く時間が急激に短くなっていることがわかる。

しかし、日本人の平均労働時間が低下しているからといって、一人一人の労働時間が短くなったのかは怪しい。たとえば一般的に若者のほうが多く働き、高齢者のほうが労働時間は少ない[400]。だとすれば、高齢化が進む社会では、必然的に平均労働時間は減少してしまうからだ。

実際、一九八六年と二〇〇六年で日本人の労働時間は、統計的有意には減少していないという研究も存在する[401]。週休二日制の導入によって確かに土曜日の労働時間は減少したが、その分平日の労働時間が増加しており、日本人一人あたりの労働時間はこの二〇年間でそこまで変化がないというのだ[402]。

事実、フルタイムで働く男性のうち、平日一日あたりの労働時間が一〇時間以上だった人は一九七六年には一七%だったのが、二〇〇六年には四三%にまで上昇している。平日に増えた分の労働時間は、睡眠時間の削減によって補われているようだ。

三六協定によって結局無制限の時間外労働が認められてしまっているため、法定労働時間が四〇時間という規制はあんまり意味がなかったらしい。

本当は仕事も会社も大嫌い!

みんなよく働くなあ。そんな働くってことは仕事も会社も大好きなんだろうなあ。と思ったら、いくつかの社会調査を見てみると、結果は真逆だった。

で、座長の前川春雄元日銀総裁の名前をとって「前川レポート」と呼ばれる。研究会のそもそもの目的は、日本がアメリカに対する貿易で儲かりすぎていたため、貿易に依存するのではなく内需を重視した経済体制を作りましょうという趣旨。

400 ただし田原総一朗をのぞく。

401 黒田祥子「日本人の労働時間」REETI Policy Discussion Paper Series 10-P002、二〇一〇年。

402 ただし中小企業で働く人に関しては労働時間の有意な減少が確認できるという。かつて相対的に労働時間が長かったのが、大企業程度には労働時間が短くなったのだ。

二〇〇五年に実施された世界価値観調査[403]によると、「余暇が減っても、常に仕事を第一に考えるべきだ」という考えに賛成の日本人は二〇・三%[404]。

同様の質問をした場合、ドイツでは六二・四%、中国でも五五・八%、イタリアでさえ四七・〇%の人が「仕事が一番」と答えている。

日本の数値は、調査結果が確認できる四七ヵ国中、最下位だ。つまり日本は、世界の中で最も仕事よりも余暇を大切に思っている国らしい。

さらに、日本人は仕事のみならず、会社のことも大嫌いらしい。二〇一〇年に行われた日米調査によれば、アメリカに比べて、日本のサラリーマンは今の職場が嫌いで、仕事内容にも満足していないし、職場内のコミュニケーションも希薄で、会社への忠誠心は低い[405]。

これは何も最近の経済不況の影響ではない。一九九〇年に発表された日米の比較調査でも同様の傾向が確認できる。日本のサラリーマンのほうが会社に愛着を感じていないし、友人に自分の会社は勧めないし、人生をやり直せたら今の会社には入りたくない[406]。

会社に忠誠心も感じていないし、仕事も嫌い。それなのに長時間労働。厚生労働省が定期的に実施している「労働者健康状況調査」によれば、「仕事や職業生活での強い不安や悩み、ストレスがある」と答える人の割合は約六割で安定している[407]。そりゃストレスも感じるだろう。

だったら、みんな会社辞めちゃえばいいじゃん。仕事しなくていいじゃん。

実は日本は「働かないでお金をもらうことは恥ずかしい」と考える人の割合が国際的に見て

403　二〇〇五年に実施されたWorld Values Survey (http://www.worldvaluessurvey.org/) の結果による。誰でもオンラインでクロス表やグラフを出せるので、プレゼン資料に箔を付けたいビジネスマンやレポートを書かなくちゃいけない学生におすすめ。

404　一五歳から二九歳の若年層にいたっては一〇・五%だ。

405　GEWEL「ベンチマークサーベイ二〇一〇」。「はじめに」の、NHKが参加する国際意識調査も参照。

406　電機連合協会が一九九四年と一九九九年に行った調査でも同様の傾向が確認できる。詳しくは、小池和男『日本産業社会の「神話」　経済自虐史観をただす』(日本経済新聞出版社、二〇〇九年)を参照。

407　厚生労働省「労働者健康状況調査」によれば、ストレスを感じる割合は相対的に中年男性に高く、若者と高齢者に少ない。

も少ない。[408] 不労所得が恥ずかしくないなら、さっさと会社を離れて第二の人生を考えたら良さそうなものだ。

しかし、そうはいかない。なぜならば、日本は特に男性正社員にとって、会社を辞めることのリスクがあまりにも高い社会だからだ。

会社とは国家である

この国では年金や介護保険など高齢者向けの社会保障はヨーロッパ並みに充実してきたが、現役世代に対する公的支援は相対的に弱い。そこで日本では会社が国家に代わり福祉を肩代わりしてきた。

企業に正社員として所属していれば健康保険や雇用保険、住宅補助など様々な福利厚生を受けることができる。会社は正社員の雇用を維持し、生活を保障する。その代わりに、正社員は職務、時間、場所などに制限なく会社の命令に従って働くという仕組みだ。[409] いきなり転勤や配置換えを命じられても社員は拒否できない。

たとえばトヨタでは一時的に人材不足を補うために、事務職で採用した大卒社員を数ヵ月間、工場の組み立てラインに立たせていた。[410] 海外育ちでバイリンガル、慶應卒の僕の友だちも、半年近くネジを回し続けて、手が痛くなったと言っていた。どう考えても能力の無駄遣いである。[411]

408　二〇〇五年実施のWorld Value Surveyによれば、「働かないでお金をもらうことは恥ずかしい」と考える日本人は四〇・八%。国際的に見てかなり低い数値だ。福祉国家のイメージが強いノルウェーでも五三・四%、中国では六三・二%の人が「恥ずかしい」と答えている。また「仕事は社会に対する責務」と答える日本人の割合はスペインやイタリアよりも少なかった。

409　濱口桂一郎『日本の雇用と労働法』日経文庫、二〇一一年。

410　「トヨタ苦肉の増産策、今春入社の大卒社員九〇〇人を生産ラインに」『読売新聞』二〇〇九年一〇月三一日朝刊。これは単純にトヨタが悪いという話ではない。契約更新をせずに「雇い止め」という批判を受けたことを教訓に、期間従業員の採用を抑制したのだ。単純な「派遣批判」が、実は雇用縮小を招きうることを示している。

411　能力の無駄遣いといえば、歴史学博士で大学准教授の與那覇潤は台風で学校が途中か

だからって彼も「工場行くのは嫌です」とはなかなか言えない。過去の判例を見ても、転勤拒否をした社員を懲戒解雇にしても問題ないってことになっている。[412] また解雇にはならなくても、会社の命令に背けば出世レースには不利になるだろう。

一つの企業に一生勤めることを前提とする社会では、会社の命令に従い、死なない程度に長時間労働をしたほうが社員にとっても合理的である。出世競争上も有利だし、残業代も増えるからだ。しかも、会社を辞めれば生活保障も失ってしまうことになる。

この国で企業に勤めるということは、まるで企業という国家の戦士になるようなものだ。企業は自国の戦士に対して様々な福利厚生を提供する。そして退役後は年金という形で、死ぬまで面倒を見る。

だが、企業という国家内では職業選択の自由や居住の自由は保障されない。上司の命令一つで職務は変わり、転勤を命じられる。そして、国家に刃向かう者に対しては容赦がない。国民を辞めろとは言えないから、何とかして自分の国から追い出そうと嫌がらせをする。

その意味で、戦後日本は社会主義国家としての各企業が連合した、社会主義連合国だったのだろう。こんな、企業が国家のような役割を果たす国で、起業するというのは、なかなか大変だ。スピンアウトをして植民地型の企業を作るならともかく、会社という国家を辞めて、起業するというのは、まるで「独立国家」を建設するようなものだからである。

ら休校になった時、学生が開けっ放しで帰って行った窓を閉めるという業務を延々とこなし続けていたという。

412　東亜ペイント事件における最高裁の判決（一九八六年七月一四日）によれば、「家庭生活上の不利益は、転勤に伴い通常甘受すべき程度のものというべき」という。確かに裁判官は全国転々としているもんね。

4　のび太にもできた起業

就活に失敗して起業

一九七〇年一月、未来の国からはるばるとやって来たドラえもん（二一一二年、トーキョー、オイル）は、のび太（一九六二年[413]、東京都）に一冊のアルバムを渡す。そこには、のび太がこれから歩んでいく人生が載っていた[414]。

アルバムによれば、のび太は一九八七年に大学入試に失敗、一九八八年には就職活動にも失敗して自分で会社を始めるのだという。結果的に一九九五年までにその会社は倒産してしまうのだが[415]、びっくりしちゃうのは就職ができなくて、のび太が自分で会社を起こしてしまうという点だ。就職よりも起業のほうが簡単ってことか。

村上春樹（一九四九年、京都府）も一九七〇年代を振り返り「金はないけれど就職もしたくないなという人間にも、アイディア次第でなんとか自分で商売を始めることができる時代だった」と述べている[416]。

村上は、早稲田大学在学中の一九七四年に、東京・国分寺にジャズ喫茶をオープンしている。出店費用の五〇〇万円は、妻とのアルバイト、親からの借金で工面した。

しかし、それ以降土地や建設費が急激に上昇し、「金もないけど、就職もしたくない」若者

413 「ぼくの生まれた日」『藤子・F・不二雄大全集 ドラえもん』二巻、小学館、二〇〇九年。ただし収録媒体によって生年は変更されており、「現代から逆算して一〇年前」とされることが多い。

414 「未来の国からはるばると」『藤子・F・不二雄大全集 ドラえもん』一巻、小学館、二〇〇九年。初出は『小学四年生』一九七〇年一月号。発売は一九六九年一二月なのだが、お正月シーンがあるので一九七〇年とした。

415 つまりのび太であっても、七年間は会社を経営できた、ということだ。

416 村上春樹・安西水丸『村上朝日堂』新潮文庫、一九八七年。

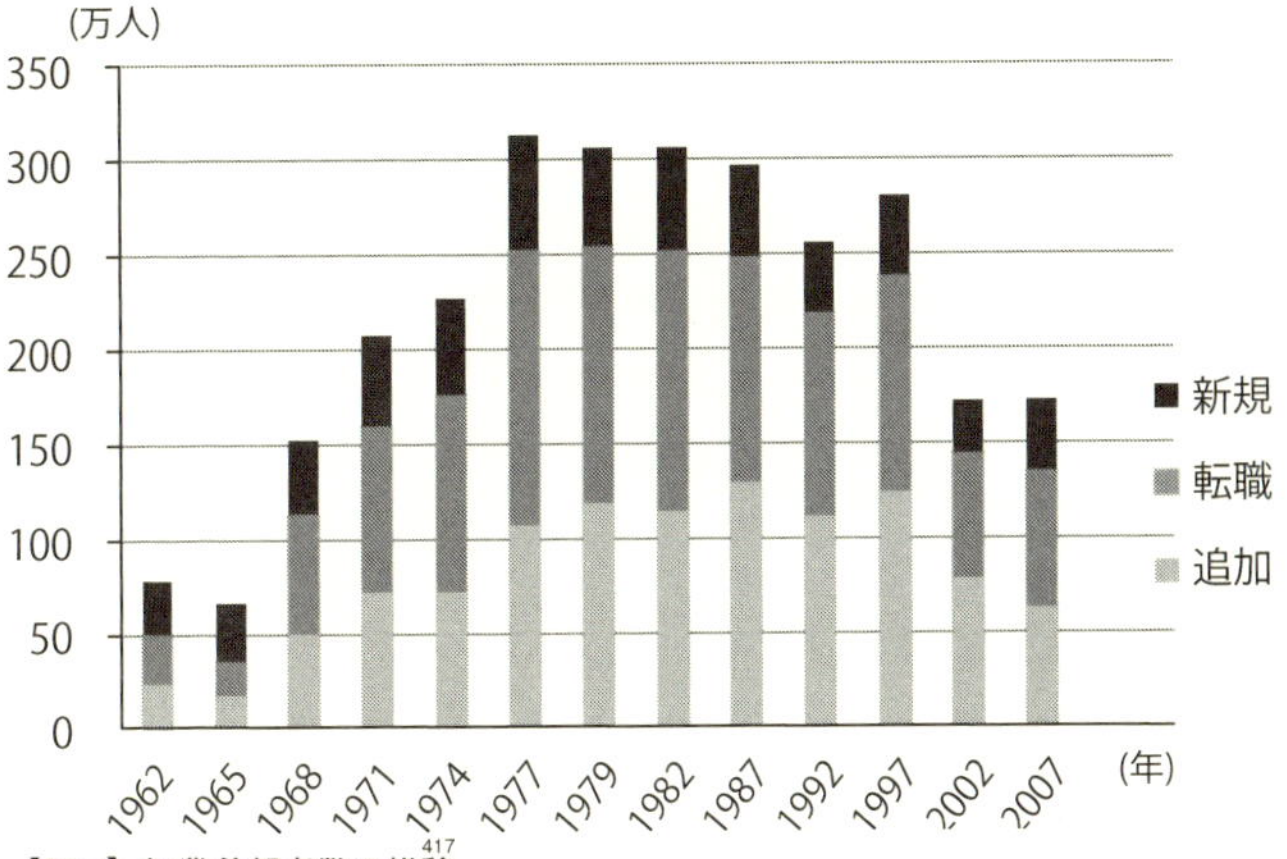

【図11】起業希望者数の推移[417]

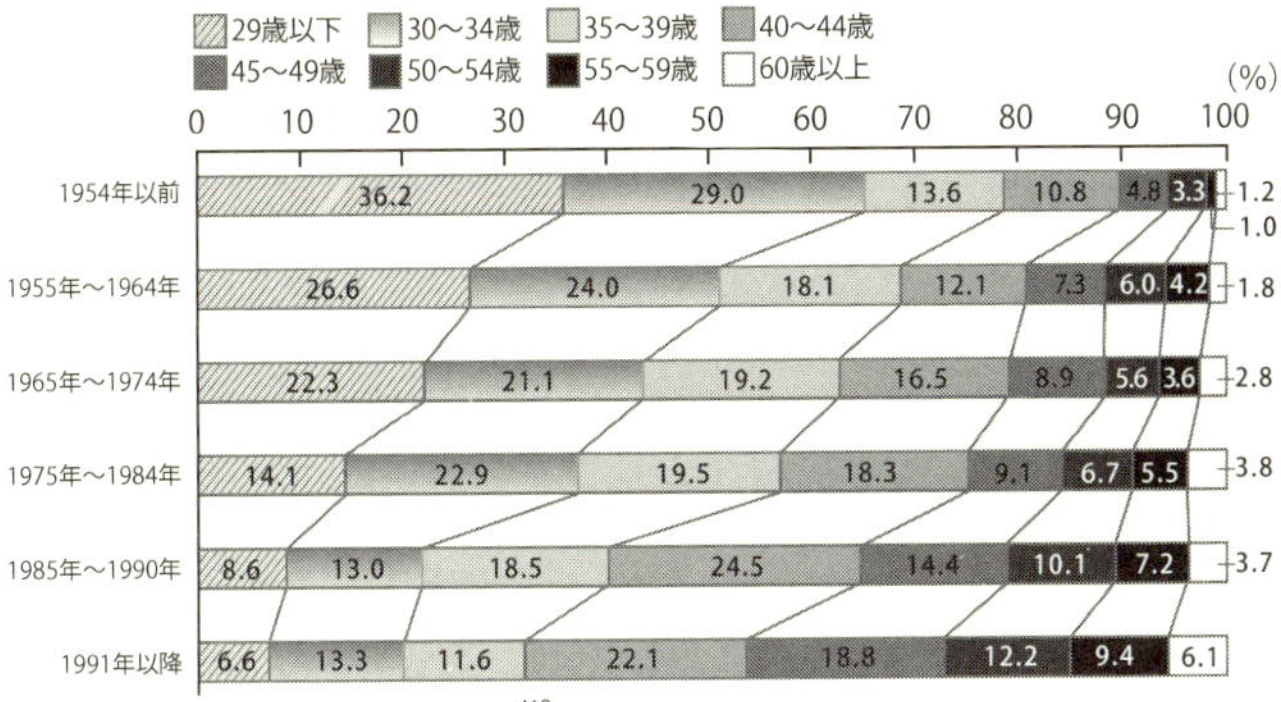

【図12】創業時の年齢（創業年次別）[418]

417 『就業構造基本調査』における「自分で事業を起こしたい」と答えた人の数。

418 中小企業庁「中小企業実態基本調査」一九九六年。

たちが、自分で事業を起こしにくくなってしまった、と村上は述べる。

確かに自分で事業を起こしたいと考える人の割合は、一九七〇年代から一九九〇年代にかけて、今よりも高い水準にあった【図11】。特に一九七七年には実に三一四万人もの人が、希望する就業形態を聞かれて「自分で事業を起こしたい」と答えていた。しかも、そのうち一七三万人が一五歳から三四歳の若者たちだ[419]。

もちろん彼らが全員起業に踏み切ったわけではないだろう。だけど当時の日本社会において「自分で事業を起こす」ということが、少なくとも感覚としては、そこまで特異ではなかったことがわかる[420]。

若者たちの地味な起業

起業希望者だけではなく、実際に起業した若者も減っているようだ。中小企業庁が行った調査によると、かつて若者たちのものだった起業が、時代を下るにつれて高齢化してきたことがわかる【図12】。一九五〇年代前半までは会社を立ち上げる人の実に六五・二%が三四歳以下だった。それが一九八〇年代後半には二一・六%まで減少してしまう[421]。

『就業構造基本調査』で過去一年間で新たに「自営業者」になった人の割合を確認してみると、一九七九年には二九歳以下が二三・七%だったのに対して、一九九七年には二二・三%、二〇〇七年には一四・八%にまで減少している。

419　二〇〇〇年代になると起業志向は一気に縮小する。二〇〇七年の調査で新規に起業を志望するのはわずか三八万四〇〇〇人、一五歳から三四歳にかぎると一一万八〇〇〇人に過ぎない。

420　もっとも、統計における創業希望者のピークと、村上の感覚にはややずれがある。村上が新しく事業が起こすことが難しいという「閉塞した社会状況」を描いたのは一九八四年だが、当時は今以上の起業希望者がいたし、一九七〇年代よりもその数はむしろ増えている。その「ずれ」には、村上のような高学歴層が一九八〇年代においては起業を現実的に考えられなくなっていた、「現実的に事業を起こしたい人」と「叶わない夢として事業を起こしたいと言ってみただけの人」が統計上は区別できない、などの理由が考えられる。

421　中小企業庁『一九九七年版中小企業白書』。本当は「中小企業活動実態調査」を直接確認したかったのだが、中小企業

また、帝国データバンクが二〇〇一年から二〇一〇年の間にできた会社に対して行った調査によると、二九歳以下の起業家は男性で一一・七%、女性で一〇・一%だった[422]。若者の起業が珍しいってことがわかる。

まあ、ある意味で当然だ。中高年ほど人脈や経験、資金があるため起業しやすいに決まっている。また、高齢者の起業動機には「親会社の要請」との回答も多い[423]。

若者たちの起業動機には「仕事を通じて自己実現をしたい」「自分の裁量で自由に仕事をしたい」「社会に貢献したい」「より高い所得を得たい」という回答が多い。

また、若者たちの起業というと、ついつい「ITベンチャー」みたいなものを想像してしまう。だけど実際には、二九歳以下の起業家に最も多い業種は「小売業」が二一・二%、「飲食店」が一八・四%、「一般消費者向けサービス業」が一三・二%で、「情報通信業」は五・二%に過ぎなかった[424]。

起業した事業分野の選択にしても「高収入を得る見込みがある」は一〇・七%、「世の中にない事業を始めたかった」は三・六%と、そんなにギラギラしていない。上位に並ぶのは「専門的な技術・知識等を活かせる」(五五・五%)、「以前の勤務先と同じ業種」(四二・〇%)といった堅実な理由だ。

「起業」というと「上場」や「ホリエモン」という華やかなイメージばかりが先行してしまうが、実際には小さなビジネスを地道に始める人が多いことがわかる。

庁に連絡したところ「保管期限が切れたので処分した」と言われた。「個人で保管されている方を探していただくしかない」らしい。さすが情報立国を目指す日本だけある。

422 帝国データバンク「「経済成長の源泉となる中小企業に関する調査に係る委託事業」報告書」二〇一一年。帝国データバンクのデータベースCOSMOS2に登録された企業から二〇〇一年から二〇一〇年までに起業された企業一万社を抽出、郵送アンケートを行ったという。中小企業庁の競争入札による事業で、委託金額は一九九九万二七三五円。

423 他の調査を確認しても、高齢者で資産を持っている人ほど起業しやすいという(高田亮爾『現代中小企業の動態分析 理論・実証・政策』ミネルヴァ書房、二〇一二年)。考えてみれば当たり前の話で、「お金」も「人脈」も「経験」もある人ほどビジネスで成功する確率も上がるだろう。

424 もちろんそれでも中高年に比べれば「情報通信業」で起

起業家地獄ニッポン

放射性物質漏れ原子力発電所、九〇〇兆円を超える巨額の財政赤字など、日本には様々な世界に誇るべき特徴があるが、その中の一つに「起業活動の低調さ」が挙げられる。

国際的な起業調査GEMによれば[425]、世界的に見て最も起業活動が盛んな国はバヌアツ[426]、ボリビア、ガーナ、ペルーといった発展途上国だ。こういった国では雇用機会がほとんどなく、自分でビジネスを営んだり、一次産業に従事したりするしかないから起業率が高まる。高度成長期以前の日本と似ている。

起業といえば「アメリカ」という印象があるが、GEMによればアメリカの起業率は八四ヵ国中、三九位に過ぎない。先進国の中でもニュージーランドやオーストラリアのほうが起業活動が盛んだ[427]。

そして、日本のランクは、八四ヵ国中八四位。実際の起業活動のみならず、様々な条件において日本は「世界で最も起業しにくい社会」であるという。

まず起業家が尊敬されていない。自分の国の人が、起業家になることを望ましいと思っているかを聞くと、「はい」と答えた人がオランダでは八二・〇%、アメリカでは五九・四%、ノルウェーでは五九・〇%だったのに対して、日本ではわずか二八・八%。世界最下位だ。

またビジネスで成功した人が尊敬を手に入れられるかを聞くと、「はい」と答えたのはフィ

業した若者の割合は多い。またインターネットを通じたB to Cビジネスを行っている場合は「一般消費者向けサービス業」だと回答している可能性がある。

425 GEM(Global Entrepreneurship Monitor)という世界の起業活動を調査する研究組織があり、二〇一〇年には五九ヵ国、これまでに計八四ヵ国に対する調査を実施している。「起業活動」には事業の準備段階も含まれ、フリーランスなどの法人登記をしていない人も含まれる。詳しくは一三一ページで定価四五〇〇円(税抜き)の磯辺剛彦・矢作恒雄『起業と経済成長』(慶應義塾出版会、二〇一一年)を参照。

426 どこ? と思って調べてみたら、南太平洋に浮かぶ砂浜と活火山が魅力の島国だった。

427 しかもアメリカにおける起業は必要に迫られて生計のために行う人が多く、FacebookやGoogleといったハイテクベンチャーが盛んなイメージとは対照的に、実際に多いのは建設業や製造業などである(スコッ

ンランドで八六・九%、ドイツで七五・二%だったのに対して、日本では五〇・六%。堂々のワースト二位を記録した。

北欧の起業ブーム

日本で唯一、ランキングがまあまあだったのがメディアからの注目度だ。成功した起業家たちの物語をテレビや新聞などで目にする人の割合は、五七・三%で、世界五六位。ただこれはちっとも嬉しくない。

成功しても起業家の地位は低く、職業としての起業家も賞賛されず、ただメディアでは取り上げられる。はじめはちやほやされても、すぐにバッシングされるのがオチだ。

結婚してもリア充になれない不条理漫画家のカレー沢薫（一九八二年、山口県、ＡＢ型）が言うように、日本では「心の底から調子に乗ってる奴」が嫌われ「そういう人間が一つボロを見せたばかりにハンバーグのタネになるまで叩かれる姿はもはやおなじみ」だ。

血の滲《にじ》むような努力をしても、勝利者が少しも威張れない社会なのだ。[428]

嬉しくないといえば、起業家の報酬自体、日本では相対的に少ない。[429] たとえばアメリカでは自営業者の収入は、雇用者の三倍、ノルウェーでは二・五倍、スペインでは二・二倍だ。しかし日本の自営業者の報酬は雇用者の半分。「雇われないで働く」ことは、総じて低収入なのだ。

ＧＥＭで興味深いのは、高福祉国家である北欧での起業活動が堅調な点だ。たとえば人口あ

ト・シェーン著、谷口功一他訳『〈起業〉という幻想 アメリカン・ドリームの現実』白水社、二〇一一年）。白水社の翻訳本のセンスはいつも素敵だ。バカ売れはしないだろうけど。

428 カレー沢薫「負ける技術」(http://morningmanga.com/blog/makerugijutsu/1328612955)。

429 内閣府『年次経済財政報告 日本経済の本質的な力を高める』二〇一一年。

たりの起業家数はアメリカよりもノルウェーのほうが多い。世界最高レベルの税金を課しているノルウェーのほうが起業活動が盛んだというのは一見すると不思議だ。

ノルウェーのとある起業家は雑誌のインタビューに対して「税は一生を通じての投資だと考えています」と答える。福祉制度が整っているため、個人で教育費や医療費、退職後の生活のことを考えなくていい。つまり、リスクを負いやすく、起業家になることのハードルが低いというのだ。[430]

またフィンランドでも「ヘルシンキ・スプリング」と呼ばれる起業ブームが起きているという。労働者の教育水準は高く、シリコンバレーと比べても雇用コストや医療費は安い。政府も起業を積極的に支援するといったことがブームの理由だと考えられている。[431]

起業忌避社会の成立

日本も一九九〇年代半ば以降、起業しやすい環境の整備を積極的に推進してきた。一九九七年にはストックオプションを導入、二〇〇六年には新会社法が施行され、「一円起業」も解禁された。

もはや法人を設立し、「社長」になるだけならば、すっごく簡単になった。

だけど起業は増えていない。統計上は副業さえも増えていない。[432] なぜなのだろうか。

日本がここまで起業が少ない社会になってしまったのは、一言でいえば「企業社会」があま

430 「税金が高いノルウェーのほうがなぜ米国よりも起業しやすいのか?」『COURRiER Japon』二〇一二年七月号。

431 今までは、そのような社会制度が整いながらも起業活動が低調なことが研究者たちを悩ませていた。詳しくはAutio, Erkko., 2009, "The Finnish Paradox: The Curious Absence of High-Growth Entrepreneurship in Finland", *ELINKEINOELÄMÄN TUTKIMUSLAITO S.* Discussion paper.

432 『就業構造基本調査』によると、農業をのぞいた副業実施者の割合はこの二〇年間、三%前後で推移している。ただしインターネット上でDODAが二〇一一年に行った調査による

りにも発達してしまったためだ。

たとえば一九七〇年代までは、「仕方なく」起業せざるを得ない人がいた。当時の中小企業庁が実施した調査によると、起業動機に「給料だけで生活できないから」という答えが上位に出てくる。中小企業の年功カーブの頂点が三〇代で、生きていくために「仕方なく」起業せざるを得ない人が多かったのだ[433]。

それが企業社会が成立していくにつれ「雇われて働く」ことが一般的になっていく。しかも雇用の流動化が限定的で、一つの会社に勤め続けることが得な日本社会では、わざわざ起業するメリットは感じにくい[434]。

特に若者にとっては、「学校経由の就職」や「新卒一括採用」といった形で、教育機関から労働市場への移行が制度的に担保されてきたために、起業というのはあまりにもリスクが高い。一度、ビジネスに失敗したら、なかなか企業に勤め直すということは難しい。

この本で取り上げた起業家たちには、企業に就職することなくビジネスを立ち上げた人も多いが、それは学生時代にすでに仕事が軌道に乗っていたから可能になったことだ。

日本には起業を支援する環境も整っていない。GEMによれば、個人投資家の割合は世界最下位。ベンチャー・キャピタルの年間投融資額も欧米に遠く及ばないばかりか、最近では大幅な減少傾向にある。

そして、身近で新たに事業を起こした人もいない。いくつかの調査でも、起業家や企業経営

と、二五～三九歳の正社員のうち二〇・一％に副業経験があるという。調査方法の詳細は不明だが、多くのネット調査ではポイントなどの形で謝礼が支払われるので、広義の「副業経験」は一〇〇％になる気もする。詳しくはDODA「ホンネの転職白書　副業の実態調査二〇一二」(http://doda.jp/guide/ranking/046.html) を参照。

433　中小企業庁『中小企業白書』一九七九年。

434　実際、失業者が再就職しやすい国ほど、起業活動が積極的な傾向があるという（内閣府『年次経済財政報告　日本経済の本質的な力を高める』二〇一一年）。

者の親の職業に、自営業者が多いことが明らかになっている。[435] しかし、実に八割の人が「雇われて働く」日本という国では、起業が少しも身近なものではなくなってしまった。国際的に見ても、自分に起業するスキルがあると思っている人の割合は非常に少ない。

幸福な若者は、起業しない

日本の起業率が低いということは、別に嘆くことではない。むしろ、「起業忌避社会」は、この国の豊かさの象徴だ。

日本では、もはや食べていくためにビジネスをする必要はほとんどない。街角で露天商にならなくても、通りすがりの人に怪しいお土産物を売らなくても、外国人に物乞いをしなくても、雇用機会はたくさんある。

さらに、多くの若者たちは「豊かな親」から自立できずにいる。若者の雇用環境の悪化や貧困化が問題になっているが、それが顕在化しない理由の一つは「家族福祉」だと言われている。一八歳から三四歳の未婚者のうち、男性の実に約七割、女性の約八割は親と同居している。[436] 親からも自立できていないのに、起業なんていう会社からの自立が、そう簡単にできる訳がない。

「雇われて働く」ことは、「雇われないで働く」ことよりも、総じて楽だ。仕事は会社が選んでくれる。仕事のリズムも会社が管理してくれる。保険や年金、納税などの面倒なことも代行

435　小嶌正稔「起業家概念の変質と起業家社会の構築」東洋大学経営力創成研究センター編『経営者と管理者の研究』学文社、二〇一二年。

436　国立社会保障・人口問題研究所「第一三回出生動向基本調査」。

してくれる。そこまで難しいことを考えないでも働けてしまう。

ヨーロッパよりも安いとはいえ、最低賃金は全国平均で時給七三七円。生きていくためならば、頑張って起業するよりも、コンビニでバイトしたほうが楽だし効率もいい。

一方で、自営業者や起業家の生活は相対的に不安定だ。

たとえば高校三年生で起業し、ネットベンチャーとして急成長したウィルゲートの社長、小島梨揮《りき》（一九八六年、岡山県、B型）は二二歳の時、絶望の中にいた。[437] 急成長の中で資金調達した一億円が返せるかわからない。実家の母が倒れて病院に運ばれる。社員が次々と辞めていく。顧客情報を競合会社に流出させた社員もいた。そんな中でも、彼は会社を守った。

小島の言葉は重い。「逃げたくても、自分には逃げ場がありませんでした」「人の責任にしても経営者失格であっても人間失格であっても、会社を存続させなければなりません」。

起業し、事業規模を拡大するってのは、そんなリスクを負う可能性もあるってことなのだ。どう考えても、午後二時に新橋駅前のドトールでうとうとしているサラリーマンのおじさんよりも大変そうだ。

手軽にビジネスを始めることも難しくなった。一九七〇年代のように屋台を始めようと思っても、今では食品衛生法や道路交通法による規制が厳しくなり、もはやそれは手軽に始められるビジネスではなくなった。また、日本の消費者は要求水準も高く、生半可なビジネスを始めてもそうそう大成功はしない。[438]

437 小島梨揮『ウィルゲート 逆境から生まれたチーム』ダイヤモンド社、二〇一二年。

438 移動屋台を始めようと思った場合、食品衛生責任者の資格取得が必要だ。また仕込みから自分たちで行う場合には調理場の営業許可も要求されるが、自宅と調理場は明確に分かれた場所である必要があるため「自宅台所で仕込み」みたいなことは難しい。また二〇〇六年に施行された改正道路交通法では、駐車違反の取り締まりが厳しくなり、人通りの多い道路での屋台はほぼ不可能になった（『はじめての移動屋台オープンBOOK』技術評論社、二〇〇七年）。

だけど、起業すること、自分で事業を起こすことを、必ずしも大それたものとして考える必要はない。この章で見てきたように、多くの起業はネットベンチャーのような華やかなものではない。事業ドメインを見ても、小売業や飲食業という「小さな商売」が割合としては一番多い。そうした「小さな商売」を支援する動きは始まっている。

また、「起業大国」と思われがちなアメリカには、自由に働くことを阻む制度がいくつもある。たとえばニュージャージー州など自宅でフリーランスやミニ企業を営むことを制限する州があるし、医療保険制度も個人で働く人には不利な設計になっている。[439]

それに比べたら、日本はまだマシなのかも知れない。だって、のび太でさえ起業家になれたんだから。[440]

439　橘玲『貧乏はお金持ち「雇われない生き方」で格差社会を逆転する』講談社＋α文庫、二〇一一年。
440　倒産したけど。

第七章　あきらめきれない若者たち

努力して「いい学校」に入れば「いい会社」に入社でき、「いい人生」が送れる。そんな「中流の夢」が壊れはじめている。一方で、学歴も資格もいらない「非資格型専門職」になることに憧れる若者たちがいる。そんな現代社会における「働き方」の構図をこの章では確認していこう。

〔スケッチ10〕美容院で働きすぎる若者たち

表参道などに数店舗を構える中堅の美容院がある。スタッフ数は一〇〇人弱。人気サロンの美容師たちの労働時間は長い。入社三年目のユキ（二三歳）は、毎朝八時頃に出勤して終電の出る深夜一二時頃まで働く。休日は基本的に週一回だが、それも雑誌の撮影などが入ってしまい潰れることが多い。

この激務に身体を壊し、数ヵ月で辞めてしまう美容師たちも多い。特に業界の華やかさに惹かれて美容師という職業を選んだ人にとっては辛いようだ。タクミ（二一歳）がその典型例だ。

「やっぱオトナになってもスーツは着たくないねって話して。それで友だちと美容師いいんじゃねって、盛り上がって。華やかだし絶対これしかないって。やばい、かっこいいって」

しかし実際に仕事を始めると、それは予想とはだいぶ違った。「本当に地味な作業ばっかりなんですよ、美容って。しかもお店に入ってもはじめは掃除とシャンプーくらいでしょ」とタクミは愚痴をこぼす。専門学校時代の同級生も、アパレルの店員やコンビニでのアルバイトなど美容業界と関係なく働いている人も多いという。

ただ、カオリ(二五歳)が言うように「一年いれば、あとはそこから辞めることはあまりない」らしい。カオリの同期は一〇人くらいいたが、そのうち三人は一年目までに辞めてしまったが、その他のメンバーは今でも同じお店に残っているか、違うサロンで働いている。

最近では「美容師は重労働」という認識もだいぶ広がっているらしく、今年入社したばかりのヒロ(二一歳)は「もっと忙しいと思ってました。終電でも帰れないみたいな」と笑う。彼は「この前時給換算したら二〇〇円くらいだった」と言うが悲壮感はない。

入社まもない美容師たちにとってサロンは労働の場であると同時に、学習の場でもある。この美容院の場合、店舗の営業時間自体は昼一時から夜の九時までだ。営業時間前は雑誌用の撮影、営業時間以降は新人たちの練習とミーティングに充てられることが多い。実際の勤務時間は一五時間を超えることも珍しくない。

整備されたキャリアラダー

この店では大きく分けて「アシスタント」と「スタイリスト」という二段階の役職がある。専門学校卒の新人たちは皆、アシスタントから始める。アシスタントの中でもシャンプーと接客だけができるレベル、パーマやカラーをしてもいいレベルなどいくつかのステップがある。ただしスタイリストになるまで給料は固定される。

そしてスタイリスト試験に合格して初めて、彼らは一人前の美容師として自分の顧客を持ち、髪を切ることができるようになるのだ。このスタイリストになるには早い人で三年半程度、遅い人では五年くらいかかるという。入社五年目のカオリは「私もう崖っぷちなんですよ」と笑う。スタイリストになれないからといって店を辞める必要はなく、実際六年以上かかる人はまずいないようだ。

店長のトモヒコ（三二歳）は採用基準を以下のように話す。

「基本的には何かに秀でた人かな。ここだけは上手いとか、学校の成績がいいとか、容姿がいいとか。あとは平均的な人っていう枠もある。何でも一応できるんだけど、特に何かがないっていう人。結局、そういう人が一番伸びたりするからね。何かに特化した人は、育った後にアンバランスになっちゃうこともあるし」

スタッフたちの仲はおおむね良好なようだ。ほとんどの時間を一緒に過ごしているにもかかわらず、休みの日に会うということも珍しくない。さすがにルームシェアをする人まではいないようだが、多くのスタッフたちが店舗の側に家を借りているため集まりやすいという地理的要因もあるようだ。

それでも働き続ける理由

激務でありながら、なぜ若者たちがこの美容院に留まるのか。大きく分けて二つのパターンの若者がいるように思える。

一つは、自己実現として美容師という職業を続ける若者たちだ。彼らの「やりがい」を支えるのは、サロン側が用意したキラキラした舞台装置である。

東京の中心地にあり、雑誌にもよく取り上げられる有名店。カオリが「地元で働いてる友だちもいるけど、やっぱりこういうお店のほうがいろんな技術も学べるし、東京のほうが色々なものを見るチャンスも増える」と言うように、有名サロンということ自体が、意欲ある若者に訴求力を持っていることがわかる。

そして、より重要なのはこのサロンにきちんとキャリアラダーのような教育制度が整備されていることだ。

トモヒコが「昔はそれこそ見て覚えろみたいな時代もあったけど、今は全部教える。テクニックも隠さない。どうせすべてを習得できるわけじゃないし、結局は自分流のテクニックができていくものだから」と言うように、営業時間後は先輩スタイリストたちが、アシスタントたちにカットの方法を教える。

「昔よりメンタルが弱くなっている気がするから、注意する時もすごく気を遣う。上下関係というよりも、対等な立場で一緒に考えてみようみたいな感じとか。怒った時はきちんとフォローするとか」


一方で、惰性で美容師を続ける若者もいる。タクミもそのうちの一人だ。もはや美容師を始めた当初に抱いていた「自分の店を持つ」という夢をあきらめながら、それでも理由なく仕事を続ける。

「はじめのほうは辞めようと思ったこともありますけど、今はもう何が何だかわかんないっていうか。たぶんずっと続けていくんだと思うんですけど。うーん、はじめは将来店持ってやるぜ！　とか言ってたんですけど、なんか最近はそれが現実的じゃないこともわかってきて」

タクミは同時に将来への不安もこぼす。「身体壊して辞めていく人も多いですね。一日中立ちっぱなしだし、仕事時間は長いし。店持たなくて一生現役ってことも可能ですけど、あんまりいないですね」。彼が今憧れるのは公務員として働く同級生だ。

「高校生の時、友だちが公務員の専門学校に行くっていうの聞いて、まじこいつ夢とかないのってバカにしてたんだけど、今にして思えばあいつ賢かったなって。同級生と会うと、年収とか仕事の話になるじゃないですか。公務員、まじやばい。五時に帰れて、年収も美容と全然違うし。そんなにもらって何に使うのって。貯金してるらしいんですけど。美容師やってたら貯金なんて概念ないですからね」

〔スケッチ11〕居酒屋で働く二種類の若者たち

「仕事は朝の五時で終わるんですけど、そのあと八時まで彼らはタバコ吸ったり、だらだらしゃべったりしてるんですよ。あいつら、やばいでしょ」

大学生のコウスケ（二〇歳）は、大手居酒屋チェーンの運営する和風居酒屋で去年の夏からアルバイトを始めた。居酒屋を選んだのは「学校のない時間に一気にお金が稼げるから」というのが一番の理由だ。自分もその居酒屋で働く彼が「あいつら」と語るのは、アルバイトを本業とするフリーターたちのことだ。

その店舗には従業員が五〇人程度いるが、店長ともう一人の社員以外はすべてアルバイトだという。アルバイトは大きく二種類のグループに分けられる。一つはコウスケのように大学生がお金を稼ぐことを主な目的として働いている「大学生グループ」、もう一つは生活の中心が居酒屋のアルバイトである「フリーターグループ」だ。

「大学生グループ」も「フリーターグループ」も同じ形態で雇用されている以上、時給や勤労体系などに差はまったくない。基本的に仕事時間は早番が夕方五時から夜一一時、遅番が夜一一時から朝五時までの二種類である。

職種としてはホールスタッフとキッチンスタッフの二種類があり、バイト代はともに二二時までが一〇〇〇円程度、二二時以降が一三〇〇円程度だ。ドタキャンも可能で、シフト自体もかなり融通が利く。

仕事内容は完全にマニュアル化されており、大学生のヒロキ（二二歳）は「長く働いて身につくテクニックは手際だけ」と笑う。あらゆる料理は簡単に作れるように準備されていて、そこで求められるのはスピードだけだ。食材を床に落としても見た目さえ問題なければ、水で洗って対応する。鍋料理もキャンセルの出た瞬間にすぐ廃棄する。「皿は一秒で洗わないと怒られる」のだという。

また、マネジメントコストも極力削減されるようなシステムが導入されている。たとえば一日の仕事のうち、「揚げ物担当」「ホールの何番エリア担当」など個人の担当が決まっていて、業務が止まった場合は、誰に原因があるのかが一目瞭然でわかる。

仕事はお金のためか、承認のためか

このように職務内容や、勤労システム自体には差がないにもかかわらず、「大学生グループ」と「フリーターグループ」では、アルバイト先の居酒屋というコミュニティへの関わり方がまるで違う。

それが顕著に観察できるのが、アルバイト時間が終わった後の行動だ。大学生グループは仕事が終わった後にすぐに帰宅してしまう人が多いのに対して、「フリーターグループ」は数時間タバコなどを吸いながら話し続ける。前半シフトが終わった後、朝五時まで職場とは別の居酒屋で飲み続けて、後半シフトに合流する日もあるという。

飲み会や誕生日会を積極的に行うのも「フリーターグループ」だ。「大学生グループ」が居酒屋を金銭獲得の手段として受容しているのに過ぎないのに対して、「フリーターグループ」は居酒屋を承認欲求を満たしてくれるコミュニティだと考えているようだ。

「フリーターグループ」にとって、居酒屋でともに仕事をする人は「仲間」である。ある人がシフトを詰め込みすぎて、ふらふらになりながら働いていた時のことだ。「大学生グループ」の反応が「疲れていて、それでまわりに迷惑をかけるならシフトをいれなければいい」だったのに対して、「フリーターグループ」の反応は「彼も疲れているんだから、みんなで協力して助けよう」というものだった。

一方、「フリーターグループ」から見ると、「大学生グループ」は仕事に真剣ではないように見える。フリーターのシンジ（二一歳）は「結局大学生の子って、お金目当てでやってる人が多いから仕事に真面目じゃない子が多いって言うか。不真面目とは言わないけど」と言う。大学生のコウスケが「フリーターグループ」を「あいつら」と語るのと同様に、「フリーターグループ」も「大学生グループ」にネガティヴな視線を向けていることがわかる。

「卒業」していく若者たち

「フリーターグループ」は多くの場合、この居酒屋でのバイトが唯一の仕事である。時給の高い夜に働くことが多いため、貯金ばかりが貯まっていく人も多い。コウスケは「あいつら、高い服を着ている」と指摘する。働く日数や時間の関係で月収に換算して三〇万円から四〇万円ほど稼ぐ人も少なくないのだ。

しかし、「フリーターグループ」が正社員になろうとすることはほとんどないという。アルバイトから正社員への道は制度上存在するものの、シンジは「決まった日に来ないといけないし、給料も安い」ことが理由で正社員に魅力は感じない。

むしろ「フリーターグループ」は二年程度で居酒屋を「卒業」していくことが多い。「フリーターグループ」にとって居酒屋は大切な「居場所」ではあるけれども、永続的に所属しようと思う人は少ない。

彼らが居酒屋を辞めようとする理由は「それそろ就活しなきゃ」「トリマーになりたい」「ここは居心地が良すぎる」と一見さまざまだが、そこには共通して「このまま居酒屋でアルバイトをしていてはいけない」というある種の閉塞感がある。

居酒屋バイトは確かに居心地のいいコミュニティであるが、「このままじゃいけない」という意識が二年程度で芽生え出すことが多いのだという。

しかし、彼らが居酒屋を「卒業」した後でより社会的地位の高い職業に就くとは限らない。トラック運転手やタクシー運転手になった人も多い。もしくは別のアルバイトに就いても、収入が居酒屋より下がってしまう人も少なくないという。

1 あきらめられない不幸

失われた二つの夢

かつてこの国には、二つの上昇ルートがあった[441]。一つはサラリーマンとして出世をする「主ルート」。もう一つは、ブルーカラーとして雇われた後に独立して、自営業者という「一国一城の主」になるという「副ルート」だ。

それは「努力すれば何とかなる」と多くの人が思えた社会だった。勉強ができる人は「いい学校、いい会社、いい人生」を目指す。勉強ができない人は、「腕一本」で自分の専門性を高め、将来の独立を目標にする。

僕たちが住む近代社会は、どんな貧乏な村の、どんな親から生まれたとしても、「誰もが総

441　佐藤俊樹『不平等社会日本　さよなら総中流』中公新書、二〇〇〇年。同書が提起した新しい「階級社会」化には、複数の研究者から統計的な再検討が加えられている。知的エリートたちの階層相続がいつから強まったかという時期は留保するとしても、戦後日本社会におけるメリトクラシーには二つのルートがあったという指摘は重要だと思う。

理大臣になれる」「誰もがミリオネアになれる」という希望によって支えられている社会だ。
自分が生まれる前に決まっていた身分や家柄ではなくて、自分が生まれてからどのような「業績」を積んだのか、「能力」を身につけたのかで、社会的な地位が決まる。この仕組みのことを社会学者たちはメリトクラシー（業績主義）と呼ぶ。

戦後日本のメリトクラシーには「いい学校」に入れれば「いい会社」で出世できるという学歴社会ルート、「腕一本」で成り上がる「一国一城の主」ルートという二つの道があったことになる。

しかし、戦後のある時期を境に「一国一城の主」への道は閉ざされていく。高度成長後は開業資金もバカにならなくなり、自営業者になることがどんどん難しくなっていったのだ（第六章）。では、自営業者として独立するはずだった人はどこへ行ったのだろうか？

統計を見ると、非正規労働者は増加してきたものの、正規で働く人が減っているわけではないことがわかる。代わりに急速に減少したのは、自営型のキャリアだ。つまり、フリーターの増加には、自営業キャリアが形成しにくくなったことが関係している[442]。

かつての日本は学歴がなくても「学校だけがすべてではない」と思える社会だった。

しかし、ある時期からこの国は、あらゆる階層の人びとが受験レースに参加し、少しでも偏差値の高い学校の合格を目指し、少しでもいい会社に入ろうとする「大衆教育社会」に収斂《しゅうれん》していく[443]。

442　香川めい「日本型就職システムの変容と初期キャリア「包摂」から「選抜」へ?」石田浩他編『現代の階層社会二　階層と移動の構造』東京大学出版会、二〇一一年。また「雇われ店長」や「名ばかり管理職」など自営業者と雇用者の悪いところ取りをさせられた人たちの増加が問題になっている。実質的には本部からの拘束を受けているのに、リスクだけは負担させられるというパターンだ。詳しくは仁平典宏・山下順子編『労働再審五　ケア・協働・アンペイドワーク　揺らぐ労働の輪郭』（大月書店、二〇一一年）を参照。

443　苅谷剛彦『大衆教育社会のゆくえ　学歴主義と平等神話の戦後史』中公新書、一九九五年。苅谷自身は、東京大学教授からオックスフォード大学教授に転職という華麗なるキャリアアップを果たした。東大教授で満足できないとはすごい。ちなみに苅谷の穴を埋めるため、同じ学科の教育社会学者・本田由紀は以前にもまして激務になった。

メリトクラシーの崩壊

しかし、今やその「大衆教育社会」も危機にさらされている。

バブル崩壊後に人びとが目撃したのは「いい会社」の相次ぐ破綻やリストラだった。ソニー、日産、松下電器（当時）など大企業の大幅収益悪化というニュースが続いた。一九九七年には山一證券、北海道拓殖銀行などの大型金融機関が相次いで破綻したことも世間を驚かせた。大企業はこぞって「リストラ」という名前の賃金カットや雇用調整を実施した。そのような時代に、学生たちはもう素朴に「いい会社」を目指すことができなくなった。

そもそも「いい会社」に入ることが本当に「いい人生」を保証するのかは、一九八〇年代から繰り返し問われてきたことだ。「過労死」や「エコノミック・アニマル」という言葉に象徴されるように、経済成長の裏側ではサラリーマンの悲哀が繰り返し語られてきた。

今では忘れられがちだが、「正社員」と「専業主婦」のカップルというのは、会社に束縛された「社畜」と、近代家族に束縛された「家事従事者」という最悪の組み合わせだったのだ。

若者からしてみれば、大企業の正社員になることの魅力はかつてとは比べものにならないほど減っている。「いい会社」さえ倒産する時代だ。しかも終身雇用が保証されているわけでもないのに、年功序列という名目で若者は安い賃金で長時間働かされる。

かつてエリートがこぞって目指した国家公務員も悲惨だ。天下りができるわけでもないのに、若手官僚が夜遅く（時には朝早く）まで働かされる部署も少なくない。サービス残業も多い。農林水産省で働く僕の友だちは「時給換算したら三〇〇円だよ」と笑っていた。全然笑えない。

「いい学校」に通う優秀な学生からしてみたら「やってられるか」という話になるだろう。かつて官僚養成予備校とまで言われた東大法学部の学生たちが、ゴールドマン・サックスなどの外資系企業や法科大学院に目を向けはじめたのが象徴的である。

どうせ将来が保証されないのなら、「実力本位」で稼げる外資系や、自身の「専門性」で稼げる法曹を目指すというのは納得のできる話だ。そういえばこの前東大の学食で、「官僚になるなんて、官僚にしかなれないガリ勉のすることですよ」という学部生たちの会話を聞いた。東大生、怖い。

あきらめきれなかった若者たち

「大衆教育社会」としてのメリトクラシーの機能不全は、「あきらめ」の仕組みの崩壊でもあった。[444]「いい学校」に行けば「いい会社」に入れ、「いい人生」が送れるという「物語」が共有されている社会では、受験に失敗した人たちは少しずつ「いい人生」をあきらめていく。受験による選抜が若者たちに過度な夢をあきらめさせる効果を果たしていたのだ。

しかし、メリトクラシーの壊れかかった今の社会では、「あきらめきれない人」と「あきら

444　古市憲寿『希望難民ご一行様』光文社新書、二〇一〇年。本章では「あきらめきれない」若者たちを生み出す構図を中心にスケッチするが、実際にはこの一〇年間で若者たちの「真面目化」が進んでいるといわれている。一方で「将来は独立して自分の店や会社を持ちたい」「有名になりたい」と考える若者も三割以上は存在する（労働政策研究・研究機構「大都市の若者の就業行動と意識の展開「第3回若者のワークスタイル調査」から」二〇一二年）。

めてしまった人」の差が拡大している可能性がある。
「あきらめてしまった若者」には、現代はある意味で楽な社会だろう。ユニクロとZARAの服に身を包み、マクドナルドで友だちとランチ。休みの日には少し遠くのショッピングモールへ。ラウンドワンで汗を流し、家に帰ればFacebookでアプリに興じる。
しかも今の若者の親世代である五〇代、六〇代は、まだまだ現役で働いている人も多く、介護が必要となる年齢でもない。貯蓄率も高く、持ち家率も八割を超える。多くの若者たちは恵まれたインフラの中で、日本史上最高の豊かさを享受している。[445]
受験競争に巻き込まれることもなく、先行世代から受け継がれた「幸福」の中で暮らす「あきらめてしまった人」と違い、「あきらめきれない人」には、この国は少し大変な社会かも知れない。
まず、何をどう頑張ったらいいのかが、すごく不透明だからだ。
〔スケッチ10〕や〔スケッチ11〕で描いたように、多くの若者たちは現在の状況をそのまま続けても、未来が幸せになるとは思っていない。だから自分の生活に変化を起こそうと何か新しいことを始めようとしてしまう。[446]
だけど「このままではダメだ」という意識を持ったところで、そこで何をしたらいいかわからない。日本では、向上心がある人でも学歴がない場合やフリーターを続けている場合のレベルアップの仕組みが整備されていないからだ。

445　もちろんそれが持続可能なものかどうかはわからない。詳しくは上野千鶴子・古市憲寿『上野先生、勝手に死なれちゃ困ります　僕らの介護不安に答えてください』光文社新書、二〇一一年。

446　久木元真吾「『やりたいこと』の現在」小谷敏・土井隆義他編『若者の現在　労働』日本図書センター、二〇一〇年。

一方で、かつての「いい学校」に入り「いい会社」を目指すという「主ルート」も、その姿を大きく変えつつある。

受験勉強だけができる学歴エリートの価値は下がり、就職の際には学歴に加えて「人間力」や「コミュニケーション能力」が当たり前に要求される。「人間力」にはペーパーテストで測れるような明確な基準がない。つまり、ただのガリ勉じゃダメなのだ。

若者自身も、あまり学歴を重要だとは考えていないようだ。国際意識調査を見ると、社会において成功するための重要な要因として、「学歴」を挙げる若者の割合は、日本が圧倒的に少ない。[447] アメリカでは社会で成功する要因として五一・七%、イギリスでは三七・四%が「学歴」が重要だと答えているのに、日本ではわずか一〇・四%だ。

一方で、「いい学校、いい会社」ルートの外側には、もっとキラキラした人生が転がっているように見える。スポーツ選手、歌手、漫画家、声優、パフォーマー、旅人、カフェオーナー、そして起業家。そういった職業に就くことに、たいていの場合学歴は必要がない。

「どんなに辛くても夢をあきらめないで」「やればできる」といった、夢に向かって頑張る若者たちを応援するメッセージも、この社会には溢れている。勉強さえしていればある程度の地位を獲得することができた「大衆教育社会」と違い、「やればできる」と言われても、何をやればいいかはわからないのに。

447 内閣府「世界青年意識調査」二〇〇九年。調査対象は日本、アメリカ、韓国、フランス、イギリスの一八歳から二四歳の若者たち。ただし日本の若者は一九七〇年代から学歴を重要視していなかった。事実、東大卒のエリートも大企業に入ればヒラ社員から始まる日本は、単純な「学歴社会」とは言えない（竹内洋『立身出世主義 近代日本のロマンと欲望（増補版）』世界思想社、二〇〇五年）。

2　みんな学歴の話が大好き

学歴はまだ残っている

もはや、学歴というものはまるで役に立たなくなってしまったのだろうか。

そんなことはない。むしろ学歴が果たす役割は、かつて以上に強まっているとも言える。確かなものがない流動的な社会では、人々は何とか「確かなもの」を求めようとする。そこで立ち現れる「確かなもの」は、結局のところ学歴や社歴だからだ[448]。

今でも人々は「東京大学」や「慶應大学」「早稲田大学」に価値があると信じ、企業でいえば「三菱商事」や「グーグル」「マッキンゼー」といった大企業や優良企業出身者の人を信じている。「東大法学部出身、マッキンゼーに勤め、今は京大の准教授」というのは、誰から見ても「すごい人」「信頼できる人」だ[449]。

そして大企業や優良企業に入るには、偏差値が高い大学に入ったほうが有利だ。万単位で応募が殺到する人気企業は、効率的に志望者を絞るために学歴でスクリーニングをせざるを得ない。企業はあらゆる手を使って、名門大学の学生に有利な選抜制度を構築している[450]。

就活経験のある現役東大生に対して行われた「東大生の就職活動に関するアンケート」によると、東大生の八五%は「東大という学歴で就活のときに得をした」と答えている[451]。

448　研究者たちは「学歴」と「学校歴」という言葉を区別して使う。学歴というのは、「高卒」や「四大卒」というように最後に卒業した学校のジャンルであるのに対して、学校歴というのは「慶應大卒」など卒業した学校名を指す。ただし本書では特に「学歴」と「学校歴」を区別していない。

449　さらに、現在の社会では、「いい人生」を送っている人は、「いい大学」を出た人や、「いい会社」にいる人が多い。結局彼らは「実力本位の時代だ」と言いながらも、自分と似たような出自の学歴や社歴の人と仲良くなることが多いだろう。

450　海老原嗣生『偏差値・知名度ではわからない就職に強い大学・学部』朝日新書、二〇一二年。よくあるのは「東大生向け説明会」「慶應向け」など採用実績の多い大学に向けた説明会を開催するという方法だ。「それ以外の大学向け説明会」では、キャパシティの都合上、エントリーするのが難しくなる。

また、就職した後も、偏差値六〇以上の大学出身者は他大学出身者よりも平均所得が一三〇万円以上高く、東京大学、京都大学、慶應大学、早稲田大学の四校は突出して多くの上場企業役員を輩出していることがわかっている。[452]

昔と少し事情が違うのは、名門大学に入るために、必ずしもペーパーテストの成績が良くなくともいい点くらいだろう。慶應義塾大学SFCが一九九〇年にAO入試を導入してから、全国の大学が学力以外の物差しで受験生の選抜を行うようになった。[453] 中には「詩」とか訳のわからないジャンルで大学に入る人もいる。[454]

また一般入試のあり方も様変わりした。

たとえば明治大学にはとんでもない回数の受験機会がある。まず一般入試だけでも「一般選抜入試」「全学部統一入試」「大学センター試験利用入試（前期日程）」「大学センター試験利用入試（後期日程）」の四種類があり、それぞれの併願も可能だ。

さらに特別入試として学部ごとに「AO入試」「グッド・パフォーマンス入試」「スポーツ特別入試」なども用意されていて、学部にこだわらず明治大学に入りたい人には数え切れないくらいの受験のチャンスがある。[455]

「いい大学」に入るメリットは、学歴という資格だけではない。「いい大学」には確率的に「いい学生」が集まりやすく、ピア・ティーチングという機能が働きやすい。たとえば帰国子女や留学経験者が多い大学や学部に身を置いていると、「海外に行くこと」が何も特別なこと

451 『内定とれない東大生「新」学歴社会の就活ぶっちゃけ話』扶桑社新書、二〇一二年。編集者が「はじめに」を執筆するという構成が斬新。

452 橘木俊詔・八木匡『教育と格差 なぜ人はブランド校を目指すのか』日本評論社、二〇〇九年。

453 ただし最近では「大学生の学力低下」が問題になり、AO入試を廃止する大学も多い。また慶應SFCのAO入試も当初は、高校時の一定以上の評定を応募の条件としていた。詩で入った人も、一応その条件はクリアしていた。

454 よりによって、そんな人物が「社会学者」を名乗ることもある。

455 明治大学は一般入試志願者数が二〇一二年度まで三年連続で一一万人を超えており、全国トップ。受験生のためにホテルの斡旋などをする「株式会社明大サポート」といった企業もある。

ではなくなる。

そして大学時代に形成されたネットワークは、就職後もそのまま引き継がれることになる。「いい大学」ほど、有名企業の役員や海外における潤沢なコネクションを持つ実業家の子弟たちが集まりやすい。

仕事と勉強は似ている

勉強ができるからって仕事ができるわけではない。だけど仕事ができる人というのは、実は勉強もできていた場合が多い。

現在の教育制度は、確かに今の社会にキャッチアップできているとは言えない[456]。だけど、学校で習うことと、社会で必要なことはまったく無関係であるとも言えない。

文章を読む。計算をする。人名を記憶する。複数の資料からデータを読み取る。

こういった「勉強」の基本は、どれもビジネスにおいても欠かせないスキルだ。資料が読めない人は話にならないし、数字に弱い人のプレゼンは説得力がないし、人の名前を覚えられない人は信頼を得にくい。

また「乗り気ではないことを継続できる力」も学校の成績は担保する。多感な思春期につまらない勉強に集中できたというのは、自制心を測るバロメーターになる。

仕事というのは、その多くがつまらなくて退屈なものだ。

456 たとえば僕は、高校で習ったことの八〇%くらいは忘れてしまった。日本史で習った「讒謗律」が何のことか思い出せないし、数学で習った三角関数の公式は一つとして覚えていない。それなのに、いっぱしにこんな本を書いて「学者」や「研究者」だなんて呼ばれている。

好きでもない上司の話を聞く。細かい数字とにらめっこして資料を作る。膨大な量のメールを丁寧に返す。そんな日々のルーチンワークを楽しめるかどうかという技術は、英単語や歴史用語をひたすら覚えるという作業に似ている。

成績の良さというのは、ビジネスにおいて非常に重要な「要領の良さ」を測ることもできる。必要最低限の労力で、いかに最高の結果を出すことができるのか。テストに出そうなポイントに山を掛けたり、汎用性の高い公式を身につけたりといったテクニックは、大人になってからも役に立つ。

本書の前半で登場した起業家たちが持つ「専門性」も、「勉強」によって取得されたものばかりである。本人たちは趣味だと思い込んでいるから、それを「勉強」だとは考えないだろうが、プログラミングの本を山手線三周分読み続ける（第一章）なんてことは、「勉強」以外の何物でもない。

僕はこれまで世間で「天才」や「秀才」と呼ばれている人に何度か会ってきたが、まったくの努力なしで「天才」になれた人を、一人も知らない。みんな暇があれば本を読んだり、同業者と最新情報を交換しあったり、飽きもせずに「勉強」をしている。

誰もが努力できるわけじゃない

いくら「勉強」が大事だからといって、誰もが「勉強」に打ち込めるわけではない。

教育社会学者の苅谷剛彦による「努力」に関する研究は、あの内田樹をも驚かせた。[457]苅谷はまず社会階層が上位の子どもほど授業の理解度が高いことを明らかにする。まあ、ここまでは予想通りだ。

苅谷の研究が波紋を呼んだのは、ただの学校の成績ではなくて、「努力をする能力」にも出身階層による差があることを統計的に明らかにした点だ。

学習意欲が高い社会階層上位層と違って、社会階層下位層では「努力」からの撤退が起こっている。彼らは学校で学ぶ意義を見つけられず、あくせく勉強することに価値を感じていないというのだ。

その代わりに、下位層の子どもたちは、将来ではなく現在の生活を楽しもうとする。彼らは「いい学校、いい会社」というレースから降りてしまうことで自尊心を高める。メリトクラシーの外側で「自分探し」に奔走するようになるのだ。

また、学力下位層ほど起業に対して肯定的で、仕事に対する態度も安定志向ではなく「夢追い型」であるというデータもある。努力ができて、勉強のできる若者は、起業ではなくて、今でも「いい学校、いい会社」というルートを選んでいることが示唆される。[458]

つまり「学校の勉強なんて意味がない」「学歴よりも実力主義の時代だ」という勇ましいメッセージを真に受けるのは、社会階層下位層が多いということだ。

確かに現代社会のセレブリティたちは、メリトクラシーの外側から生まれることが多い。

457　苅谷剛彦『階層化日本と教育危機　不平等再生産から意欲格差社会へ』有信堂高文社、二〇〇一年。

458　次世代育成フォーラム・リスタ『全国中学生　学力&意識測定テスト』二〇一〇年、荒川葉『「夢追い」型進路形成の功罪　高校改革の社会学』東信堂、二〇〇九年。

「どこにでもいる普通の子」が、ある日脚光を浴びて誰もが知るようなスターになる。それは、二宮金次郎（一七八七年、相模国）のような「努力」によって達成される成功物語とはまるで違う。

「どこにでもいる普通の子」は、社会階層が下の人々から疎まれることもない。なぜなら、彼らは学歴エリートと違って、自分と近い存在に思えるからだ[459]。

起業家が注目される理由も同じだ。大企業の社長という地位は、「いい大学」を出てから、長い間企業に忠誠を尽くし、社内政治に勝ち抜かないと手にすることができない。

だけど、起業家ならば、もしかしたらアイディアだけで、もしかしたら偶然の出会いだけで、もしかしたらやる気だけで、巨額の富を手にすることができるかも知れない。だから、学力下位層を中心として、「成功」を求めて、起業家を目指そうとする人が出現するのだ。

3　希望の起業家たち

医者や弁護士という「起業家」

大富豪アニキ[460]のように、学歴なんて関係なしに、本人の「実力」だけで起業家として成功、多くの富を手にした人たちもいる。だけど、統計的に見れば起業家になりやすいのは高学歴の人だ。

459　Friedman, Lawrence.,1999. "*The Horizontal Society.*", New Haven: Yale University Press.

460　兄貴（丸尾孝俊）『大富豪アニキの教え』ダイヤモンド社、二〇一二年。

ETIC.（エティック）という起業家になりたい若者たちを応援するNPOがある。若者たちは人脈も資本も経験も相対的に少ないという点で、本来は起業するのに不利な存在だ。そこで資金援助やアドバイス、ネットワーク形成といった点でETIC.は起業を希望する若者たちを支援する。

彼らはこれまでに数多くの起業家を輩出している。NPOフローレンスの駒崎弘樹（一九七九年、東京都、O型）やNPOカタリバの今村久美（一九七九年、岐阜県、O型）もETIC.のプログラムの参加者だ。

ETIC.によるスタートアッププログラムに参加した人の属性を見ると、高学歴者が多い。高卒・短大・専門学校卒が六％なのに対して、大学学部卒が五三％、大学修士以上が三六％もいる。[461]また起業前に外資系企業や大手企業に勤めていたエリートもたくさんいる。

もちろん、同じ「起業」といっても飲食業界と、ETIC.が支援するような社会的使命を持つ「起業」では、関わる人の属性は違うだろう。ただし起業家を包括的に対象にした調査でも大卒以上で起業した人のほうが、起業後に成功しやすいことがわかっている。[462]

皮肉なのは、学歴レースのトップに位置する「医師」や「弁護士」になることが、最も起業のしやすい方法の一つということだ。

かつてより新規開業のハードルは上がっているとはいえ、「医師」や「弁護士」が自分の医院や事務所を持つことは、少しも珍しいことではない。[463]少なくとも複数の職場を掛け持ちし

461　ETIC.「若きアントレプレナーの挑戦を支える生態系をいかに育むか？」。二〇一〇年度、二〇一一年度に内閣府地域社会雇用創造事業「ソーシャルベンチャー・スタートアップマーケット」に選抜された九五名の属性。

462　「経済成長の源泉たる中小企業に関する調査に係る委託事業」報告書、二〇一一年。

463　全国に一万三一一五ある弁護士事務所のうち、六一・九％は一人事務所である（日本弁護士連合会『弁護士白書二〇一一年版』）。

て、フリーランス的に働く医師や弁護士は多く存在する。

しかし、「起業家になりたい」といって医師や弁護士を目指す人は少ない。それは、医師が「起業家」という言葉のイメージと重なりにくいことに加えて、誰もが医者になれるわけではないことを、みんな知っているからだろう。

ギルド型専門職と非資格型専門職

高度な専門性を持っているかどうか、就業構造が固定的か流動的かで「働き方」を分けると【図1】のような四類型ができ上がる。

学歴や国家資格が必要とされることが多い「正社員」や「ギルド型専門職」になるのとは違って、「非資格型専門職」は公式にはそのどちらも必要とはされない。だから「フリーター」と「非資格型専門職」は、ともに企業社会に属していないという点で働き方自体には親和性が高い[464]。

日本には医者や弁護士に限らず、公認会計士、美容師など国家資格が必要な職業がいくつか存在する。そのような「ギルド型専門職」の中でも、最もなることが難しいのが医者と法曹だろう。特に、学校を一度卒業してしまった大人が目指すのには、あまりにもハードルが高い[465]。

医師免許や薬剤師免許を取得するためには六年間医学部や薬学部に通わないといけないし、弁護士や裁判官といった法曹系専門職になるためには法科大学院課程を修了する必要がある。

464　イメージしやすいので「フリーター」という用語を使ったが、もう少し学術的に書くなら「チェーン・ワーカー」と言い換えてもいい。プレカリアート（不安定な働き方をする人たち）に関しての議論でよく用いられるが、コンビニやファストフードなどでマニュアルに管理されたサービス業に従事する人のことだ。それに対して、自分の能力を出来高払いで働く人は「ブレイン・ワーカー」と呼ばれる（櫻田和也「プレカリアート　現代のプロレタリア階級」『共生社会研究』三、二〇〇八年）。って、こういう真面目な脚注を書くたびになぜか申し訳ない気分になってくる。

465　三七歳のおじさんが医者になっただけで、連続ドラマが一つ作れてしまうくらい難しい（川渕圭一『研修医純情物語―先生と呼ばないで』幻冬舎文庫、二〇一一年）。

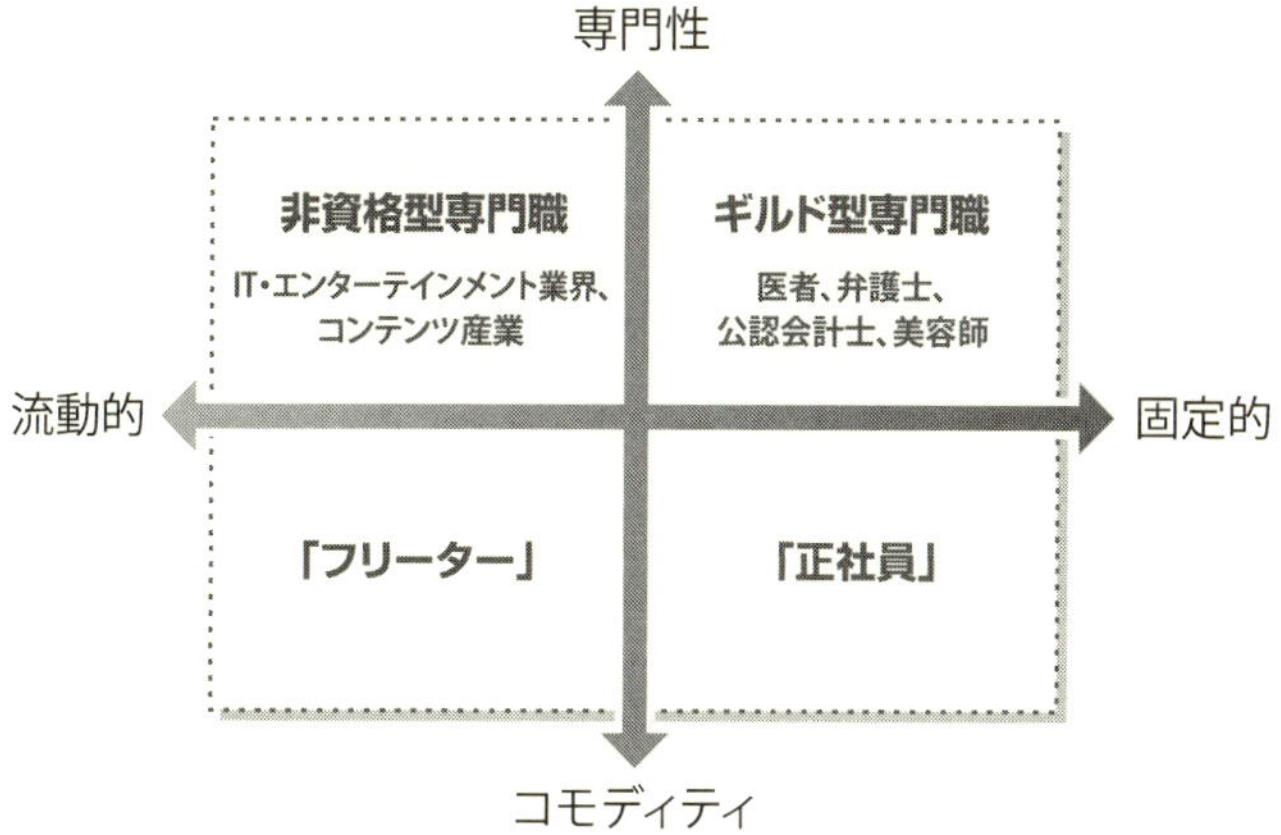

【図1】働き方の四類型

こうした最も学歴に守られている職業が、実は最も起業しやすい事業分野であるのだ。

だけど一方で、この本で取り上げてきた人物を含め、メディアを賑わせる起業家たちは、普通、何ら特別な国家資格を持っているわけではない。「プログラミング能力」とか「ネットワーキング能力」とか、彼らに何らかの「専門性」があることは疑いようがないけれど、それは医師免許のような、公的な資格で担保されるものではない。

そんな「非資格型専門職」は、憧れの宛先になりやすい。たとえ学歴がなくても、たとえ資格がなくても、たとえお金がなくても、たとえ大人になってからでも、その世界に自分が入れてしまうような気がしてしまうからだ。

それは、嘘ではない。

誰だって無一文からバリ島に渡航、不動産デイベロッパーとして成功して、資産が「ありすぎて試算できないレベル」の大富豪になれる可能性はある。街角でたまたま声をかけられ、全国でドームツアーをするようなカリスマ歌手になれる可能性だってある。

だけど実際に「非資格型専門職」として成功する可能性は決して高くない。確かにそれは弁護士や医師と違って、目に見える形で職業に就くことが制限はされていない。しかし、実際には一部の大学でしか身につけられないような「専門性」や、子どもの頃からの生育環境で身についてしまう「文化資本」が、その世界で成功するためには大切だからだ（第四章）。

「非資格型専門職」と「フリーター」の境界線は曖昧だ。第一章でも触れたように「やりたいこと」や「好きなこと」を仕事にしたいという点で、起業家とフリーターのメンタリティに大きな違いはない。[466]「毎日、同じことを朝から晩まで繰り返すのは嫌だ」「やりたいことがたくさんある」といった言葉は、起業家からもよく聞くし、フリーターからもよく聞く。

ポスト工業化社会では、必然的に「起業家」と「フリーター」の働き方やメンタリティが似てしまうのだ。

両者を分けるのは、それにお金を払いたくなるような人がいる「専門性」を持っているかどうかの違いだ。働き方というスタイルの違いではない。それにもかかわらず、「意識」さえ変えれば、誰もが「非資格型専門職」になれるかのように、人々は煽られてしまうのだ。

466　フリーターに向けて起業を勧める本の存在が象徴的だ（松田綾子『下流脱出。〝勝ち続ける人〟になるための起業法』イースト・プレス、二〇〇六年）。著者自身は神戸女学院という「お嬢様学校」の出身だ。

アーティストはつらいよ

現代が「名門大学に入れば安心」「大企業に勤めれば安泰」という時代ではない、ということは確かだ。だけど、それは「名門大学に入らないほうが有利」「大企業に入らないほうが有利」ということを意味しない。

「いい学校、いい会社」ルート以外で「成功」する道は、結局のところ非常に限られている。「非資格型専門職」で大成することはすごく難しい。

それなのに、夢見る人に、更なる夢を見せてくれる産業[467]がこの社会にはたくさん用意されている。たとえば書籍を出版したい人向けの「出版セミナー」というものがある。「ネットを活用して、パーソナル・ブランディングして、その結果として本が出せるようになります」ということを一泊二日一〇万円で教えてくれるらしい[468]。

最近の専門学校には漫画家、ゲームクリエーター、ダンサー、声優、俳優、歌手といった、本当に様々なコースが用意されている。しかし専門学校を卒業した有名漫画家や人気俳優の名前はほとんど聞くことがない[469]。

一部の若者たちが憧れるミュージシャンたちの世界も大変だ。

音楽産業全体が低迷する中で、東京都や大阪府など大都市を中心にライブハウスの数が増加している[470]。現在は多くのライブハウスがノルマ制を導入していて、出演者たちはライブハウスからチケットの買い取りを強いられる[471]。

467　昔の言葉で搾取という。

468　立花岳志『ノマドワーカーという生き方　場所を選ばず雇われないで働く人の戦略と習慣』東洋経済新報社、二〇一二年。

469　中にはデザイン専門学校卒でありながら、雑誌『モーニング』で週刊連載をこなし、作品がアニメ化までされた『クレムリン』作者のカレー沢薫などもいる。

470　その数は全国で一五〇〇軒以上に及ぶという(宮入恭平・佐藤生実『ライブシーンよ、どこへいく　ライブカルチャーとポピュラー音楽』青弓社、二〇一一年)。

471　似たような制度に学会誌がある。たとえば東京大学文学部に編集委員会のある『ソシオロゴス』という社会学雑誌では、原稿執筆を希望する人は、まず投稿料として三〇〇〇円、査読によって掲載が決まった場合には執筆者負担金として一万五〇〇〇円を払うことになる。これは学会誌に原稿が掲載されることが、「業績」としてカウントされ、研究者としてのキャ

その指定された二〇枚程度のチケットを売れないと、出演者たちは自腹を切らないとならない。ライブハウスにとって、顧客がステージを見に来る観客ではなく、ミュージシャンたちになっているのだ。

しかもバンド活動を続けるには、機材の維持費やスタジオ代などがかかる。あるバンドマン（二七歳）は「お笑い芸人なら貧乏をネタにできるけど、僕らはそういうわけにいかない。ある程度、格好付けなくちゃいけないから」とこぼす。

だけど、ライブを繰り返しても成功するようなバンドは本当に一握りだ。メジャーレーベルと契約すれば数百万円程度の契約金は手に入るが、コンスタントにヒットを飛ばすことは難しい。多くのミュージシャンたちはアルバイトで生活費を稼ぎながら、つつましい生活を送っている。

朝井、会社やめないってよ

小説家の世界も厳しい。東野圭吾（一九五八年、大阪府）や宮部みゆき（一九六〇年、東京都）のように本を出せばだいたいヒットする作家もいるが、日本では小説だけでも年間約一万点の新刊が発行されている。[472] だが、その多くの初版部数は数千部程度だ。そのうち一〇万部以上売れる小説というのは、数十冊程度だろう。

しかも印税率は一〇%程度だから、一五〇〇円の本が一〇万部売れても、著者が手にする金

リアに有利だと考えられているために成り立っている制度だ。

472 『出版年鑑 二〇一二年版』（出版ニュース社）によれば、二〇一一年における「小説」の出版点数は一万二九八九冊、うち「日本文学」は一万九一三冊だった。

額は一五〇〇〇万円。大手出版社のできる中堅編集者の年収とそこまで変わりがない。編集者と同じくらいの収入を手にするために小説家は、数百分の一の賭けに毎年当たり続けないとならないのだ。

ミリオンセラーを出せば一億円以上の金額を手にすることができるが、二〇一一年に小説で一〇〇万部以上売れた作品は『謎解きはディナーのあとで』と『もしドラ』しかない。ここまで売れれば映画化などで副収入も増えるだろうが、これは宝くじで一等が当たる確率とあまり変わらない。交通事故で不幸にも死亡するほうがよっぽど簡単な気さえもする。[473]

朝井リョウ[474]（一九八九年、岐阜県、A型[475]）は、早稲田大学在学中に『桐島、部活やめるってよ』で小説すばる新人賞を取ってデビューした。同書は映画化もされ、文庫版を含めて三〇万部のヒットを飛ばし、その後もコンスタントに作品を発表し続けたが、朝井は二〇一二年春に大手企業へ就職した。

原稿料だけでこれからも食べていけるとは思えず、早い時期から就活をすることは決めていたという。新人賞には本名で作品を応募していたのに、就職活動があるからという理由で、デビュー時にペンネームにしたくらいだ。

おそらく朝井の選んだ道は、とても正しい。企業に勤めながらも作家を辞めるわけではない。もし大ベストセラーを出したら「朝井、会社やめるってよ」と後ろ指を指されながら、専業作家になればいい。

473　警視庁「交通事故統計」によれば、二〇一一年の交通事故死亡者数は四六一二人。単純に日本人口で割ると、毎年二万七七一四人に一人が交通事故で死亡することになる。

474　お腹が弱い（朝井リョウ『学生時代にやらなくてもいい二〇のこと』文藝春秋、二〇一二年）。

475　血液型はツイッターのDMを使って本人から教えてもらった。「布団のシーツ変えるのとかカーテン洗うのとかそういう大掛かりな家事が苦手」だという。

朝井に限らず、兼業作家は多い。リスクヘッジできるという点で、「非資格型専門職」に就くにも、「いい学校、いい会社」というルートを確保しておいたほうが、はるかに有利なのだ。

夢を追うことに疲れても

歌手、作家、ダンサー、声優、写真家、スポーツ選手、起業家。こうしたキラキラした職業に就くためには、確かに学歴も公的資格も必要がない。だけど、そこで成功できるのなんて本当に一部の人だけだ。

学歴も資格もない人が立身出世しようと思った場合、実はその選択肢は非常に限られている。ある程度の元手がある場合は、株やFX、それもない場合はフルコミッションの営業、ネットワークビジネス、情報起業家あたりに落ち着くことが多いだろう。

一時期は、インターネットを利用した情報起業家やアフィリエイトビジネスで一攫千金《いっかくせんきん》が夢見られた時期もあった。自分の成功談などの情報商材をネット経由で売るだけだから、元手もほぼかからない。実際にはなかなかビッグビジネスにはならないし、細かな営業努力が必要だが、ある程度以上の金額を稼ぐことも可能だった。

しかし最近では、Googleが情報起業家のサイトを広告審査から落とすようになったため、状況が変わってきている。また、アフィリエイトサイトも検索結果の上位に出にくくなった。[476]どちらにしても「楽して稼ぐ」にはほど遠い状況だ。

476　アメリカでは数年前から見られた傾向だが、日本では二〇一二年春から初夏にかけてGoogleの方針転換が起こった。結果、検索結果の上位に表示されるのは大手のサイトばかりになったが、この傾向がいつまで続くかはわからない。

今でもスマホアプリをリリースしてヒットを目指すとかは可能だけど、それにしても一定以上の技術力が必要だ。それでも大金を稼ぐことは難しい。ＩＴ業界自体も大企業を中心とする体制が築かれ、その仕組みはゼネコンとも大きく変わらない。

いくら「やる気」があったところで、この国の上昇ルートは非常に限られたものになってしまったのだ。

しかもサラリーマンとして出世する「主ルート」は、どんどん細く、そして魅力の薄いものになっている。その代わりに「主ルート」の外側には、一見するとキラキラした世界が広がっている。

だけど実際に「いい学校、いい会社」ルートの外側で立身出世するのはとても難しい。流動性の高い業界ほど、人は過去の実績で判断される。実績を積むには、優良企業に属していたほうがいい。そして優良企業に入るには学歴があったほうがいい。その裏側には、文化資本や出身階層といったトランポリンが隠れている。

「非資格型専門職」と「フリーター」の境界線はすごく曖昧に見えて、実はそこには「見えない天井」があるのだ。だけど、「フリーター」から「非資格型専門職」への移行の難しさは、「個人の努力」の問題として片付けられてしまう。

しかも「フリーター」自身も、それを「努力」の問題だと受け入れてしまう。何と言っても、気分はプロなのだから。

あきらめた後に見える風景

現代は「自称プロ」になりやすい時代だ。たとえば「イラストレーター」になりたければ、Facebookの職業欄にそう書くだけでいい。インターネット上にも無数の発表の場がある。それだけで食べていくのは難しいだろうが、数千円レベルの細かい仕事を見つけるのは難しいことじゃない。

だから本当は、現代日本では「夢を追うこと」と「夢をあきらめること」の境界線自体が曖昧なのだ。[477] 村上隆（一九六二年、東京都）レベルの画家にはなれなくても、ネットで作品を売ったり、雑誌に細かいイラストを描くくらいのポジションなら、意外と誰でもなれてしまう。

都内にある渋家というシェアハウスの家賃は月三万円。「ここに来るとみんな正社員を辞めていく」と住民の齋藤桂太（一九八七年、東京都、A型）は語る。渋家では生活費を節約すれば、一ヵ月に五万円で暮らせてしまう。つまり、フルタイムで働かずとも、月に数日バイトをするだけで、あとは好きなことをして暮らしてしまえるのだ。

渋家には多くの「画家」や「詩人」が住んでいる。彼らは「絵」や「詩」で何百万も稼ぐわけではない。暮らしていくための最低限のお金だけバイトで稼いで、「絵」や「詩」は数千円にでもなれば万々歳だ。

昔だったら、そんな若者に対して「夢なんてバカなことを言ってないで、はやく現実を見つ

477　例外はスポーツ選手など、キャリアのピークが一〇代後半から二〇代前半の職業だ。二〇代以上の人がプロのサッカープレーヤーを目指すことは、ほとんどないだろう。ただしスポーツ選手はプロとなった後のセカンドキャリアが大変だ。Jリーグ選手は毎年一〇〇人以上が登録抹消されるが、その平均年齢は二六歳。高校卒業時にプロ契約をした場合でも、選手としての寿命が八年しかないことになる（高橋潔・重野弘三郎「Jリーグにおけるキャリアの転機　キャリアサポートの理論と実際」『日本労働研究雑誌』六〇三、二〇一〇年）。

めなさい」とでも言っておけばよかっただろう。だけど、現実を見つめたところで、そこに広がるのは、ただひたすらに退屈な日々だ[478]。

学歴も職歴も資格もない人が就ける仕事は限られている。もちろん職歴のない人を受け入れる中小企業や、行政による雇用支援も始まっているが、そんな風にして就ける仕事というのは歌手や画家に比べれば、はるかにつまらないものだろう。少なくとも、そう見えてしまう。

だけど、夢をあきらめないでいる限り、自称プロでいる限り、そんな現実を見ないで済む。しかも、友人とシェアハウスをしたり、親と一緒に暮らしたりすれば、それほどお金をかけずに、そこそこの暮らしができてしまう。

先行世代が築いた豊かさの中で、夢をあきらめきるわけでもなく、かといって本気で夢を追うわけでもなく、「このままでいいのかな」という閉塞感を抱えながら、若者たちの日々は過ぎていく。

478 橘玲『残酷な世界で生き延びるたったひとつの方法』幻冬舎、二〇一〇年。

第八章　僕たちの前途

起業家たちを描く本も、ついに最後の章になった。ここでは、少し未来の話をしてみよう。「僕たち」がこれから生きていくだろう数十年間の世界はどうなっていくんだろうか。そんな世界で、僕たちはこれからどうやって働いていけばいいのだろうか。僕たちの前途が、どうなっていくのかを考えた。

1　新しい中世の戦士たち

タイと東京を往復する生活

持田卓臣《たくおみ》（一九七八年、神奈川県、A型）は、二〇一一年からタイと東京を往復する生活を始めた。システムやソフトウェア開発を請け負うIT企業の社長である彼は、「日本との仕事はメールとスカイプでできるから」と、新しいビジネスチャンスと、「ゆとり」を求めて移住を決意した。

持田は松島隆太郎ともう五年以上、仕事での付き合いがある。持田の家族とゼントのメンバーでハワイやグアムといったベタな海外旅行に行ったことも何度もある。それがいきなり「タイに行く」と言い出して、本当に引っ越してしまった。だけど、仕事上の不自由は今のところ何もない。

持田は二六歳でそれまで勤めていたヒューレット・パッカードを辞めて起業している。最近は起業した頃と違い、「とにかくお金が欲しいというわけでもない。のんびり暮らしたい」と思うようになったという。[479] メイドが月三万円で雇えるくらい物価の安いタイに満足している。

妻の久美子（一九七八年、神奈川県、Ａ型）もタイの生活を楽しんでいる。彼女と二人の息子はタイに住み、持田だけが定期的に東京に「単身赴任」するのだ。

仕事は中国の大連にもアウトソーシングしている。少し前まではカンボジアにも仕事を頼んでいた。しかし経済水準や教育水準が低く「クレジットカード」や「宅配」という概念自体がわからないスタッフも多く、発注一つにも苦労したという。

一方の大連では、市長がＩＴ企業の誘致に熱心で、総じて労働者のリテラシーは高い。マイクロソフトやＩＢＭの下請けからスピンアウトした企業も多いし、日本語教育も熱心だから、日本のビジネスとの親和性も高い。日系の開発会社に仕事を頼めば、日本の一〇分の一の値段で済ませることができる。

持田のような働き方は、もはや珍しいものではない。

今後、地域に密着した業務や、代替不可能な仕事以外のアウトソーシングはますます進むだ

479　持田は「タイでは哲学書でも読もうと思ってたんだけど、まだ一冊も読めていないんだよね」と語る。一応タイでも、現地へ進出する企業のサポートなどの仕事はしているらしい。

480　ウィリアム・ダビドウ著、酒井泰介訳『つながりすぎた世界　インターネットが広げる「思考感染」にどう立ち向かうか』ダイヤモンド社、二〇一二年。

481　「インド「頭脳外注」」『朝日新聞GLOBE』二〇〇九年二月一六日。

482　働き始める段階では外国語ができなくてもいいため、「英語はできなくても海外で働きたい」といった人に人気があるようだ。現地で働く女性（三

ろう。[480]

もちろん、いくら労働力が安いといっても、ムンバイに住む土木作業員は東京スカイツリーを作れないし、南京で暮らすウェイターは品川駅のスタバでは働けない。

しかし今や、部品の組み立てといった単純労働のみならず、コールセンターなどのサービス業務はもちろん、高度な専門職による知識労働さえも海外にアウトソーシングされつつある。

インドのテレラジオロジー・ソリューションズという企業では、世界各国から送られてきたX線写真に対して、放射線医が診断を下すというサービスを提供している。欧米から毎日約一五〇〇件の依頼があるといい、アメリカ企業に依頼するよりも約三分の一のコストで済むというのが強みだ。[481]

また、海外で日本のために働く日本人も増えている。マスターピース・グループでは、タイや北京などにコールセンター事務所を置くが、現地で働くオペレーターは日本人。現地水準の賃金で日本人が働いてくれるので、コストを安く抑えられるという仕組みだ。同社の採用サイトを見ると「二〇一二年七月より給与改訂!」の「バンコク正社員コース」で初任給は月給三万バーツ、約七万五〇〇〇円である。[482]

今まで日本企業は護送船団方式に守られる一方で、自身も福祉提供者としての役割を果たしてきた。だから「日本人の雇用確保」を理由に本格的な海外移転に踏み切らない企業も多い。

たとえば初芝電器(当時)の取締役だった島耕作は二〇〇二年の段階で、家電をもはや日本

七歳)は「縁がなかった海外で、初めて人生を楽しむ気持ちになれた。ここで英語を身につけ、会社にしがみつかない働き方を見つけたい」と語る(「日本人応対 コールセンター つながる先は海外」『読売新聞』二〇一一年一月三日)。また五〇〇〇バーツ(約一万二〇〇〇円)の生活手当しか支払われないが、英会話トレーニング費用などを会社に負担してもらえる「ワーキングホリデー」コースも人気らしい。

483 島耕作は人件費が安いというだけで中国に進出するのではなく、中国本土に生産拠点を持つ必要性を説いていた(弘兼憲史『取締役島耕作』一巻、講談社漫画文庫、二〇〇六年)。

484 パナソニックもテレビ事業の縮小に舵を切っている。また東芝は二〇一二年三月末をもって、テレビの国内生産から撤退をした。

485 日本自動車工業会の新会長に選出されたトヨタ自動車の豊田章男社長は、二〇一二年五月一七日の記者会見冒頭挨拶で、「国内事業を守り抜くことで、

国内で生産するメリットはないと発言していたが[483]、初芝のモデルであるパナソニックはいまだにテレビの国内生産を続けている[484]。他にもトヨタなど国内生産率を高く保とうとする企業が少なくない[485]。なんて立派な社会的企業なんだ。

もちろん、ただ流行に乗って海外進出をすればいいというわけではない。

海外に工場を設けるも、早々と完全現地化をしてしまったため、品質低下や情報流出に苦しんでいる企業は多い[486]。中国での反日デモのようなリスクもある。慣れない海外勤務を命じられた従業員たちのメンタルヘルスも大きな問題になっている[487]。みんなが島耕作みたいにうまくいくわけではない。

二〇二五年、日本から若者が消える？

希望学の創始者・玄田有史（一九六四年、島根県、たぶんA型）は二〇二五年の日本を予測して、「若者が日本を捨てる」「男性受難の時代」「郊外の崩壊」をキーワードとして挙げる[488]。高度成長期に地方が経験したように、若者たちが海外へ出て行く。製造業や建設業など「男の仕事」がダメになる一方で、介護や医療など「女の仕事」はますます必要とされる。地方が今以上に過疎化して、コンパクト・シティ化が進む。それが玄田の皮肉まじりに描く二〇二五年の未来予想図だ。

その時の日本の経済状況によるが、若者の就労パターンは確かに今以上には多様化している

私たちの競争力の源泉を守っていく」と述べている。

486　海老原嗣生『もっと本気で、グローバル経営　海外進出の正しいステップ』東洋経済新報社、二〇一一年。

487　鈴木満『異国で心を病んだとき　在外メンタルヘルスの現場から』弘文堂、二〇一二年。外務省「海外邦人援護統計」（二〇一〇年）によれば、海外で「疾病」「精神障害」により保護された日本人はそれぞれ一〇二八人、一九四人だった。

488　国家戦略室の下に設置された「フロンティア分科会・幸福のフロンティア部会」二〇一二年三月二三日議事録を参照。僕も関わっていた部会なのだけど、この名前はもう少し何とかならなかったのか（http://www.npu.go.jp/policy/policy09/pdf/20120323/gijiyoshi_1.pdf）。

だろう。特に、「よりマシな仕事」を求めて国外で働く若者が増えても不思議はない。

フジテレビ系で放送されたドキュメンタリー番組「サヨナラニッポン」では、就職難の日本を離れて中国の大連で働く若者たちの様子がスケッチされていた[489]。彼らの給与は日本円で一〇万円以下。それでも日本よりも、経済成長のただ中にある中国を「マシ」と語る。

若年失業率が五〇％を超えるスペインでは、国外で就労する若者が目立っている。二〇三〇年までに五〇〇万人の労働力が必要とされるドイツでは、連邦雇用局がスペイン、ギリシャ、ポルトガルなど経済危機に苦しむ国々からの労働者の確保を狙っている[490]。

ただし、日本語話者は二〇四八年までは一億人を切ることはないから[491]、日本人（語）向けのサービスには需要があり続ける。本格的な移民開国に踏み切らない限り、二〇二五年になっても若者は安価な労働力として活躍しているという状況は十分に考えられる。

日本市場の特殊性は「日本語によってビジネスが行われている」という点にある。スペインで職にあぶれた若者はブラジルに行くという選択肢もあるが、日本語が公用語の国は残念ながら日本しかない[492]。

逆にいえば、外国語話者にとって、日本で働くには日本語というハードルをクリアしなければならず、それが日本人の雇用を守っているという面もある[493]。

一方で、そういった同質性の高い日本市場はコモディティ化が進み、価格競争のできる大企業が有利になりやすい。起業のチャンスを求めて海外を目指す日本人は増えるだろう。

489　フジテレビ「サヨナラニッポン　若者たちが消えてゆく国」二〇一一年八月二一日放送。華やかな海外生活や語学習得によるキャリアアップを目指して中国に渡った若者も、次第に仕事にやりがいを感じず、生活も惰性でこなすようになっていく。

490　Worldcrunch "Europe's Economic Gap Sparks New Internal Immigration, From Spain To Germany" 二〇一一年七月二四日。

491　国立社会保障・人口問題研究所「日本の将来推計人口（平成二四年一月推計）」の出生中位（死亡中位）推計によれば、日本の人口は二〇三〇年に一億一六六二万人、二〇四八年には一億人を割って、九九一三万人となるという。

492　パラオのアンガウル州では、パラオ語、英語と並んで日本語が公用語として定められている。ただし人口は約三〇〇人。日常的な話者はいないようだ。ちなみに厳密にいえば、日本において日本語が公用語であると規定した法律は存在しな

飲食店を開くにしても、日本の都市部ではすでに過当競争が起こっていて、個人資本の店が成功するのは難しい。もしもこれからラーメン屋を出すなら、ラーメンブームが起きていて、「本場の味」に対する需要が高まる香港で出店したほうがいいかも知れない。

サービス産業が発展途上の新興国ならば、日本では当たり前のビジネスを横展開しただけで、そこそこの成功を収めてしまうこともある。たとえば、ある駐在員の妻が、シンガポールでまつげエクステのサロンを趣味で始めたところ事業が本格化、今では予約の取れない人気店になっているという[494]。

無口な男たちの時代の終わり

産業構造はどうだろうか。この十数年で対人折衝を必要とするサービス業などの就労人口は増加しているものの、建設業や製造業などの「男の仕事」は急激に減少している[495]。

そもそも日本が「ものづくりの国」でいられたのは、冷戦の影響が大きい。東側陣営の中国は世界市場に参入していなかったし、韓国や東南アジアの親米独裁政権の国は政情が不安定だった。つまり、日本以外に取るに足る「世界の工場」がなかったのだ。

国内工場の新規立地件数と面積はバブル崩壊後、大きく減り続けている。一九八九年には国内に新規工場が四七二五件建てられていたが、二〇一一年には八六九件にまで落ち込んでいる【図1】。経済産業省の産業構造審議会の試算によれば、二〇二〇年までに国内で四七六万人の

い。

493 日本語学習者は増加傾向にあり、二〇〇九年の調査では三六五万人だった。一九九〇年と比べると三倍以上である（国際交流基金「海外の日本語教育の現状 日本語教育機関調査」二〇〇九年）。

494 「国外に〝仕事〟を求めた日本人が肌で感じた「アジアの可能性」」『COURRiER Japon』二〇一二年一〇月号。九門崇『アジアで働く』（英治出版、二〇一二年）を読むと、アジアでの起業が意外と気軽なものであることがわかる。もちろん、大富豪になろうと思ったら話は別だけど。一方、これからは「インドネシアへの集団就職」といった形で日本人ブルーカラーが海外で働くこともあり得るだろう。新興国の日本人村ではパチンコやファストフードに行列ができているかもしれない。

495 海老原嗣生『就職、絶望期「若者はかわいそう」論の失敗』扶桑社新書、二〇一一年。

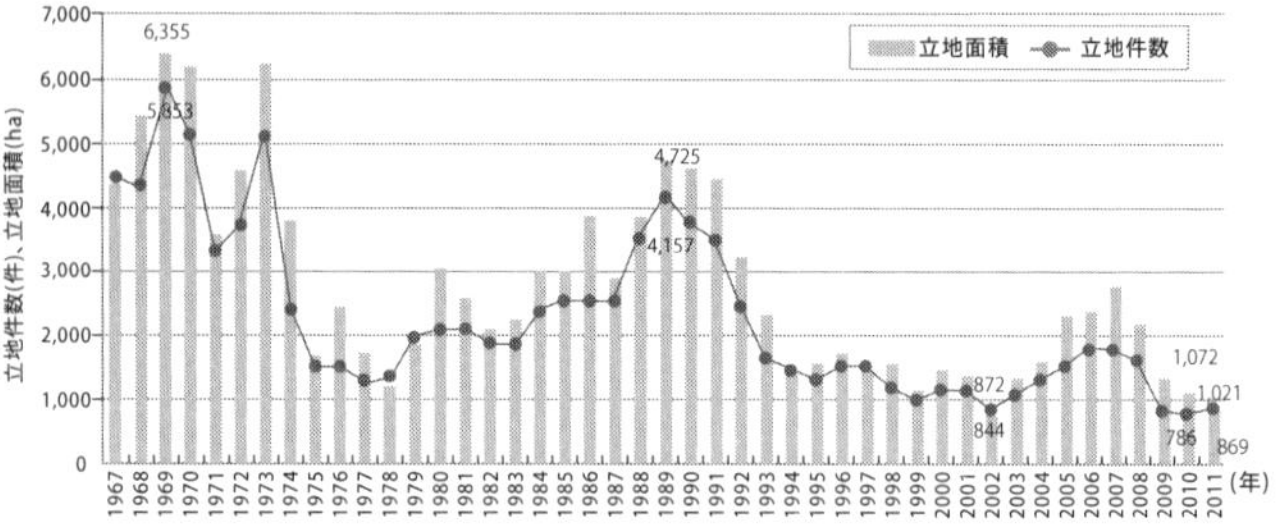

【図1】新規工場立地件数と立地面積の推移[497]

雇用が失われる可能性がある。特に製造業だけでも三〇一万人の雇用減少の恐れがあるという[496]。

　ただし、日本の製造業がすべて消えてしまうわけではないだろう。海外に進出している日本の工場はなるべく現地で部品を調達したいはずだが、最も現地調達が進んでいる自動車産業でもその数値は約七〇％。日本企業でしか作れない、モジュール化や標準化に適さない「すり合わせ」型プロダクツはまだまだ多い[498]。

　また、【図1】の二〇〇五年頃を見ればわかるように、景気動向や為替状況に合わせた工場のUターン現象が起こることもある。こういった「リショアリング」は雇用創出という文脈で、今後も政策的に誘導されることはあり得るだろう[499]。

　今、製造業はサービス産業の一部門として再編成されつつある。たとえばアマゾンはキンドルという電子ブックリーダーを、グーグルは自社販売のスマートフォンとしてネクサスを、といったようにＩＴ企業たちが自社ハード製品

496　二〇一一年一二月発表の経済産業省・産業構造審議会「新産業構造部会中間整理」における「空洞化ケース」の数値参照。もし「成長ケース」が上手くいった場合は、雇用減少は九〇万人に抑えられるという。

497　経済産業省「工場立地動向調査」参照。

498　中沢孝夫『グローバル化と中小企業』筑摩書房、二〇一二年。

499　円安への転換、内需の拡大等によって新規工場立地が二〇〇五年頃の水準まで持ち直すことはあるかも知れないが、バブル崩壊前のレベルに戻ることは難しいだろう。厚生労働省の雇用政策研究会は二〇三〇年までで「製造業一〇〇〇万人」の日本が維持されるべきという報告書を発表した（『「つくる」「そだてる」「つなぐ」「まもる」雇用政策の推進』二〇一二年）。本気かどうかは知らないけど。

を続々と発売している。

日本の家電メーカーがそういったサービス提供者になれるのか、それとも巨大IT企業の下請けになるか、どちらにもなれないかは、まだわからない。

産業空洞化の進展具合にもよるが、地方の崩壊は少なくとも物理的にはあり得る。高度成長期に整備された日本中のインフラの整備がままならなくなっているからだ。四〇年から五〇年の耐用年数を経て、一斉に老朽化が進むインフラ。その維持・更新に必要な費用は今後五〇年間で毎年八・一兆円、総額三三〇兆円を超えるという試算もある[500]。

人口ボーナスの終わり

未来予測は難しい[501]。だけど、未来を考える上で、最もシンプルで説明力があるのは人口動態に注目してみることだ[502]。

特に世界の「人口ボーナス」期を眺めると、これからの世界で起こることの何割かは予測できる【図2】。よく人口減少の是非が議論されるが、未来を考える時には総人口の増減自体よりも、人口ボーナスを見たほうがはるかに有益だ。

人口ボーナスというのは、生産年齢人口（一五〜六四歳）が増え、従属人口（一四歳以下の年少人口と六五歳以上の老年人口）が減少した状態を指す。

要するに、元気な働き手が多く、子どもや高齢者が相対的に少ない時期のことで、日本では

500 根本祐二『朽ちるインフラ 忍び寄るもうひとつの危機』日本経済新聞出版社、二〇一一年。

501 ダン・ガードナー著、河添節子訳『専門家の予測はサルにも劣る』飛鳥新社、二〇一二年。

502 人口予測は相対的に不確実性が少なく、変化が緩やかである一方、人口構造は経済成長や社会保障制度に決定的な影響力を持つ（小峰隆夫『人口負荷社会』日経プレミアシリーズ、二〇一〇年）。

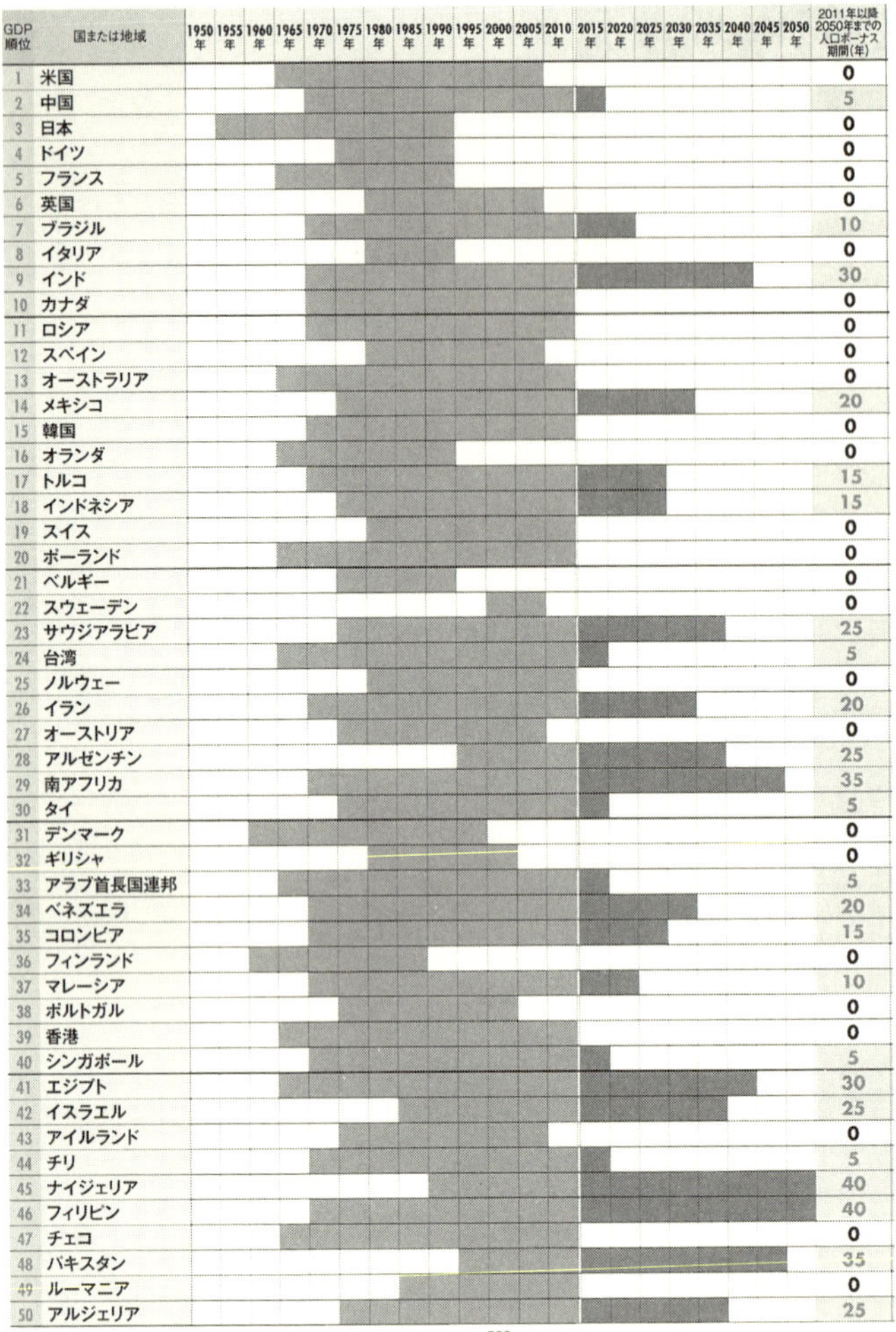

GDP順位	国または地域	1950年	1955年	1960年	1965年	1970年	1975年	1980年	1985年	1990年	1995年	2000年	2005年	2010年	2015年	2020年	2025年	2030年	2035年	2040年	2045年	2050年	2011年以降2050年までの人口ボーナス期間(年)
1	米国																						0
2	中国																						5
3	日本																						0
4	ドイツ																						0
5	フランス																						0
6	英国																						0
7	ブラジル																						10
8	イタリア																						0
9	インド																						30
10	カナダ																						0
11	ロシア																						0
12	スペイン																						0
13	オーストラリア																						0
14	メキシコ																						20
15	韓国																						0
16	オランダ																						0
17	トルコ																						15
18	インドネシア																						15
19	スイス																						0
20	ポーランド																						0
21	ベルギー																						0
22	スウェーデン																						0
23	サウジアラビア																						25
24	台湾																						5
25	ノルウェー																						0
26	イラン																						20
27	オーストリア																						0
28	アルゼンチン																						25
29	南アフリカ																						35
30	タイ																						5
31	デンマーク																						0
32	ギリシャ																						0
33	アラブ首長国連邦																						5
34	ベネズエラ																						20
35	コロンビア																						15
36	フィンランド																						0
37	マレーシア																						10
38	ポルトガル																						0
39	香港																						0
40	シンガポール																						5
41	エジプト																						30
42	イスラエル																						25
43	アイルランド																						0
44	チリ																						5
45	ナイジェリア																						40
46	フィリピン																						40
47	チェコ																						0
48	パキスタン																						35
49	ルーマニア																						0
50	アルジェリア																						25

【図2】GDP上位50ヵ国の人口ボーナス期一覧[503]

503 「「人口」を見れば世界が読める」『週刊ダイヤモンド』二〇一一年一二月三日。

一九五五年から一九九〇年くらいまでがこの人口ボーナス期にあたる。ほら、わかりやすく経済成長期と一致するでしょ？

「ボーナス」というのは「思いがけない贈り物」という意味だ。つまり、人口ボーナスというのは、あらゆる社会に一度だけ訪れる、経済成長にぴったりの奇跡のような期間のことだ[504]。高齢者が少ないので社会保障費が安くて済むし、子どもも多くないので教育費はかからない。一方で、労働力を潤沢に使うことができるし[505]、現役世代の消費と税収にも期待できる。

日本企業とも関係の深い東アジアの国々は、今この人口ボーナス期のただ中にある。というか、ＢＲＩＣｓなどビジネス書が「次の経済の中心はここだ！」と大騒ぎしている国は、たいていは絶賛人口ボーナス期間中である[506]。

しかし今後、アジアの高齢化は日本以上のスピードで進んでいくことが予想されている[507]。高齢化率（六五歳以上の高齢者人口が総人口に占める割合）が七％の「高齢化社会」から、一四％の「高齢社会」になる期間が、アジアはとにかく短い。

フランスでは一一五年、イギリスでは四七年、ドイツでは四〇年かかったこの期間が、日本ではわずか二四年だった。それが中国では二三年、インドでは二二年、フィリピンでは一八年、韓国では一七年で高齢化社会から高齢社会へ移行してしまう。

中国や台湾、ベトナムは二〇一五年、マレーシアでは二〇二〇年、インドネシアでも二〇二五年までに人口ボーナス期を終えてしまう。

504　第二次世界大戦のような総力戦が起これば人口動態はリセットされるから、人口ボーナス期が日本にもう一度訪れる可能性はゼロではない。しかし、そこまでしてもらいたいボーナスではない。

505　ただし雇用が創出できずに、せっかくの人口ボーナスを無駄にしているインドネシアやフィリピンなどの国もある。ボーナスを活用するには雇用吸収率の高い製造業などを整備し、教育水準を上げ労働力の質を高めていくことが必要なのだ。

506　ブラジル、ロシア、インド、中国という台頭する新興国を「ＢＲＩＣｓ」と名付けたジム・オルーニは、次なる「成長国」としてアフリカに注目する。ここで彼が重視するのもまず人口動態、そして生産性だ（北川知子訳『次なる経済大国　世界経済を繁栄させるのはＢＲＩＣｓだけではない』ダイヤモンド社、二〇一二年）。

507　大泉啓一郎『老いてゆくアジア　繁栄の構図が変わるとき』中公新書、二〇〇七年。

人口ボーナス期が終わると、今度は「人口オーナス」期が始まる。「オーナス」というのは「負担」という意味だ。働き手が減ることによって賃金が上昇し、安価な労働力が供給できなくなる状態だ。また高齢化によって社会保障費が上昇し、若年層の負担が重くなる。

理論上はその克服も可能だ。人口ボーナス期が終わるまでに労働力人口を確保し、国内貯蓄率を高め、労働生産性を上げておけばいい[508]。

しかし、東アジアの国々はこの人口オーナスに苦しめられることになるのは確実だ[509]。いち早く人口オーナス期に突入した日本は、順調に高額の社会保障費と低出生率に悩まされている。つまり高齢化に起因する社会保障費の増大や経常収支赤字というのは日本固有の問題というよりも、これから多くの国が直面していく問題なのである[510]。

アジアの経済成長は「雁行《がんこう》型発展」と呼ばれ、日本を先頭にNIES、中国、ASEAN4が続いて経済発展をしてきた。後発国ほど先進国の技術をパクることができるので、急速に工業化を進めることが可能になったのだ。

しかしこれからは「雁行型発展」の人口減少バージョンが起こる。遅れて高齢化が進む国は先進国の経験、医療・年金制度をマネすることができるが、十分な経済発展をしないまま高齢・人口減少社会に突入するとなると、経済へのインパクトは日本よりも大きくなるだろうと予測されている。大丈夫か、東アジア。

508　つまり、女性や高齢者を含めた「みんなが働ける社会」を整備し、金融システムを整備し、付加価値の高い産業構造への転換を図っておく必要がある。まあ、言うのは簡単なんだけどね。

509　特に日本に関しては、経済的に体力のあった一九八〇年代に高齢化社会や低成長に備えた社会保障を整備すべきだったという意見もある。まあ、もう遅いんだけどね（仁平典宏「世代論を編み直すために　社会・承認・自由」湯浅誠・上間陽子他編『若者と貧困　いま、ここからの希望を』明石書店、二〇〇九年）。

510　まあ、だからって日本の未来が明るくなるわけじゃないんだけどね。

511　世界的には人口が増えていくのだから、日本が少子化でもいいという人がいる。合計特殊出生率が二・一を切ると人口減少が始まるから、確かに二・〇程度で緩やかに人口が減っていく分にはいい。しかし今の日本の合計特殊出生率は一・四。あまりにも急激な人口減少だ。

食糧危機と水不足、そして地球の終わり？

やばいのは東アジアだけではない。人口オーナスはどの先進国でも起こる。さらに世界規模で考えるならば、人口爆発による食糧危機、エネルギー危機が深刻だ。[511]

もう少しだけ、未来の話を続けよう。

近代化した開発途上国は肉食中心の欧米型の食生活になっていく。[512] 肉を生産するためには大量の飼料を必要とするため、世界の食糧需要は爆発的に増える。[513] しかし世界の適耕地はすでに農業用に利用してしまっている。もはや人類に残されたのは森林か痩せた土壌くらいで、とても集約農業には向かない。

農業は他のどの産業よりも水を必要とする。その水をどう確保するかはまだ答えが出ていない。農業だけではなく、あらゆる産業でも水は必要だ。たとえば自動車一台を作るのには四〇万リットルの水が必要という。もはや地表に出ている淡水だけでは水の需要を賄いきれず、地下水への依存が高まっているが、すでに北アフリカや中国では急速な地下水位の低下に悩まされている。[514]

二〇五〇年には地球の人口は九二億人程度で落ち着くと言われている。しかし、地球上のすべての人がアメリカや日本のような先進国型ライフスタイルを送るとすれば、現在の一五〇〇億人分に相当する食糧やエネルギーなどが必要となるという。[515] 人口そのものというよりも、生活スタイルの先進国化という爆弾にどう対処していくのか、答えは見えない。

あまりにも急激すぎて既存の社会制度が全然追いついていない。

512　ポール・ロバーツ著、神保哲生訳『食の終焉　グローバル経済がもたらしたもうひとつの危機』ダイヤモンド社、二〇一二年。鳥インフルエンザといった病原菌リスクなど、「食」はいくつもの爆弾を抱えている。

513　牛肉一kgを生産するためには二五kg、豚肉では四・八kg、鶏肉でも三・九kgの穀物量が必要だという。さらにその穀物を生産するには水が必要だ。たとえば一〇〇gの国産牛肉を食べると、二・五二kgの穀物を食べ、二tの水を飲んでいるのと同じことである、という東京大学生産技術研究所の試算もある（http://hydro.iis.u-tokyo.ac.jp/Info/Press200207/）。

514　モード・バーロウ、トニー・クラーク著、鈴木主税訳『「水」戦争の世紀』集英社新書、二〇〇三年。

515　ローレンス・スミス著、小林由香利訳『二〇五〇年の世界地図　迫りくるニュー・ノー

人口ボーナスを考えると、中長期的には中東やアフリカの時代が来るようにも思える。これから数十年のうちに、北半球の国々には老人が溢れ、南半球は若い世代で満ちるようになるだろう。それをポジティヴに考える研究者もいるが、政情が安定しない限り、人口が増えても失業者が増えるだけだ。

アフリカ諸国には世界有数の資源大国が多い。たとえばコンゴは豊富な天然資源を武器にアラブ並みのリッチな国となる可能性もあった。しかし、資源大国に目を付けた西欧諸国、多国籍企業が乗り込んで来てしまったせいで、今は終わりのない紛争のただ中にある。彼らは紛争を続かせることによって、戦争経済と資源の不法搾取で利潤を総取りしてしまうというスキームを作ってしまった[516]。

増えすぎた若者世代は、逆に社会にとっての脅威となることもあり得る。ユース・バルジ（若者急増）と呼ばれるように、中東やアフリカでは増えすぎた若者たちに、十分に社会が受け皿を提供できていない。そういった「居場所のない若者たち」の労働力が、テロや革命、内戦の温床になっていると主張する研究者もいる[517]。

未来はこんなにも明るい

同時にもっと楽観的な未来予測もたくさん存在する。石油に代わるエネルギーが普及し、国際情勢が安定し、ＮＡＴＯは過去のものとなり、世界中の人々はより豊かな生活を送っている

スの時代』ＮＨＫ出版、二〇一二年。

516　米川正子『世界最悪の紛争「コンゴ」平和以外に何でもある国』創成社新書、二〇一〇年。高野和明の小説『ジェノサイド』（角川書店、二〇一一年）の舞台もコンゴであるが、さすがに外務省の退避勧告が出ていることもあり、取材には行かなかったという。一方、コンゴで学校を建設する日本人女性や大学生たちのグループもある。詳しくは長谷部葉子『いま、ここを真剣に生きていますか？』（講談社、二〇一二年）を参照。

517　グナル・ハインゾーン著、猪股和夫訳『自爆する若者たち　人口学が警告する驚愕の未来』新潮選書、二〇〇八年。人口動態で複雑な社会を一刀両断する、中東版『デフレの正体』みたいな本だ。

だろう、というように[518]。だって僕たち人類はそうやって、いくつもの悲観論を克服してきたんじゃないか、と。

たしかに「経済成長の限界」論のパターンは昔から決まっていて、エネルギーの枯渇、人口動態、物質的豊かさによる労働意欲の減退、戦争などがその理由とされてきた。

たとえば一九世紀には鯨の脂が枯渇しつつあるから、欧米の都市は暗闇に閉ざされるだろうという予言がされたこともあった。だが人類は歴史的に見れば、何らかの新技術の開発によって常にそれらを克服してきた[519]。

温暖化が人類にさらなる豊かさをもたらすという議論もある。特に北極海では夏の間、海氷が後退し、新しい航路が開拓されていると考えられている。サハラ以南での農業が壊滅する代わりに、グリーンランドなど北半球での作物生産量は確実に増加している。これからは北極圏の時代だというのだ。やっぱり老後は北欧かな[520]。

再生可能エネルギーへの移行も徐々に進んでいくだろう。当面の間、電気料金が上がることは避けられないが、化石燃料への輸入依存度が下がることは安全保障上も意味がある。またサハラ砂漠一帯で巨大太陽光発電所を設置し、ヨーロッパを再生可能エネルギーのネットワークで包み込んでしまうという「デザーテック構想」も計画されている。

アジアでも日本と東アジアをつなぐ「アジアスーパーグリッド構想」が存在する。対馬海峡や日本海に直流海底送電線を敷設して、日本と韓国、さらにはロシア、モンゴルともネットワ

518 Franklin, Daniel with Andrews, John. (eds). 2012. *Megachanges: The World in 2050*. London: Profile Books.

519 ウィリアム・バーンスタイン著、徳川家広訳『「豊かさ」の誕生　成長と発展の文明史』日本経済新聞社、二〇〇六年。

520 日本で年金を払っている人が老後になってから北欧に行っても、手厚い社会保障を受けられるわけではないからあまり意味がない。また、「北欧は寒いから」と老後はスペインに移住するノルウェー人も多い。

ークを築き、電力融通を行おうとするプロジェクトだ。[521]

資本主義の終わり？

リーマンショックをきっかけに、「グローバル資本主義の終焉」や「経済成長の終わり」を唱える議論も目立った。

しかし、資本主義はフロンティアを求め続ける。世界を巻き込んだその動きは、そう簡単には止まりそうにない。いくら評論家が「脱成長」や「脱資本主義」を叫んだところで、この地球にはまだフロンティアが残されている。「中核」を成立させるための「周辺」がある限り、このメカニズムは駆動し続けるだろう。

一つの有力な未来予測は、これから世界がますます「都市の時代」になっていくというものだ。人が都市に一極集中してくれたほうが、道路や水道というインフラも整備しやすいし、教育などの社会サービスが提供しやすい。何よりも人が集まる場所では商売が生まれやすい。多様な人々を包摂する都市の可能性には国連人口基金も期待する。[522]

日本の場合も、「日本国」というユニットで未来を考えると、なかなか明るい将来を思い描けないが、「東京都」や「福岡県」という都市単位であれば、国際的な都市間競争で優位に立てる可能性は大いにある。

日本は何といっても一億三〇〇〇万人弱の人口を抱える巨大国家だ。たとえば北海道だけで

521　脇阪紀行『欧州のエネルギーシフト』岩波新書、二〇一二年。もちろんこういった大プロジェクトには、希望と同じくらいの懸念材料がある。資金調達、送電ロス、政治情勢など課題は山積みだ。

522　国連人口基金『世界人口白書二〇〇七』。都市には貧困や公害の温床という欠点もあるが、それを克服する可能性も同時に内包しているというのだ。

も五五〇万の人が住んでいるが、これはデンマークの人口とほぼ同水準である。

道内総生産は約一八兆円で、[523]デンマークのGDP二六兆円には及ばないが、チェコやフィリピンを上回り、世界ランキングでもトップ五〇に入る。[524]地方分権が進むならば、実験的に「北海道」が北欧のような高度な「福祉道」になることもあるだろう。

事実、政府回りからは特区を巡る構想が相次いで発表されている。二〇一〇年の「新成長戦略」では総合特区制度の創設を宣言、東京都の「アジアヘッドクォーター特区」や福岡県の「グリーンアジア国際戦略総合特区」など全国七区域が指定されている。[525]

財政的に国土の「均衡ある発展」なんて追求できなくなる中で、地域単位での実験は今後ますます加速していくのだろう。都市間競争の一環として、アメリカのデラウェア州のように、国内に事実上のタックスヘイブンが生まれる可能性もある。[526]そうして「富める地方」と「貧しい地方」の格差は露骨に明らかになっていくだろう。

世界が「都市の時代」になる一方で、ソマリアなどの無政府地帯が増えていくかも知れない。海賊が支配する無秩序領域というのは、『ONE　PIECE』みたいで一見かっこいいが、意外と大変らしい。

警察や立法機関が存在しない無政府社会には、法律がない代わりに、エリアを支配している武装勢力ごとにルールが変わってしまう。そんな中、人々はメンツやコネに頼るか、さもなければ武力に訴えるしかなくなる。ソマリアでは、街の露店にあらゆる種類の銃が並び、若者た

523　内閣府「平成二一年度県民経済計算」。

524　IMF「World Economic Outlook Databass」を元に一USドルを七八円で計算した。単純に比較するとエジプトに次いで北海道は四五位になる。また東京都だけで韓国に次いで一六位になる。よく経済誌やネット右翼が叫んでいる「韓国に負けるな」の意味がわからない。

525　たとえば「アジアヘッドクォーター特区」は欧米・アジアの企業誘致を軸とした構想だ。特区適用と東京都の独自減税で二〇%台半ばの法人税を目指す。

526　デラウェア州では法人登記が非常に簡単で、様々な税制上のメリットがある。アップルやアメリカン航空など、多くの企業が登記地を同州に置いている。

ちは武装勢力の下で戦士になっていくのだという。[527]

新しい中世の海賊たち

そんなソマリアみたいな社会は極端かも知れないが、国家に代わってグローバル警備会社が幅を利かせている未来は十分に考えられる。そもそも第二次世界大戦以降、国家対国家の「大きな戦争」は減っていて、「低強度紛争」と呼ばれる「小さな戦争」が増えている。「小さな戦争」ではゲリラ、爆弾テロ、襲撃、暗殺といった戦闘形態が主流になり、国家による正規軍では対応しきれなくなる。そのため、安全保障の担い手の株式会社化が進んできた。[528]

海賊がいるのは洋上だけではない。ハッカー集団「アノニマス」や、機密暴露ウェブサイト「ウィキリークス」のような、既存の社会をネット上から揺るがす「新しい海賊」の活動は今以上に活発になっているだろう。

ウィキリークスの創設者ジュリアン・アサンジ（一九七一年、豪クイーンズランド州）をアメリカが必死になって捕らえようとしたり、二〇〇一年のアメリカ同時多発テロの一つの幕引きがオサマ・ビン・ラディン（一九五七年、リヤド?）という個人の殺害だったことが記憶に新しい。もはや「国家」だけを見ていたら世界のことはわからない。

そのような時代を、政治学者たちは「新しい中世」と呼ぶ。[529] 中世というのは、非国家主体とネットワークの時代だった。東インド会社、ロスチャイルド家、フリーメイソンなど国家以外

527　白戸圭一『ルポ資源大国アフリカ　暴力が結ぶ貧困と繁栄』東洋経済新報社、二〇〇九年。

528　マーチン・ファン・クレフェルト著、石津朋之監訳『戦争の変遷』原書房、二〇一一年。

529　田中明彦『新しい中世　相互依存深まる世界システム』日経ビジネス人文庫、二〇〇三年。一九八五年に単行本が発刊された堺屋太一『知価革命』（PHP文庫、一九九〇年）は

の多様なアクターが、ネットワークで結ばれた相互依存的な関係にあった。

同様に、二一世紀も、国民国家以外の多様な主体が世界を動かしていく時代だ。アップルなどのグローバル企業、アルカイダなどのテロリスト、グリーンピースといったNGOなど、有象無象の意思決定主体が登場する中で、国家はその中の一アクターに過ぎない。

世界中を自由に飛び回れるエリートにとっては国境の意味がますます希薄化し、同時に「地元」に住み続ける人々は国境の存在さえも意識しなくなる。そういった二つの意味で国家は相対化されていくのだろう[530]。

それは、「能力」と「やる気」がある人にとっては、どこまでも自由な世界だ[531]。そして「能力」と「やる気」がないと見なされた人にとっては、とても窮屈な世界だ。しかも、窮屈なことにさえ気がつかない。新しい階級社会は、徐々に始まりつつある。

そんな時代に僕たちはどうやって働いていけばいいんだろうか。

2 失われていく国の中で

二〇五〇年の働き方

ある日、Gmailのメールボックスに「国家戦略会議の下に置かれる部会の委員就任のお願い」というメールが入っていた。日本学術会議会長の大西隆（一九四八年、愛媛県）を座長と

早くも「高技術中世」の到来を予見していた。

530 政府主導のエネルギー企業などが世界経済の中で台頭する中国やロシアを考えると、一方的に国民国家をオワコン扱いはできない。このような国家資本主義が今後拡大する可能性もある。ただしエネルギーやインフラ産業と違い、IT産業やサービス産業は国家による管理とは相性が悪いので、それが唯一の資本主義モデルになることはないだろう（イアン・ブレマー著、有賀裕子訳『自由市場の終焉 国家資本主義とどう闘うか』日本経済新聞出版社、二〇一一年）。

531 実際の中世の人々は、職業選択や帰属する共同体選択の自由はなかった。生まれ落ちた場所と身分に、死ぬまで滞在し続けるのが一般的だったからだ。自由に移動し、職業を変えられたのは一部の貴族と、「ノマド」、つまり社会から落ちこぼれた流浪人だけだった。今後、更なる階層の固定化が進んでいく可能性もあるが、今のところ社会はまだ流動的だ。

する「フロンティア分科会」の下に設置される部会の委員になって欲しいという連絡だ。

何かの罠かと思いながら指定された日に内閣府まで行くと、きちんと会議は開かれていた。

ミッションは「二〇五〇年の日本」を考えること。これから国際環境や社会環境が変わっていく中で、中長期的な国家の将来像を描くのが目的だという。

今年の初夏、僕が参加したこの部会での議論を元に、NHKスペシャルで「二〇五〇年の働き方」をプレゼンするという機会があった[532]。キーワードは「みんなが働ける社会」「多様な働き方ができる社会」「全員参加型社会」だ。

わざわざ「二〇五〇年の一日」という再現ドラマまで作ってもらって、僕が提案したのは以下のような「働き方」だ。


「今まで企業が負担してきた福祉を国や地方自治体が担う。週休三日制や自宅勤務など、企業も社員が自由に働けるような人事制度を設ける。フレキシブルな勤務が可能になり、仕事の掛け持ちも当たり前になる。解雇は容易になる一方で、就労支援の責任を社会保障が受け持つ。

そうした中で、『夫が稼いで、妻は専業主婦で』といった昭和型の働き方が減っていく。一人が家計を支えるのではなくて、若者や女性、高齢者が、自分の生活に合わせて働いていく。そんな全員参加型の社会がこれからの日本には必要だ」

532　NHKスペシャル「シリーズ日本新生〝雇用の劣化〟を食い止めろ！」二〇一二年六月二日放送。

皮肉屋の僕が珍しくポジティヴなことを言ったつもりなのだけど、[533] 評判はあんまり良くなかった。ツイッターや2ch、NHKに寄せられた声を見聞きすると、「そんなエリートみたいな働き方が誰でもできるわけではない」「解雇が簡単な社会なんて嫌だ」「理想としてはいいが、財政負担をどうするのか」といった意見が多かった。

だけど「みんなが多様な働き方のできる社会」というのは、そんな突飛な提案ではない。ヨーロッパ諸国ではこの数十年間で当たり前になった働き方の形だし、日本でも一九九三年に発表された「平岩レポート」以来、定期的に提唱されてきた雇用のあり方だ。

北欧型新自由主義の時代

かつて、自由主義経済の支持者たちは「小さな政府」こそが経済成長を導くのだと主張してきた。[534] しかし一九九〇年代以降、租税負担率の高い国であっても、高い経済成長率を記録するようになってきた。税金を上げれば経済成長をするというわけではないが、国富増大のために「大きな政府」か「小さな政府」、そのどちらがいいのかが一概に言えなくなってきたのだ。

また「大きな政府」と思われている国も、一九九〇年代以降は新自由主義的な政策を取り入れ、その姿を大きく変えてきた。たとえばスウェーデンでは法人税を一九九一年に五七%から三〇%に、さらに現在では二六・三%にまで引き下げ、企業の国際競争力を高めてきた。[535]

同時にスウェーデンではフレキシブルな労働市場を構築するために、職業紹介事業を民間に

533　慣れないことはするものではない。主張自体に大差はないはずなのに、労働政策学者の濱口桂一郎のブログに「ほとんど空中ふわふわの「のまど万歳」論になってしまっておるわいな」と嫌味を書かれたり、散々だった。不思議なのは、立派な研究者の人も、人を印象論で批判するということ。上田彩子『「恋顔」になりたい！　愛される顔にはルールがある』（講談社、二〇一一年）でも読んで愛される顔になりたいと思う。

534　橋本努『ロスト近代』弘文堂、二〇一二年。橋本によると、ポスト近代の次の局面がロスト近代なのだという。社会学者の三谷武司（一九七七年、香川県）はツイッターで、「ポスト近代のあとがロスト近代って、おかしくない?」「ロストしないとポストにならないよね」とその概念に疑問を呈していた。

535　企業は収益の二五%までを、控除対象となる税配分準備金への割り当てを行うことができるので、実効税率はさらに低

開放し、派遣労働を解禁した。さらに失業保険のための財源が削減され、失業手当や疾病手当の受給期間も制限されるようになった。

代わって導入されたのは積極的労働市場政策だ。職業訓練や教育プログラムを充実させて、失業者たちをただ福祉の対象にするのではなくて、労働市場の中に戻していこうというのだ。二〇〇〇年代以降は、ＥＵとしても失業率の低下ではなく、エンプロイヤビリティ（就業能力）の向上が政策目標とされるようになった。かつて「失業しても幸せな社会」と言われたヨーロッパは、「働かないと食べていけない社会」になりつつある[536]。

このように、市場原理に忠実であると同時に、柔軟な社会保障を整備する仕組みを、声が宮台真司そっくりの社会学者の橋本努《つとむ》（一九六七年、東京都、A型）は「北欧型新自由主義」と呼ぶ。法人税は安く、リストラには寛容。企業は従業員を正社員として雇う必要はない。他方では、社会保障がトランポリンのように働けなくなった人を支える。

「新自由主義」的でありながらも、柔軟な形式での「福祉」を整備する仕組みは、最近では様々な立場の人が説くようになってきた。たとえば新自由主義の提唱者である八代尚宏（一九四六年、大阪府）と、北欧研究の第一人者・宮本太郎（一九五八年、東京都）の主義主張には重なるところも多い。一九九〇年代以降の「新しい福祉国家」と、「新自由主義」の重複するところを「北欧型新自由主義」と呼んでもいい[537]。

そもそも新自由主義と福祉国家は原理としても相性がいい。グローバル化が進み、経済が国

くなる場合もある。スウェーデンは各国大使館に投資部を開設、外国企業の誘致を図っている。「スウェーデンでビジネスを始めるには」といった日本語パンフレットもウェブサイトでダウンロードできる。詳しくはだいぶ意識の高い「INVEST SWEDEN」ウェブサイトへ（http://www.investsweden.se/Japan/）。

536　そもそも第二次世界大戦後に始まったEU統合の思想自体が、一つの新自由主義的なプロジェクトであり、「社会的ヨーロッパ」なんてただの妄想だったという主張も存在する（フランソワ・ドゥノール、アントワーヌ・シュルツ著、小澤裕香・片岡大右訳『欧州統合と新自由主義　社会的ヨーロッパの行方』論創社、二〇一二年）。

537　それが「いい社会」かどうかはわからない。オランダで生活保護受給者は、「切迫した事情」を立証できないかぎり全員が求職義務を課され、斡旋された仕事を断ることは原則とし

際競争の圧力に晒《さら》されるほどに、人々はセーフティネットの充実を政府に求めるようになる。事実、グローバル化が進むほどに、政府規模は大きくなるという研究もある。[538]

しかし日本で「北欧型新自由主義」は理想としてはたびたび語られながらも、なかなか実現はしそうにない。たとえば租税負担率、公的失業訓練がGDPに占める割合など様々な指標で日本は北欧諸国どころか、アメリカの水準にも達していない。

「会社」や「家族」があるからみんな気付かないだけで、日本の社会保障は、堂々の先進国最低水準なのだ。[539]

橋本努は、一人あたりのGDP、人間開発指数、国際競争力、少子化対応など多くの指数を整理しながら、「北欧を目指すならまずアメリカ並みに改善すべきだ」という逆説的な指摘をする。

中国化する日本？

現役世代が少なくなる高齢化社会では、社会保障の財源を所得税などの直接税から、消費税など間接税に移行させるのが一般的だ。所得税では働く人からしか税金が取れないが、消費税ならば退職した高齢者からも富の移転をさせることができるからだ。

二〇一二年夏には「税と社会保障の一体改革」の一環として、消費税増税法案が国会を通過した。予定では二〇一四年から消費税が八％、二〇一五年から一〇％に引き上げられる。その

てできない。学歴、就労経験に関係なく、本人がどんなに不服でも違法労働以外はその仕事を引き受けないとならないという（水島治郎『反転する福祉国家　オランダモデルの光と影』岩波書店、二〇一二年）。

538　柴山桂太『静かなる大恐慌』集英社新書、二〇一二年。

539　日本の対GDP比で見た政府の総支出規模は約三五％、対労働力人口比率で見た公務員数は約五％、ともに世界最小クラスだ。それでも日本が巨額の財政赤字を抱えているということは、日本が「低受益、超低負担」の国であることを意味する。ただし、近年では高齢化に伴う医療・介護費用の上昇によって、低福祉国家とは言えなくなりつつある。

政策理念には「北欧型新自由主義」の影響が垣間見える。

しかし「全世代のための社会保障」のために準備された消費増税だが、出産・子育て支援、女性の再就職支援など若い世代に向けた社会保障は、ほとんど充実しない。

さらに、消費増税法案の三党合意後には「附則」が付け加えられ、消費税は公共事業に転用されてしまうかも知れない。[540]「附則一八条」ではしれっと「事前防災及び減災等に資する分野」「経済成長に向けた施策」に消費税を使える可能性を残した。

また自民党は一〇年間で二〇〇兆円の公共事業を行う国土強靱《きょうじん》化計画、公明党も防災・減災のための公共事業一〇〇兆円プラン、民主党の部会も公共事業一六〇兆円プランを相次いで発表、懐かしい「土建政治」によって日本を復活させようとする人々がいる。[541]

さらに、二〇〇八年のリーマンショック、二〇一〇年の欧州債務危機以降は「北欧型新自由主義」を素朴に褒め讃えることも難しくなってきた。ヨーロッパの経済が荒れる中で、日本がモデルにできるような国がなくなりつつある。

そんな中、毒舌っぷりがかつての宮台真司を彷彿《ほうふつ》とさせる、歴史学者の與那覇《よなは》潤（一九七九年）は、日本が「中国化」していくという大胆な指摘をしている。法の支配や基本的人権、議会制民主主義が欠如し、人々を相互不信と疑心暗鬼が支配するような状態が「中国化」だ。

與那覇は冗談まじりに、こんなシミュレーションをしてみる。

全国各地で「維新」が唱えられ、コストカッター市長が議会政治の弱体化と公務員待遇の切

540　五十嵐敬喜「消費税が公共事業に化ける時」『世界』二〇一二年九月号。

541　日本の公共事業投資は二〇〇〇年代以降、徐々に低下してきた。現在の歳出に占める公共事業の割合は、日本はアメリカ、フランス、スウェーデンと同水準である。

り下げをする。役所では副業が解禁され、役人たちは「役得」の追求に専念するようになる。

もちろん、議員報酬や公務員給与を削ったくらいで、財政状況が改善されるわけではないから、ＩＭＦの管理下に入ることもあり得る。その結果、徹底した市場主義で自己責任の社会ができ上がる、というわけだ。與那覇のブラックジョークが冴える。[542]

もっとも実際のＩＭＦには、国際収支危機などキャピタルフライトが起こっていない国に支援を行う役割は与えられていない。一国内の財政破綻とＩＭＦの役割は関係がないからだ。

そもそも日本のＧＤＰ規模を考えると、現在のＩＭＦなんかでは到底救えはしない。[543]つまり、ＩＭＦによる支援が検討される以前の段階で、国際金融市場がパニックに陥っている可能性が高い。

僕たちが暮らす自由格差社会

こんな話をしていると、もう僕たちには暗い未来しかない気もしてくるが、決してそんなことはない。

僕の友だちがアルゼンチンに行った時のことだ。その時、彼女はフリーターのような身分で、気ままに南米を旅していた。するとたまたま会った現地のエリートに怒られたという。「なんで定職にもついていない、あなたのような若者が世界中を旅できるの」と。

確かにほとんどの日本人は、世界的に見たらまだ「富裕層」だ。何の資格がない若者であっ

542 與那覇潤『中国化する日本』文藝春秋、二〇一一年。ブラックおぼっちゃま君・瀧本哲史と合わせると「タッキー＆潤」という夢のような毒舌コンビが完成する。

543 日本の対外純資産はＧＤＰの五〇％強あり、経常収支がＧＤＰ三％の赤字になっても一五年以上は純債務国にならない計算だ。また、ＩＭＦの資産規模は約六〇兆円。二〇一〇年に決定されたギリシャに対するＥＵとＩＭＦによる支援策の総額は約二〇兆円。日本のＧＤＰ規模はギリシャの二五倍だから、日本の支援には三〇〇兆円が必要ということになる。全然足りない。ある証券アナリストは、起こりうる未来として、財政状況の更なる悪化（五六％）、ハイパーインフレ（七％）、狭義のデフォルト（一二％）といった試算をしている（土屋剛俊・森田長太郎『日本のソブリンリスク　国債デフォルトリスクと投資戦略』東洋経済新報社、二〇一一年）。

ても、東京都のコンビニでアルバイトをすれば時給一〇〇〇円くらいにはなる。しかも日本国籍を持っている人は、一六五もの国にビザなしで入国することができる。[544]

これはちっとも当たり前のことではない。たとえば中国国籍の人がビザなしで入国できる国は四一しかないし、中国では都市部でもサービス業の時給は一〇〇円ちょっとだ。彼らが「気ままに南米に行くこと」がいかに難しいかがわかるだろう。

日本国籍を持って生まれただけで、世界的に見たらとんでもないエリートなのだ。世界中の多くの人が、どんなに望んでも一生手に入れることができないようなメンバーズカードを、日本人たちは保有している。[545]

かつての日本人たちと比べても、現代を生きる僕たちは信じられないくらいの「自由」を手にしている。[546]

ポスト工業化社会では、長期安定雇用は減って非正規の職は増え、働き方が多様になる。もちろん格差は広がるが、昭和時代には考えられなかったような、「自由」な生き方が許されるようになる。

社会から「男なら会社員、女なら専業主婦」といった規範が消えていくから、バイトをしながらミュージシャンを目指したり、ノマドワーカーを名乗りながらネットワークビジネスに励んだりすることができる。

また世界的な分業体制の中で、消費者はいいものを安く買うことができる。電化製品を買う

544 Henley & Partners「Visa Restriction Index 2012」。ランキングの一位はデンマークで、一六九ヵ国中、日本は第五位だ。

545 特にこんな文字ばかりの本の、こんな脚注まで読んでくれる人は世界的に見たらとんでもないエリートに違いない。とリップサービスをしておく。

546 小熊英二『社会を変えるには』講談社現代新書、二〇一二年。新書にもかかわらず五〇〇ページを超えるが、小熊の本としては驚異的な薄さと軽さを実現している。『〈民主〉と〈愛国〉』は厚さ五・一㎝で重さは一・二五㎏、『一九六八』が上下巻合わせて一一・五㎝、二・七㎏あるが、『社会を変えるには』はわずか二・二㎝、三四六g。

にしても、音楽を聴くにしても、服を買うにしても、ほとんどのモノの値段は二〇年前、三〇年前とは比べられないほどに安くなった。世界中に広がった市場経済のおかげで、誰もが高性能のスマートフォンを持てるようになったのだ。

　航空券も安くなった。日本でも相次いで就航したLCC（格安航空会社）を使えば、アジアの多くの都市に一万円程度で行くことができる。たとえば中国の春秋航空を使えば茨城空港から上海の浦東空港まで最安値が四〇〇〇円。[547] 購買力平価換算で中国の物価は日本の約四分の一だから、一万円のお小遣いが、一気に四倍になる。[548]

　僕たちは、冷静に考えると、意外と多くものを手にしている。ほら、たとえば今すぐにベトナムで組み立てられたスマートフォンで旅の予定を立てて、中国製のスーツケースに、カンボジア製の服を詰め込んで、格安航空券を手に上海へ行ってもいい。

　もちろん、そのまま海外から帰って来られなくなっても、それはその人の「自由」だ。[549]

　僕たちは、「自由」の幅があまりにも広い、自由格差社会を生きている。[550]

全員参加型社会の闇

　最近のヨーロッパ諸国では「歓迎すべき」移民に対しては流入を容易にする一方で、単純労働者たちを閉め出す政策を採りはじめている。[551]

　たとえばオランダでは一定額以上の賃金所得を得る見込みのある外国人を「知識移民」とし

547　茨城空港は最寄り駅もなく交通の便が悪いが、東京駅から片道五〇〇円のシャトルバスが運行されていて、成田空港よりも格段に不便というわけではない。

548　僕の友だちは日本よりも安いからってキャバクラにはまってた。

549　海外で所持金ゼロの困窮状態に置かれて、日本に帰国できなくなることもある。フィリピンではビザが切れた後の不法滞在の罰金、帰国用の航空チケット代が払えずに、日本に帰れなくなった「困窮邦人」が多数存在する。しかし日本大使館は、彼らが両親や肉親に国際電話をかけることまでは手伝うが、帰国費用までは援助しないという（水谷竹秀『日本を捨てた男たち』集英社、二〇一一年）。

550　しかも「自由」というのは、「選ぶつもりで選ばされている手品」（中島みゆき「愛だけを残せ」二〇〇九年）のようなものだ。それぞれが手にすることのできる「自由」は、その人が置かれている環境に依存す

て優遇、他の外国人よりも各種の手続きや滞在期間などの面で特例措置を受けることができる。二〇一〇年の同国への滞在許可者のうち、約一〇%が知識移民だ。彼らの多くはＩＴ産業や大学など教育機関に勤務している。

同時にオランダは二一世紀に入ってから、一般の移民に対する規制を大幅に強化してきた。たとえば二〇〇七年に施行された市民化法では、オランダに居住する外国人に対して市民化試験を課すようになった。試験の合格には、オランダ語はもちろん、オランダ社会に対する様々な知識やマナーが要求される。

このような移民や外国人の「排除」は、最近のヨーロッパ諸国で共通して確認できる現象だ。実は、これはこの節の冒頭で紹介した「全員参加型社会」という理念とも深く関係している。

大陸ヨーロッパはかつて男性が「一級市民」として活躍し、それを移民という「二級市民」が支えるという社会だった。工業社会では、身体的能力が高い若年・中年の男性たちが労働市場で重宝され、移民も安価な労働力として積極的に受け入れられた。また、女性の役割は、若い時をのぞいて副次的なものに留まっていた。

しかしサービス業が産業の中心となるポスト工業化社会では、身体的能力よりも言語的コミュニケーション能力が重視されるようになる。そこで移民は次第に「役立たず」になっていく。工場でモノを作るのと違って、サービス業においては文化や言語を共有することが大切だ

るのに、やむにやまれず手にしたものさえも、「自由」に選んだということにされる。

551　水島治郎『反転する福祉国家』岩波書店、二〇一二年。

からだ。

さらに財政が逼迫《ひっぱく》する中で、働かない人を福祉で養う余裕もなくなっていった。そこで「福祉から就労へ」というスローガンのもと、「全員参加型社会」の必要性が説かれるようになる。女性も障害者も含めて、全員が何らかの形で経済活動に貢献することを求める一方で、「参加」を拒むものには福祉を与えないというシステムだ。

こうして「全員」を「包摂」するために、そもそも「参加」が困難な人は初めから「排除」される。それがヨーロッパにおいて外国人や移民が「排除」される理由だ。

日本では、中高年男性が「一級市民」として活躍し、若者や女性が、移民の代わりに「二級市民」として安価な労働力を提供してきた。

もしも日本が「全員参加型社会」を志向しても、ヨーロッパ社会で移民の「排除」が起こったように、若者と女性が「排除」されることはあるかも知れない。つまり「全員」というのがバリバリ働ける男性にのみ限定されて、そうなれない人々がより深刻に「排除」されてしまう可能性がある。

残り時間はまだある

僕たちは今、かつての人が考えられなかったくらいの「自由」を手にしている。だけど、その「自由」も実は先行世代が残したインフラといった豊かさに支えられているものだ。僕たちが、いつまで「自由」でいられるかはわからない。

しかも、その不確かな「自由」と引き替えに、日本社会を支えていた「確かなもの」は徐々に失われつつある。

たとえば戦後長らく日本人男性たちの経済的基盤であり、承認の拠《よ》り所《どころ》でもあった「会社」は大きく姿を変えつつある。

日本航空、武富士、山一證券など、バブル崩壊後多くの大企業が倒産してきた。たとえば約四〇年前にリクルートが実施した文系大学生の人気企業ランキング上位二〇社のうち、現在も業績が好調な企業は約半数しかない[552]。

また「家族」の姿も今後大きく変わっていくだろう。

日本は若年層に対する社会保障が極めて手薄な国だ。生活保護制度と失業保険があるくらいで、職業訓練や住居に関するセーフティネットはほぼ整備されていない。それでも今までなんとかなってきたのは、「家族」という福祉があったからだ。

たとえ若者自身の給与が安くても、実家に住んでいる限りは何とかなってしまうのだ。だけど、あと三〇年もすれば親たちは要介護状態を経て、この社会から退出していく。平均的な団塊世代の家庭の場合、介護費用を考えると遺産にはボロボロになった持ち家くらいしか残らないだろう[553]。

日本の社会保障はこうやってずっと「会社」と「家族」が肩代わりしてきた。だけど今や、

552　一九七一年の「人気企業」のうち日本航空、ダイエー、長崎屋、西友などが一度は倒産している。ただし、調査が開始された一九六五年以降の推移を見てみると、順位の変動はありつつも、倒産した大企業の数は多いとは言えない（古市憲寿「就活カーストの呪縛」『新潮45』二〇一二年九月号）。

553　上野千鶴子・古市憲寿『上野先生、勝手に死なれちゃ困ります』光文社新書、二〇一一年。

554　香山リカ・橘木俊詔『ほどほどに豊かな社会』ナカニシヤ出版、二〇一一年。ただし橘木は経済成長をしないことをよしとしているわけではなく、経済のモデルを「北欧諸国」に求めている。北欧四ヵ国の二〇一一年の経済成長率は前年比二・四〇%、日本のマイナス〇・七五%と比べれば堅調だ。また、アメリカ、イギリス、フランスなど多くの大国を上回っている。

きちんとした「会社」に所属できる人はどんどん減り、「会社」自体が世界的な淘汰の中にある。「家族」は高齢化が進み、親たちに援助される側だった若者が、そのうち老いていく親たちを援助する側に回らざるを得なくなる。

もうむやみやたらに経済成長を目指さずに、「ほどほどに豊かな社会」を目指せばいいという議論もあるが、人口構造が劇的に変わっていく中で、日本が今と同水準の「豊かさ」を維持することは、とても難しい。[554]

だけど今、この国はまだ過渡期だ。[555]「確かなもの」はまだ完全には失われずに、足下で僕たちを支えている。寄る辺は、残されている。そして、世界が「新しい中世」へ移行しつつあるとはいえ、まだまだ僕たちは「自由」だ。

この「自由」が残されているうちに、できることはたくさんある。

そして、必要は発明を促す。どんな理想的に見える社会も、高邁な理想を追い求めてできあがったというよりは、現実的な必要性から様々な制度を整備させてきた。[556]きっと過度に悲観することはないのだろう。

次の節からは、誰かに雇われながらも自分たちで働く、「会社員と起業家の間」にいる若者たちの姿をスケッチして、この本を閉じることにしよう。

555　すかさず脚注で捕足しておくと、いつの時代も誰かが「今が転換点」と言っている。人々は昔から未来を思い悩み、現代を不確かな時代だと捉えている。たとえば『ニューヨークタイムズ』には「不確実性の時代」というフレーズが一九二四年以降、五二七〇回登場する。人はいつだって現代の変化が、かつて起こっている変化よりも大きいものだと思ってしまうのだ（ダン・ガードナー著、川添節子訳『専門家の予測はサルにも劣る』飛鳥新社、二〇一二年）。

556　たとえば男女平等の国として知られるノルウェーは、もともとは「主婦の国」と呼ばれるくらい専業主婦が多かった。保育園といった公的な育児サービスが充実したのは、労働力不足によって女性が働き始めてからだ。現実を後追いするように社会制度が変わっていったのだ（古市憲寿「「主婦」から「子ども」の国へ　ノルウェーにおける戦後育児政策の変遷」『北ヨーロッパ研究』八、二〇一一年）。

3　僕たちはどうやって働こう？

起業しなくてもビジネスは始められる

毎週末、東京の青山にある国連大学前には、「青山ファーマーズマーケット」が開かれている。ファーマーズマーケットというのは、複数の生産者農家が集まって直接自分たちの収穫物を販売する対話型市場のことだ。昔の言葉でいう「朝市」や「日曜市」に近い。

野菜だけではなく、お菓子やバッグが売られたり、キッチンカーも出店していて、まるでお祭りのような空間だ。二〇〇八年に始まった青山ファーマーズマーケットは、今では週末二日間で約三万人が訪れる青山の人気スポットになった。

その企画・運営をするのが田中佑資《ゆうすけ》（一九八五年、東京都、A型）を中心とした男子野菜部というグループだ。[557] 彼らはメディアサーフコミュニケーションズ、マインドシェアというベンチャー企業に所属しながら、ファーマーズマーケットの運営や、イベントのケータリング活動などをしている。

男子野菜部の活動は、企業側からの命令ではなく田中の個人的な発案から始まっている。田中は、早稲田大学在学中から農業に関心があり、「時間がゆっくり流れ、地に足の着いた生活」に憧れ、一時期は農家になろうと考えたこともあるという。

557　青山ファーマーズマーケット『畑レシピ　農家が教えてくれたおかず100』主婦と生活社、二〇一二年。

同時に彼は起業を考えるような「意識の高い学生」でもあった。在学中に先輩とベンチャーを立ち上げたこともあるし、ソウ・エクスペリエンスという最近話題のベンチャー[558]でフルタイムで働いていたこともある。

そんな彼にとって、ビジネススキームに乗せる形で農業を考えるのは自然なことだった。そもそも、都会育ちの自分が農家になってもできることは限られてしまうだろう。だったら「農」を都市の中で試みてみようと思った。

そこで大学在学中に出会った黒崎輝男（一九四九年、東京都）の会社に雇われるという形で、ファーマーズマーケットの事業を始めることになった。黒崎が田中の「ファーマーズマーケットを都心でしたい」という想いをくんだ形だ。

現在はメディアサーフの社員という立場でありながら、NPOファーマーズマーケット・アソシエーションの一員として活躍する。

二〇一二年八月からは、表参道交差点付近でカフェ「246コモン」の運営にも携わっている。こちらは野菜の販売よりも、飲食の出店がメインで、毎日オープンしている。僕がたまたま訪れた時は青山っぽいオシャレな人から、ロハスっぽいピュアそうな人まで、多様な人々が集い、盛り上がっていた。

558　ソウ・エクスペリエンスは様々な体験型ギフトを提供する会社だ。ヨガやハングライダーからナイトクルーズまで額面に合わせた様々な「体験」を、ギフトブック形式でプレゼントすることができる。

起業家と会社員のあいだ

田中は、国連大学前、表参道GYRE内という二つのファーマーズマーケットの企画・運営を中心的に行いながら、246コモンにも関わる。会場提供者、農家側との折衝、広告宣伝方針の立案やその統括など、仕事は多岐にわたる。彼の動きは、一企業の社員というよりも、イベント会社を運営する起業家に近い。

彼をよく知る中小企業ジャーナリストの中沢明子(一九六九年、東京都、O型)は「佑資はとにかく人と人をつなぐのが上手。頼りなくて、ほんと、ふわふわしてるけど、最終的にはみんなと一緒に問題を解決しちゃう」と語る。中沢は、田中の魅力と新しい農業ビジネスのあり方に惹かれて『畑レシピ』という本を一緒に作ってしまった。

何も独立して会社を起こさなくても、大人を巻き込めば「新しいこと」は始められるのだ。だから、本当は「起業家」かどうか、法人を自分で持っているかどうか、というのは大きな問題ではない。

株式上場を目指すために、監査体制を厳しく築き、自分の好きなことができなくなってしまった起業家もたくさんいる。会社の規模が大きくなればなるほど、社長の社外に対する影響力は増えるかも知れないが、その分社内における「自由」は減っていく。

また、会社からの「自由」は、必ずしも「自由」な生き方を意味しない。ノマドワーカーの立花岳志(一九六九年、東京都、A型)は、「ノマド」らしく会社や場所には縛られない生き方をしているが、ブログのPV数やツイッターのフォロワー数は常に気にしている。[559]ブログからの広告収入、ファンの数が彼の収入に直結するからだ。

一方で、会社員でありながら好き勝手に仕事をこなし、まったく会社に縛られていない人もいる。きちんと仕事をこなしながら翻訳家をしたり、逆にいかに上手に仕事をサボるかを生きがいにしている人もいる。

職業というのは、やりたいことを実現するための手段であって、その本質ではない。[560]だから「起業家になりたい」「フリーで働きたい」というのは、本当は何も言っていないに等しい。そんなスタイルの話をしているならば、どうやって人がお金を払いたくなるような武器を身につけられるかを考えたほうがいい。

この本に登場する起業家たちがそうであったように、何も「起業」を特別なことだと考える必要はないのだろう。

魅力的な「専門性」を持つ人であれば、その人が会社に属していようが、自分で法人を持っていようが、仕事は来る。違うのは支払いが個人宛か法人宛になるかだけだ。

それに今は大企業であっても、個人と取り引きする時代だ。大企業の場合、稟議《りんぎ》の関係で案件額によっては個人との取引を拒否されるかも知れないが、子会社を通すなど方法はいくらでもある。結局、ビジネスというのが人と人で行われるものである以上、組織に属しているかどうかは副次的な問題に過ぎない。

559 立花岳志『ノマドワーカーという生き方 場所を選ばず雇われないで働く人の戦略と習慣』東洋経済新報社、二〇一二年。
560 長谷部葉子『いま、ここを真剣に生きていますか?』講談社、二〇一二年。

それに「法人」は「人」なので、「殺す」のも大変だ。法人は終わらせる時に破産、解散、事業清算など一定の手続きを取らないといけない。「生む」ことに熱心になるのはいいが、生きたまま死んでいるような法人がたくさんできても、何の意味もない。

誰だっていつからだって始められる

「新しいこと」や「面白いこと」は、起業家だけができることではない。

そして、「新しいこと」のための準備は、いつから始めてもいい。

大学四年生の小菅悠亮《ゆうすけ》（一九九〇年、神奈川県、A型）は、春先に大手投資銀行の内定を獲得、早々と就職活動を終えてしまった。普通ならここで遊びほうけてもいいようなものだが、彼は将来に向けた「新しいこと」の準備に取り組んでいる。

小菅は、大学時代にずっと鹿児島の離島活性化プロジェクトに関わっていた。屋久島の西方に位置する人口わずか一五〇人の離島、口永良部島《くちのえらぶじま》[561]と都市部をつなぎ、雇用創出などによって島を元気にしていこうというのだ。

一時期は、大学院に進学して、離島活性化を軸にした法人を立ち上げることも考えたが、それだけでは採算が取れないことに気付く。だからまずは大手企業に就職し、島とは長期的に関わっていくことを決めた。内定が出てから入社式までの約一年間、長期的に島と関わっていく仕組みを構築するため、東京の高校や屋久島町役場との関係作りに奔走している。

561　一発変換できたと思ったら、「口之永良部島」と出てきて校閲に直された。ＡＴＯＫすごい。

「新しいこと」を始めるためのルートも、社会にはたくさん隠れている。

僕の高校の同級生である金田泰裕《やすひろ》（一九八四年、神奈川県、A型）は今年の春からパリのBollinger＋Grohmann（B＋G）という建築事務所で働いている。ヨーロッパでは有名な構造エンジニアリングの事務所の一つだ[562]。

彼は大学卒業後、日本の建築事務所で働いていたが、独立前に大規模な建築に関わりたいと思った。そこでB＋Gで働きたいと思うようになったのだが、コネは何もない。一週間くらいかけて働かせて欲しいという英語のメールを書いた。海外旅行以外、留学経験もなかった金田には冒険だった。しかし、メールには一向に返事がない。

だけど彼はそこであきらめなかった。本社、秘書、パリ支社、考えられる宛先に一五通以上、文面を変えながらメールを送った。だけどそれでようやく返ってきたメールは「あなたのポジションはありません。健闘を祈ります」。

断りのメールだ。しかしここで金田は「テンションが超あがった」という。少なくとも返事がもらえることがわかったからだ。その後、彼が最も働きたいと思ったパリ支社に三〇通以上のメールを送り続けたという。

そんな中、三ヵ月以上が経っていた。「そろそろどうにかしなきゃと思って、色々文章書いて消して、書いて消して」ということを繰り返していた。そんな中、ダメ元で書いた「夏に会いに行けます」という短いメールに、なぜかチャットのようにすぐに返事があった。「待って

562　大規模建築には、重力や風や地震など外力を把握し建築デザインをする必要がある。B＋Gはそういった構造エンジニアたちが集まった事務所だ。

ます。いつ来ますか？」

そこからは早かった。ポートフォリオを持参してパリのオフィスで面接をした。一時間くらいの面接を経て、彼はB＋Gのパリオフィスで働くことになった。

社会には抜け道が隠されている

もちろん、誰もが彼らのような積極的な行動ができるわけではないだろう。少なくとも僕にはできない。だけど、少しだけ目をこらして見ると、この社会には意外と多くの「抜け道」が隠されていることに気付く。

たとえば年収一〇〇万円で好きなことに明け暮れる人もいる[563]。「暇で儲からないのにずっと黒字」というオーガニックバーを運営する人もいる[564]。こんな風に、消費社会や企業社会から距離を置きながら自分たちの生活や価値観を大切にする「ダウンシフターズ」になってもいい[565]。

この本では、若年起業家を中心に、様々な「働き方」を見てきた。僕たちがついつい当たり前だと思ってしまう「会社に雇われて働く」という生き方が、いかに時代と場所に限定されたものか、ということがわかったと思う。

かつての日本では、多くの人がフリーランスのように働いていた。「サラリーマン」や「専業主婦」なんていう生き方にはせいぜい四〇年の歴史しかない。たった一世代が享受したモデルを、普遍的なものだと考える必要はない。

563　山崎寿人（一九六〇年、大阪府）は大企業に勤めたり、新党立ち上げのサポートをしたこともあるが、今はほとんど無職。親から受け継いだマンションの家賃収入の年間一〇〇万円だけで暮らしている。絶望の国の幸福な中年だ（『年収一〇〇万円の豊かな節約生活術』文藝春秋、二〇一一年）。

564　髙坂勝『減速して生きるダウンシフターズ』幻冬舎、二〇一〇年。

565　ジュリエット・ショア著、森岡孝二監訳『浪費するア

働き方をどうするか。どんな風に生きていくか。どんな風に働くのかと同じくらい、何を誰とするのかということも大切だ。いったい、これからの前途を、誰と何をしながらどうやって働いていくのか。そこには、本当に無数の可能性がある。

4　結論の代わりに言えること

起業しろ！　だなんて言えない

この本も終わりに近づいてきた。もちろん結論は「これであなたも起業できる」や「会社を離れて自由に生きよう」なんかじゃない。だからといって、起業することや自分でビジネスを始めることまでを否定するつもりもない。

「起業しろ」「ノマドになれ」と言うのは簡単で、「起業するな」「ノマドになるな」と主張するのは、実はすごく難しい。

なぜならば、そういった発言をする立場にあるのは、大なり小なりフリーランス的に働いている人だからだ。「私は成功しているが、あなたたちは無理だ」と発言するのには勇気がいる割に、あまり説得力がない。

また起業やノマドを目指して失敗した人の発言にも、あまり訴求力がない。そもそも「失敗した人」は「成功した人」に比べて発言の機会が圧倒的に少ない。そして「私は失敗したが、

メリカ人　なぜ要らないものまで欲しがるか』岩波現代文庫、二〇一一年。

あなたたちも無理だ」と言うよりも「私は失敗したが、ここを工夫すればいい」と前向きなアドバイスをしたほうが受けもいい。

何よりも声の通りのいいのが「俺は成功した。お前たちも成功できる」というメッセージだ。松下幸之助の人生論から始まり、ホリエモンの起業論まで、基本は同じだ。[566] 経験をもとにした主張には、説得力がある。

これが答えだ、なんて言えない

僕自身も、自分でビジネスを始めたわけではないとはいえ、きっと「中の人」の一人だ。友人と会社を経営しながら、大学院生や研究者としての活動もしながら、こうやって本を書いたりしている。

だけど、僕は自分の人生に代表性があるとは思っていない。たまたま慶應SFCというキャンパスに行ったこと、たまたますでにビジネスを成功させている友人と出会ったこと、たまたま大学院に進むことをアドバイスしてくれた人がいたこと。

いくつものトランポリンがあったから、僕はここにいる。

そして、残念ながら、この社会は、誰にでもトランポリンが用意されているわけではない。たまたま目の前にトランポリンが用意されている人は、それを使わない手はないと思うけれど、どこを探してもトランポリンが用意されていない場所もある。

566 世の中にはお金になる「私らしさ」と、お金にならない「私らしさ」がある。お金になる「私らしさ」を持っている人が「私らしさ」の大切さを説くため、「私らしさ」の大切さだけが広まってしまう。本当は、その「私らしさ」の内実が大事であるにもかかわらず。

しかも「新しい中世」化が進む世界の中で、トランポリンの配分は、ますます不平等になりつつある。

そんな社会で、「起業」というのは、さも一発逆転が可能な輝かしい出来事に見えてしまう。だけどこの本で繰り返してきたとおり、「起業」が成功するかどうかにも、自分の近くにどれだけトランポリンがあるかに、大きく影響されてしまう。

だから僕は不特定多数に向けて「起業しろ」なんてことは言えない。それどころか「このような働き方をするべきだ」ということも言えない。

もちろん働き方の選択肢は多ければ多いほどいい、ということくらいは思う。だけど、社会は、明日から急には変わらない。だから、この本を「これが答えだ」というドヤ顔の理想論で終えるつもりにはなれない[567]。

それはまるで地図を描くように

答えの代わりに、僕たちが分けあえるものの話をしてみよう。

「僕たちの前途」は、まだわからないことだらけだ。それが明るいのか、暗いのか、思わず笑ってしまうようなものなのか、悲しみに満ちたものなのか。そんなことはわからない。

そのわからない「前途」を少しでも照らすために、この世界には地図というものが存在する。初めて訪れた街であっても地図があれば、人は目的地へたどり着くことができる。闇の深

567　答えが知りたい人は、宮台真司『これが答えだ！　新世紀を生きるための一〇八問一〇八答』（朝日文庫、二〇〇二年）などを参照。

い夜でも、海図と羅針盤があれば、船は海を渡っていける。

この本では、僕たちが「前途」を歩いていくのに少しでも役に立つような地図を描いてきたつもりだ。もちろん、その地図は、まだまだ不正確で、欠けている点も多い。本当は世界中のトランポリンの場所や、トランポリンの設計図を明記できればいいのだけど、そんな力は今の僕にはない。

だけど、そんな地図でも、ないよりはあったほうがいい。なぜならば、一度社会と共有された地図は、それが他者の手によってバージョンアップされることがあるからだ。

この本が描いてきた不格好で、ささやかな地図。その不正確な部分を誰かが書き換え、不必要な部分を誰かが塗りつぶし、足りない部分を誰かが書き足す。地図はやがて、少しずつ緻密で有益なものになっていく。

今度は、その地図を見て、誰もが安心して街を歩けるようになる。そして誰かがより遠くを目指してみようと思う。その「誰か」というのが、「僕たち」、つまり「僕」か「あなた」であればいいなと思う。

僕たちの前途は、そんな風にできていく。

〔**スケッチ12　そして謝辞**〕
午前四時五分。だらだらと暇な時間に書き進めてきたこの本も、もうすぐ書き上がりそう

SPECIAL THANKS
青木健一　青木健太

だ。自宅のプリンターの調子が悪いので、エレベーターで七階まで上がって、りゅうくんの部屋でさっきからパソコンを開いている。

「バーベキューに行ってくる」と言っていたりゅうくんは、二時間くらい前に帰ってきて、すぐに寝室で眠ってしまった。彼がビジネスの天才だってことは、こんなに近くにいるのに、今でも信じられない。

　ボストンにいる加藤嘉一さんからメールが来る。今度一緒に出す本のタイトルをどうしようかという相談だ。今、アメリカは大統領選挙の真っ最中。彼はどこにいても楽しそうだ。

　そういえば西山さんにゲラを戻さないとな、と思っていたら、Facebookのチャットでショーくんから「月曜よろしくねー」というメッセージが届く。ピースボートで知り合った慶くんつながりで、ショーくんとは四年前に一緒に「新しき村」に行ったことがある。

　その時は星野リゾートでホテルマンをしていたショーくんだが、二年前に転職して、今はＮＨＫでディレクターをしている。そんな彼が急遽助っ人として「NEWS WEB24」というニュース番組のスピンオフ企画に関わることになったのだという。

　去年の秋に出した『絶望の国の幸福な若者たち』という本が少しだけ話題になってからは、時々テレビにも出るようになった。だけど、こうしてショーくんと一緒にＮＨＫで仕事をするようになるとは思ってもみなかった。

　自分では楽しみながら書いた本ではあったけど、『絶望の国の幸福な若者たち』がそんなに

青木充　青木正輝
青木慶哉　明石健五
明石陽介　朝井リョウ
あべさん　粟島瑞丸
荒井昭博　荒木定虎
飯田加代子　井尾誠
池田沙絵美　井上威朗
石田啓之　今北勇希
岩瀬大輔　上田渉
上野千鶴子　牛島大輔
宇野常寛　Upul
遠藤吉宗　大浦晋也
太田創　小田麻奈美
大久保清彦　大竹孝幸
大野更紗　岡本浩睦
沖田喜之　荻原拓也
奥谷禮子　小熊英二
小熊浩典　小田切未来
越智健一郎　斧田豪
笠井俊純　加藤智彦
加藤博　Catherine
神坂靖　亀井摩周
川村遼平　カレー沢薫
木頃由紀　北島静
木全健司　木村俊介
KiLa　切通理作
金清美　キング
草薙麻友子　工藤与明
久保貴富　倉迫啓司
Dr.Qureshi　黒幕

注目されるとは思っていなかった。担当の井上さんも思っていなかったし（出版したタイミングくらいでもう次の企画の話をしていた）、書籍に関してよく相談に乗ってもらう中沢さんも、ゲラを読んでもらった時には渋い顔をしていた。大学からの友だちのトールくんにも、「これ新書？　え？　単行本？　それじゃどうかな」と言われた。

そんな本が新聞各紙に取り上げられて、あの朝生で大々的に取り上げられるなんて、人生がどうなるかってことは、本当によくわからない。

僕がこうして本を書くようになったのも、本当に偶然だ。ピースボートについて書いた修士論文を本田先生が面白がってくれて、光文社の草薙さんを紹介してくれた。そうして書いた『希望難民ご一行様』と校了日が同じだった杉浦さんに、光文社内で遭遇して、出版記念パーティーに誘われた。

その杉浦さんの出版記念パーティーで、たまたま井上さんに出会ったのだ。訳のわからない陰謀小説を書くみたいな案もあったが、結局シンプルな若者論を書くことになった。

本を出してからはすぐに、紀伊國屋の梅ちゃんが「絶望の国」特集コーナーを作ってくれた。手作りPOPをほとんどの書店の人は、喜んで受け取ってくれた。池袋リブロや東京堂書店、新宿ブックファーストではイベントも開いてもらった。上野さんは、風邪を引いて体調を崩している中で（と本人は言ってたけど、だいぶ元気そうだった）対談イベントをしてくれた。

國分功一郎
小長根隆太郎
小橋賢児
小脇美里
幸恵子
榊原暢宏
佐藤敬夫
佐藤健
佐藤聡英
佐藤仁志
Sabrina
澤田俊介
塩田清二
重近範行
宍戸一彌
芝尾寛
柴田悠
正田千瑞子
城田優
須川功一
鈴木一行
鈴木謙介
Stephane
住吉昭人
高市佳明
高野克也
高橋歩
高橋栄一
高橋君子
高橋才也
高橋紀成
高橋義正
瀧本哲史
武居久彌
竹澤勇気
田原総一朗
千代佑
堤孝晃
Tuukka
テルさん
ドキンちゃん
Thomas
巴山晶博
中川一彦
中川宗人
中沢明子
永島孝嗣
長島八重子
永谷亜矢子
長原モリシズ
鍋谷雅彦
成瀬大亮
西原基熙
二宮恵
野田雅一
野々内隆
野村朋永
橋本和樹
橋本奈穂子
長谷部家

小熊さんとの書店イベントは、さながら公開ゼミのようになった。

そんな間にも、藤田さんが、この『僕たちの前途』の土台になるようなルポを何度か『g2』に書かせてくれた。村上さんとはルポを書いたことをきっかけに仲良くなれた。村上さんともりゅうくんとも仲良しの賢児くんは、映画の準備で忙しいのに何度も話を聞かせてくれた。健くんにはLINEで、高橋歩さんにはメールで、岩瀬さんには朝食を食べながら口頭でスケッチ用のコメントをもらった。前作に引き続き住吉さんはちょーかっこいい表紙を作ってくれた。

この本の材料になるような内容を大学院で発表した時に、本田先生や瀬地山先生には色々と参考になるコメントをもらった。佐藤先生には起業家研究に関して何度か長いアドバイスをメールでもらったことがある。みんな、なんだかんだで優しい。

僕はこんな風に、いろんな人の中で働いている。自分では働いているという意識はまったくないけど、気付けば一緒に仕事をする仲間が増えていた。だからあんまり将来に不安はない。

午前四時五八分。そろそろチャーリーが起きる時間だ。彼がツイッターで何かつぶやくのを、寝る時間の合図にしている。

昨日の夜は東の空が明るくて、駅前のTSUTAYAに行った帰りに、流れ星が見えた。今は朝焼けの空が眩しい。りゅうくんも起きてきた。SFC時代の友だちとディズニーランドに行くらしい。一緒に行くか誘われて、とても迷う。(古市憲寿、二七歳)

Hayato　速水健朗
原基晶　Bjørnar
平田欽也　弘兼憲史
福岡武彦　福田和代
福田侑一郎　福原伸治
藤井リナ　藤田康雄
藤丸はるか　藤原健爾
布施洋子　文倉達之
古市富志　古市街子
古屋悟　Heidi
ポール鈴木　北條晃二
星崎春彦　本田由紀
Michael　前ちゃん
前田さん　前原東二
松尾大　松川竜也
松島直美　松島裕幸
松島隆太郎　松野あゆみ
松丸守　松本正樹
光井勇人　峰岸孝之
村上範義　村上祐子
村野友明　持田卓臣
Monica　守田一雄
森田幸江　森朋之
山岡史朗　山田賢治
山田淳也　山田昌弘
山本準　山本彰
ゆーすけくん　吉村たかみ
林棟　若山卓也
渡邊章二　渡辺靖

補章1　島耕作社長、働くのって楽しいですか？

日本を代表する電機メーカーであるテコット（旧・初芝電器産業）。その社長である島耕作さんと対談をする機会を持てた。島さんは高度成長期に初芝電産に入社、その後日本経済の成長と共に順調に出世を果たしてきた。

大企業という世界で四〇年以上働いてきた島さんは、この本で描いてきた起業家たちとは一見対照的な存在だ。同級生やライバルが次々に自殺したり、中国のマフィアと関係を持ったり、非常に壮絶なサラリーマン人生を、島さんは飄々《ひょうひょう》と生き抜いてきた。

対談では六五歳の島さんに、二七歳の僕が「大企業で働くということ」を中心に、社長という立場のこと、団塊の世代が作った遺産など、失礼な質問をたくさんぶつけてみた。さすが社長という感じの真面目な返答が多かったが、ところどころで本音を聞かせてくれた。

古市　島さんがテコットの社長に就任されて今年で四年目ですね。今日の対談で、僕がまず島さんにお聞きしたいと思うのは、働くのが楽しいかということです。

社長でも会社をサボりたい時はありますか？

島　いきなり難しい質問ですね。

古市　テコットが大量のリストラをした時、島さんは役員報酬を月給一六万八〇〇〇円にしました。最近では日本でも一〇億円近い役員報酬をもらう社長もいるのに、島さんの給与は高卒者の初任給と同額です。そんな安月給なのに、社長になってからは今まで以上の激務ですよね。さらに、何かあった時は社長という立場で責任を取らされる。僕からすると、島さんの毎日はただ大変だとしか思えないのですが……。

島　私にとって「働く」というのは、もはや私一人の問題ではないんです。企業というのはただの利益集団ではなく、社会的な存在です。会社には、テコットの従業員はもちろん、株主等ステイクホルダーの方、下請け、孫請けといった多くの方の人生が関わっています。そういった雇用創出や経済効果などを考えると、社長として働くことにはどうしても社会的な責任が伴ってきます。

古市　島さんは社長になりたくてなったわけではありませんよね。

島　そうです。しかし社長という立場になった以上は、その責任を負う使命があると思うんです。

古市　最近の島さんはゴルフも経費ではなく自腹ですね。大変ご立派な考えだと思うのですが、課長時代には自分は会社や国家に忠誠心は持てないといったことをおっしゃっていました。そういった働くことに対する気持ちの変化はいつくらいに起こったんでしょうか。

島　自分で大きな仕事をオペレートできるようになったという意味で、部長時代でしょうか。

私も若い頃はまず自分の生活が大切でした。しかし生活もある程度豊かになり、責任を与えられ、たくさんの部下を持たされると、どうしても部下の家庭までを考えざるを得ない。それが社長になると何万人の人生を背負うようになるわけですから。

古市　島さんは、本当にどこでも仕事のことを考えていますよね。食事中はもちろん、ゴルフ場、初詣、さらには葬儀の最中にも仕事の話をしています。大町久美子さんにも「本当にあなたって仕事人間ね」「男ってつくづくバカだと思うわ」と呆れられていますが、それは仕事が好きというよりも、使命感や責任感によるものなんですか。

島　そうですね。今は「楽しいと思うようにしている」といったほうが正解ですね。もしかしたら私も日がな朝からビールを飲んで、釣りをしたり、好きなテレビ見たりとか、ゴルフやったり、適当に過ごしたほうが楽しいかも知れません（笑）。

古市　島さんでも、朝起きて「今日は会社に行きたくない」と思う日はあるんですか。

島　それはありますよ（笑）。調子が悪い時、二日酔いで辛い時は、正直会社を休みたいと思ってしまいます。

島耕作に友だちっているんですか？

古市　こんなことをお聞きするのも失礼なんですが、島さんって友だちはいますか？

島　正直、友人とつるむ暇というのはないですね。社長業というのは、一ヵ月の予定があらかじめほとんど決まってしまうんです。だからゴルフや食事に誘われても都合が合わない。そのうち向こうも気を遣って私のことを誘わなくなってくるんですね。

古市 そんなお忙しい中、僕なんかと会っていただいてありがとうございます（笑）。だけど友だちがいなくて寂しくなりませんか。

島 正直、友だちがいなくて困るという状況ではないですからね。好きに遊びたいという気持ちがないわけでもないのですが、責任ある立場で仕事をする以上、友だちというのはある意味で邪魔にもなるわけです。

古市 探偵のグレさんは友だちですか？

島 グレさんは友だちというよりもWIN-WINの関係ですね。

古市 島さんの人生というのは本当に仕事一筋なんですね。島さんは三〇代の頃、「悲しいよな、サラリーマンて…。クビになっても一家の大黒柱にはかわりない。妻子を養うギムは依然消えるわけじゃないんだ。男は扶養家族のために一生働くんだ」と愚痴っていました。六〇代になった今、そのような働き方をしてきた「サラリーマン」である自分たちをどう振り返りますか？

島 うーん、多分「家族のため」というのは言い訳で、本当は自分のためだと思いますね。自分の存在感を出すために一生懸命働いていたというのが現実でしょう。

結婚するというのは社長にも似ているんです。結婚することは家族の中で社長になるようなものですよね。ということは自分の楽しみだけではなくて、子どもなり奥さんなりの生活も保障しなきゃいけない。その規模が大きくなったのが会社といえます。

古市　じゃあ島さんの場合、会社と結婚したようなものなんですね。

島　まあ、そういうことになりますね。

古市　やはり仕事と家庭の両立というのは難しいのでしょうか。

島　私の知る限りでは、家庭で最良な父親でありながら、会社でもいい社長っていうのはなかなかいないような気がします。やっぱり出世する人は家庭を顧みず、仕事することが多い。子どもの誕生日でも、大事な会議があればそちらを優先してしまう。仕事と家庭の両立というのは、アメリカ大統領のようにイメージとして演出することはできても、実際には非常に難しいと思います。

古市　そんな島さんも最近になって、大町久美子さんと実際の結婚をされましたね。

島　何でももっと早く結婚しなかったんだろうな（笑）。ただ私たちの場合は、二人とも自由で、一般でいう結婚とはだいぶ違いますけどね。

団塊の世代ってずるくないですか？

古市　これからも男がバリバリ働く社会というのは続いていくと思いますか？　特に三・一一以降、団塊の世代が築いてきた日本社会のあり方が問い直される機会が増えました。

島　私たちの時代と現代ではまるで社会の状況が違いますよね。ちょうど日本が上り坂で、自分たちが経済を発展させているという自負があった。一方で今の若い人たちは、生まれた時から日本が下り坂だった。モチベーションの持ち方というのはだいぶ変わるでしょうね。

古市　今の二〇代以下の若者たちというのは、ほとんどができあがってしまった日本に生まれたと思うんです。日本はたぶん今、歴史上最も豊かな時代です。社会は成熟し、インフラは整備され、多くの親たちは裕福。そんな中で、なかなか若者もハングリーにはなりにくいと思うんです。

島　そうですね。前みたいな日本になれとは私も思いません。だってそれを言ったって、しょうがないし、なりようもない。団塊の世代の特徴かも知れないのですが「こうするべきだ」となかなか怒れないいんですよ（笑）。自分を差し置いて理不尽なことが言えないわけです。

古市　それは面白いですね。確かに島さんもガツンと部下を叱ったりはしませんね。

島　どうしても「じゃあお前はどうなんだ」と逡巡《しゅんじゅん》してしまう。そもそも私の基本スタンスというのは、あるがままの状態を受け容れるという生き方なんですよ。その時の現実に合わせて、何が一番ベストかっていうところを選んで生きていくというやり方です。

古市　しかし島さんの場合は大企業に入り、その中で仕事をこなし、結果的に社長にまでなった。権力者側に立ってしまったという自覚みたいなものはありますか。

島　やはり国というものを意識しますね。変な話ですが、自分自身の楽しみよりも、国益が重要になってくるんです。自分の生活はどうなってもいいけれども、とにかくまず自分の会社をよくする。その会社をよくするためには、周りの人も国もよくしていくというわけです。

古市　一方で、団塊の世代は世代格差や原発問題という負の遺産もこの社会にたくさん作ってきました。このような社会を築き上げてしまったことに対する責任感はありますか。

島　私たちの世代が結果的に負の遺産を作ってしまったことは事実だと思います。ただ、結果的に負になっただけで、その負を作るために頑張ってきたわけでもないということもご理解いただきたいと思います。

古市　島さんから見て、昔と今の違いってどんなところに感じますか？

島　昔は大人になると一気に楽しみが増えたんですよ。子ども向けのエンターテインメントがほとんどない時代でした。映画といっても小林旭や石原裕次郎主演の大人向けの作品ばかりでした。だから早く大人になりたい、大人になったら酒も飲める、タバコも吸えると憧れるわけです。

古市　今は逆で、ずっと子どものままでも十分に娯楽はありますからね。

大企業で働くって大変じゃないですか？

古市　島さんが初芝（当時）に入社されたのは一九七〇年ですね。オイルショックが起こる前、大卒の就職は空前の売り手市場でした。初芝も大卒だけで八〇〇人もの採用があったそうですね。

島　私の頃は、進学校に進めば、ほぼ一〇〇％が何の疑問もなく大学に進み、そして何の疑問もなく会社に入るという時代でした。私の大学でも同じ学部の連中はほぼ全員が大企業に就職しています。今から思えば、いい時代でしたね。

古市　会社に入られてからはどうですか。当時初芝などのメーカーは全寮制もありましたし、窮屈な部分も多かったと思うのですけど。

島　私の場合は楽しかったですね。

古市　大企業だと入社したばかりの頃は、なかなか自分のやりたい仕事もできませんよね。

島　気の持ちようだと思うんです。私は会社の命令を受けて働くという意識はあまりなかったんです。むしろ会社という組織を利用して、いかに自分が成長できるのかということを考えていましたね。

古市　ただ島さんって、あまり出世意欲があるタイプでもなかったですよね。

島　そうなんですよ。出世に響くぞと言われながら、色々と上司に抗弁をしたこともありました（笑）。私の場合は、宣伝の仕事が好きで、つまり本当に自分が楽しいからやっていた。だから初めから職務に忠実であろうというよりは、結果的に職務に忠実であったというだけなんです。

古市　入社当時に島さんは、メンツを立てるために会議で反対意見を言うなと怒られてましたよね。大企業って、そういう不合理なルールがいくつもありませんか？

島　だからそれも勉強なんですよね。「こういうところではこういう風に言われるんだな」と学習するわけです。派閥に関しても同じです。私は基本的に派閥には属していませんでしたが、「大人の世界」を勉強していたイメージですね。

　新鮮だったのは、大人が叱られて涙を流している姿を見た時です。上司に怒られて、いい大人が泣いているんですよ。いいおっさんがハラハラと落涙するわけです（笑）。見ちゃ悪いなと思って見るけど、結構そういったことを楽しんでいましたね。

古市　そんなことまで楽しんでいたんですね。

島　今でも思い出すのはジョーン・ニプルスというイギリスのロック歌手をアテンドした時のことです。初芝がプロモーションで外タレを呼んで来るんですが、私はいつも無料券で一番いいところでステージを観て、その後で一緒に飯を食う（笑）。

古市　役得ですね。今「サラリーマンとして働く」ことって負の側面ばかりが強調されている気がするのですが、そのような楽しいこともあるんですね。

島　そうですよ。個人でスーパースターと一緒に食事はできません。それも初芝という会社があったからですね。だから社長になった今、こう言うのもおかしいのですが、初芝という会社にはとても感謝しているんです。

こんな時代に若者はどう働けばいいですか？

古市　もし島さんが現代の若者だったら、大企業に入っていたと思いますか。

島　それはちょっとわからないですね。大企業といってもかつてのような終身雇用制ではないし、いつリストラされるかもわからない。大企業に入ることとイコール安定した人生が送れるということにはならないですからね。

あと、こういう言い方を私がしていいのかわかりませんが、大企業というのは競争を勝ち抜いてきたエリート集団です。その中で出世をするのは簡単ではない。それだったら初めから小さい会社で働いたほうが、自分の能力を発揮できるのかも知れないですね。

古市　初芝の創業者である吉原初太郎さんは「初芝の社員はみんな家族だ」とおっしゃっていました。しかしテコットをはじめ、日本の大企業もだんだん「家族的」な経営をする余裕がなくなってきたと言われています。

島　初芝も一九八四年をピークに営業利益は下がり続けています。今年は六五〇〇億円という過去最大のグループ連結赤字が出てしまいました。私自身、極力リストラは避けたいと思ってきましたが、リストラを先延ばしにして会社本体を潰すわけにはいかない。断腸の思いという言葉を使うしかないのですが、テコットでも大規模なリストラに踏み切りました。

古市　そんな中、若手の社員たちは昔以上に、企業に忠誠心を持ちにくくなっていると思います。こんな時代に若者はどうやって働いたらいいんでしょう。何か若い人へのアドバイスはありますか。

島　「会社のために働かされている」と思うのではなくて、「俺がこの会社を利用して働いているんだ」と、自分主体に意識を切り替えるのがいいと思います。

古市　会社に忠誠心を持っているけど仕事ができない人と、会社を利用しようと思ってドライに会社と付き合っているんだけど、きっちり成果は上げる人。テコットの社員にするならどちらがいいですか。

島　それは後者のほうが断然いいですね。忠誠心だけ持って仕事ができない人が正直一番困ります。何でそんな人にお金を払わないといけないんだと思ってしまう（笑）。

古市　今は、若者だけではなくて、年配の方も働くのが大変な時代ですよね。

島　私の同級生も先日、事業に失敗して自殺したようです。団塊の世代の男性は、仕事の弱音を誰にも吐けずに抱え込んでしまう人が多いようです。

古市　島さん自身は自殺を考えたことはありますか。

島　私自身はありませんね。

テコットとゼント、実はちょっと似てませんか？

島　古市さんはテコットに入ってみようとは思わないですか？

古市　いやあ、社長を前にして言うのもなんですが、テコットもどうなるかわからないですからね……（苦笑）。先がわからないのに年功序列の大企業で安月給で働くなら、信頼できる仲間たちと仕事をしていたほうが楽しいと思ってしまいます。

島　それはそうかも知れませんね。大企業には大企業の利点もあれば欠点もある。

古市　ただ今日お話しして気付いたのですが、実はテコットのような大企業で働くことと、僕たちのように自分たちで立ち上げた小さな組織で働くことに、あまり違いはないのかも知れません。

島　というと？

古市　島さんはすごく仕事を楽しんでいますよね。僕たちも仕事か仕事じゃないかの境界線が曖昧なだけで、考えてみれば飽きることなく仕事ばかりしています。友だちはたくさんいますが、みんな仕事上での付き合いもある大切な「仲間」です。小さな企業が集まって大きなプロジェクトをこなすというのも、大企業の事業部制といった制度と近いといえば近い。

島　なるほど、働くことの本質は昔も今も変わらないというわけですね。

古市　そうなんです。働き方の議論はどうしても「会社に属さない」とか「小さな組織で働く」とかいうスタイルの話になりがちです。だけど仕事の基本は昔も今も変わりがない。どんな風に人間関係を築くのか。どのようにトラブルに対応するのか。一つ一つの要素に注目してみると、この本で僕が描いてきた働き方は、ことさら新しいものではないのかもと思いました。特に、いつだって大変で、いつだって楽しい、そんな生き方は島さんに近いのかも知れません。

島　まず目の前のことを楽しくやろうというのは、古市さんも私も同じですね。目の前のことをクリアしていくうちに、人生はどんどん過ぎちゃいますよ。私も気付いたら六五歳になっていました。

古市　島さんのような方にお会いすると、歳を取るのがあまり怖くなくなります。今日はお忙しいところ、どうもありがとうございました。

補章2　ホリエモンとあなたはどう違うの？

田原総一朗さんは、おそらく日本で最も有名なジャーナリストだ。一九八七年に放送が開始された「朝まで生テレビ！」の司会者としての田原さんはあまりにも有名である。

僕も一度「激論　絶望の国の若者の幸福と夢」という回に呼んでいただいたことがある。せっかく僕の書いた『絶望の国の幸福な若者たち』という本を主題に設定してもらったにもかかわらず、他の出演者たちの激論に興味を持てずに、途中からは持ち込んだiPadで遊んでいた。

番組ではあまり話せなかった田原さんだが、今回ゆっくりと話をすることができた。対談というか、好奇心旺盛な田原さんが僕たちの働き方のことを色々とインタビューしてくれた感じ。あの顔と声と口調を脳内再生させながら読んでもらうのがいいと思う。

富裕層はワンパターン

田原　東大で院生しながら、ベンチャーもやってるんだってね。

古市　はい、友だちとゼントという会社で働いています。

田原　堀江貴文とあなたたちはどう違うの？

古市　一つは会社を大きくしたいとは思っていないところですね。僕たちの会社は三人から増やすつもりがないんです。

田原　堀江はひところ五〇〇〇億以上のカネをもらっていたと思う。それを持ちたくないわけ？

古市　五〇〇〇億円あっても使い道がないじゃないですか。一人の人間がどんなにリッチに暮らそうと思っても、服は一日ワンセットしか着られないですし、家具を毎日買うわけにもいきません。僕は車とか美食にも興味がないし……。

田原　本当にそう？　使い道があるっちゃあるじゃない。

古市　会社を買ったり、とかですか。

田原　アメリカのＣＥＯなんて何十億ももらってる奴がいる。あいつらはまず島を買う。そして別荘を作り、プライベートジェットを買う。それで島に若いグラマーな女性を置くの。

古市　お金持ちの行動パターンってワンパターンですよね。

田原　確かにそうね。漫画みたいだ。

古市　この資本主義の社会って、実はお金を稼げば稼ぐほど選択肢が狭まっていくと思うんですよ。ある一定の生活水準が満たされてしまうと、実はお金で買えるものは、もうそんなに残されていない。富裕層の人の趣味ってみんな似たり寄ったりですよね。

田原　ワインとかね。

古市　僕は別にプライベートジェットなんていらないから、一緒に旅に行ける友だちがいればそれで幸せです。だから思い立った時に旅行に行けるくらいのお金は必要ですけど、それ以上は……。

会社を大きくしない理由

田原　松下幸之助とか、盛田昭夫とか、昔の起業家たちは会社をどんどん大きくしたわけでしょう。

古市　なんで彼らは会社を大きくしたかったんでしょうね。

田原　一つはそういう時代だったからでしょう。大量生産で、同じようなモノを安く作れる企業のほうが強かった。

古市　確かに高度成長期から冷戦が終わるくらいまで、日本はまさにそういう時代でしたね。ただ最近では大きくなりすぎた企業の弊害が指摘される機会も増えました。

田原　堺屋太一さんは「知価革命」という言葉でそれを一九八〇年代から訴えていた。大量生産・大量消費の時代はもう終わりだと。松下幸之助のパナソニックも盛田昭夫のソニーも今、あんなでしょ。これダメでしょ。トヨタもたぶん一〇年後にはないよ。

古市　トヨタがなくなるかどうかはわからないですけど（笑）、確かに大企業は方向転換が難しいですよね。新事業に進出しても失敗することが多い。

田原　新日鐵も、半導体やろうとして大失敗したよね。

古市　新日鐵は一時期、ウナギの養殖から大豆食品の生産までやっていましたよね。北九州のスペースワールドも大失敗しました。ただこうした新事業は従業員をレイオフしないための雇用創出として行われたようです。大企業って偉いですね（笑）。

田原　ただ、あなたたちの会社はもう少し大きくすることを目指してもいいんじゃないの？

古市　大きくしても、あまりいいことがないんですよ。まずマネジメントコストが増えます。会社の中に気の合わない人や、能力がない人もどんどん入ってくる。それって少しも楽しくない。僕たちの周りには、同じように小規模な企業を経営している仲間がたくさんいます。だったらプロジェクトごとに、ベストメンバーを集めればいい。仕事によって組むメンバーを変えるというイメージですね。多くの人を社員として会社に囲い込む意味ってないと思うんです。

何も失っていない若者たち

田原　駒崎くんって知ってる？

古市　フローレンスの駒崎弘樹さんですか。社会的企業としてよくメディアで取りあげられる病児保育のＮＰＯですね。

田原　彼と会ったけど、面白かった。彼は古市さんより年上なの？

古市　六歳くらい年上ですね。でも同じ慶應ＳＦＣの出身なんです。

田原　そうだね。彼が言ってたの。自分たちの先輩には全共闘世代がいた。彼らは幸せにも火炎瓶を投げる標的があった。佐藤栄作とか田中角栄とか中曾根康弘とかね。

古市　でも今は標的がない。

田原　そう。昔は火炎瓶を投げて反体制と言っていればよかった。だけど今は自分たちでやるしかないと。

古市　それって、すごく生産的だと思うんですよ。たとえばデモをしたり、社会変革を声高に叫んだとしても、社会は一気に変わるわけではないじゃないですか。だったら自分ができる範囲で、一〇〇人や一〇〇〇人を幸せにしたほうがよっぽど早い。

田原　僕は一九八一年生まれくらいから違う世代が育ってきたと思っているの。八一世代って呼んでるんだけどね。古市さんは何年生まれですか？

古市　一九八五年生まれです。

田原　じゃあ物心ついた頃にはバブルが終わっていたわけね。

古市　小学生に上がる頃にはバブルが終わっていましたね。文化的なバブルや好景気は中学校になるくらいまでは続いていましたけど。

田原　失われた二〇年って言い方があるでしょ。バブル崩壊以降、景気が悪くなったということね。でもあなたたちは、そもそも何も失っていないわけだ。気付いた時にはもう景気が悪かったんだから。

古市　確かに僕は、日本が好景気だった時代を経験していません。物心ついた時からずっと日本経済は右肩下がり。それにバブルを経験したいとも思いません。

田原　あなたは『絶望の国の幸福な若者たち』という本を出したよね。なんで「絶望の国」なの？　バカとジジイが言ってることを真に受けているわけ？

古市　国家単位でみると、日本という国は色々と絶望的な状況にあると思うんです。

田原　たとえば？

古市　巨額な財政赤字とか原発問題とか、国家的な問題は山積みです。だけど、今という時代は若者にとってはチャンスが多い時代だと思います。僕がもし二〇年早く生まれていたら、友だちとベンチャー企業を起こしたり、働きながら大学院に行くということは難しかったかも知れない。安定はない代わりに、僕たちは大きな自由を手にしているんです。

田原　つまりバカなオヤジたちが言ってる「絶望の国」には入らないぞ、というわけね。

講談社も危ない

田原　大企業なんて将来性がないに決まってる。なんで今の若いのは大企業に入りたいと思うんだろう。

古市　今の日本社会の仕組みを考えると、まずは大企業や人気企業に入ってハクをつけておいたほうが、転職するにしてもフリーになるにしても有利だからじゃないですか。

田原　あなたは大企業に入ってないじゃない？

古市　だから代わりに東大の大学院に……。
田原　東大ってハクになるわけ？
古市　国立なんで学費も月五万円くらい。費用対効果がいいと思ったんです。
田原　東大のバカたちがみんな大企業に入ってるよ。あなた、朝日と夕日、どっちがいいと思う？
古市　ん？　朝日と夕日？
田原　みんな大学生たちは夕日産業に行くんだ。一〇年後にダメになる企業ばっかりを選ぶ。みんな朝寝坊で朝日を知らない。
古市　単純に、自分が消費者として慣れ親しんでいるＢ to Ｃの会社にばかり行こうとするんじゃないですか。出版社やマスコミが今でも人気なのはそういう理由だと思います。
田原　この前、講談社の入社試験に落ちてがっくりしてたのがいた。「落ちてよかったね」と言った。講談社も危ないよ。
　ここで聞きたい。若者はもっと起業するべきなのか。
古市　僕はそう思わないですね。
田原　なんで？
古市　誰でもできるわけではないからですね。僕の周りで起業して成功している人も、学生時代から何らかの専門性を持っていた人が多いんです。それで仕事を引き受けきれなくなって、後から法人化した。起業することがゴールになってしまうのは、手段と目的が逆じゃないかと思うんです。

田原　古市さんの専門性は何なの？

古市　いや、僕は特にないんですよ。たまたま優秀な友だちに出会えたから、こういう働き方をしているだけです。だから友人から今の会社に誘ってもらっていなければ、ベンチャーはおろか大学院にも行っていなかったと思います。

田原　あなたは自分を売り込むのがうまいの？

古市　いや、彼とはもともと友だちだったんですよ。ビジネスパートナーというよりは、たまたま友だちに誘われた、という感じです。

あなたはこれからはどうするの？

田原　今あなたは一人暮らし？

古市　一人暮らしなんですけど、一緒に会社をやっている友だちは同じマンションの違う部屋に住んでいます。

田原　シェアハウス？

古市　部屋は別々なんですけど、数分で会いにいける距離という意味では、半分シェアハウスみたいなものですね。

田原　結婚はしないの？
古市　今のところ考えてないですね。
田原　これからはどうするの？
古市　こんな感じで生きていければいいなと思っています。友だちと仕事しながら、好きなことを研究したり、本を書いたり、そんな毎日が続いていけば。
田原　ただ人間ってちょっと違うことをしたくならない？
古市　その時によって興味のあるテーマが変わるんです。最近では色々な国の戦争博物館を回ってますね。博物館という場所は、戦争の記憶をどう残すかということや、国家のあり方がわかりやすく集約されていると思うんです。たとえば戦勝国アメリカのパールハーバーでは、博物館が非常に爽やかだったのが印象的でした。
田原　会社は海外に行かないの？　税金だって法人税が日本は四〇％、中国や韓国は二五％。シンガポールなんてもっと安い。なんで行かないんですか。
古市　今のところ日本のお客さんが多いですからね。もちろん海外の会社との仕事もあるので、将来的にはわからないですけど。僕たちの周りでもけっこう海外に行った人がいますし。
田原　海外はみんな真剣に勝負してる。日本は暢気《のんき》で真剣な勝負じゃない。
古市　確かに日本で仕事をしていて殺される心配はあまりないですからね。
田原　今日話をしていて思ったんだけど、古市さんが今考えていることも、松下さんや盛田さんが考えていたこととほぼ一緒ですよ。彼らは面白いからやっていたんです。ただパナソニックもソニーも大企業になるにつれてマネジメントが必要になってきた。ソニーなんかマネジメントに力を入れすぎて、すっかりつまらない企業になった。大企業になるほどチャレンジも難しくなる。古市さんたちは三人しかいないんだから、いろんなことができるでしょう。

古市　そうですね、会社というホームベースを使って、自分が好きなことができるのはすごく楽しいです。田原さんみたいに、自由に生きられたらなと思います。

古市憲寿(ふるいち・のりとし)

1985年東京都生まれ。O型。大ざっぱで単純。頼まれると中々イヤとは言えないお人好し。人一倍強がりで、自分よりも他人が気になる。「いつも明るい」と思われているけれど、実はとても傷つきやすい。深く悩んでいてもそれを伝えられずに、ついつい楽しそうに振る舞ってしまう。だからよく人に誤解される。ダメだしにも弱い。すごくヘコむ。行動しながら思い立つから結構失敗する。でも後悔はしないし反省もしない。しても何の得もないから。それで同じような失敗を繰り返す。無駄な努力はしたくない。だけど責任感は意外と強い。だいぶ計算はしてしまう。自分をひと言で言うと「大胆な小心者」。食べ物をくれた人になつく。勝てそうもない相手はいない。だって避けて通るから。メールの返信は遅い。それなのに返事が遅いとイラッとする自己中。人から励まされると「何やってんだ自分」と、情けなくなる。初対面の相手はだいぶ観察。待ち合わせにはよく遅れる。行列に並びたくない。パソコンの入力は速いけど、指使いは自己流。旅行の計画は人任せ。目覚ましは一度じゃ起きられないので三重にセット。それでも寝坊する(参考文献『O型自分の説明書』文芸社文庫)。著書に『希望難民ご一行様』(光文社新書)、『絶望の国の幸福な若者たち』(講談社)、共著に『遠足型消費の時代』(朝日新書)、『上野先生、勝手に死なれちゃ困ります』(光文社新書)などがある。

僕《ぼく》たちの前《ぜん》途《と》

2012年11月21日　第1刷発行
2012年12月 3 日　第2刷発行

著者
古《ふる》市《いち》憲《のり》寿《とし》

発行者
鈴木 哲

発行所
株式会社講談社
東京都文京区音羽二丁目12-21
郵便番号112-8001
電話　出版部　03-5395-3522
販売部　03-5395-3622
業務部　03-5395-3615

印刷所
慶昌堂印刷株式会社

製本所
黒柳製本株式会社

装幀・写真
住吉昭人(フェイク・グラフィックス)

カバー写真
疋田千里

ISBN978-4-06-218082-5　N.D.C.361.65　333p　20cm